四川乡村振兴
发展研究报告

主 编／李章忠 胡 雯 贾 舒
副主编／柯晓兰 曾 政

SICHUAN XIANGCUN
ZHENXING
FAZHAN YANJIU BAOGAO

西南财经大学出版社

四川·成都

图书在版编目(CIP)数据

四川乡村振兴发展研究报告/李章忠,胡雯,贾舒主编.—成都:西南财经大学出版社,2021.3

ISBN 978-7-5504-4345-7

Ⅰ.①四… Ⅱ.①李…②胡…③贾… Ⅲ.①农村—社会主义建设—研究报告—四川 Ⅳ.①F327.71

中国版本图书馆 CIP 数据核字(2020)第 012893 号

四川乡村振兴发展研究报告

主　编　李章忠　胡雯　贾舒

副主编　柯晓兰　曾政

责任编辑:张岚

封面设计:墨创文化

责任印制:朱曼丽

出版发行	西南财经大学出版社(四川省成都市光华村街 55 号)
网　址	http://www.bookcj.com
电子邮件	bookcj@ swufe.edu.cn
邮政编码	610074
电　话	028-87353785
照　排	四川胜翔数码印务设计有限公司
印　刷	郫县犀浦印刷厂
成品尺寸	185mm×260mm
印　张	11.75
字　数	237 千字
版　次	2021 年 3 月第 1 版
印　次	2021 年 3 月第 1 次印刷
书　号	ISBN 978-7-5504-4345-7
定　价	68.00 元

序

习近平总书记强调，重农固本是安民之基、治国之要。当前我国社会主要矛盾已经转化为人民日益增长的美好生活需要和不平衡不充分的发展之间的矛盾，而最大的发展不平衡是城乡发展不平衡，最大的发展不充分是农村发展不充分。因此，党的十九大提出要实施乡村振兴战略，走中国特色的乡村振兴之路，全面开创城乡融合发展和农业农村现代化建设新局面。实施乡村振兴战略是解决新时代我国社会主要矛盾的迫切要求，同时也是新时代做好"三农"工作的总抓手。要按照产业兴旺、生态宜居、乡风文明、治理有效、生活富裕的总要求，最终实现农业农村现代化。

党的十九大以来，四川全面深入贯彻落实中央关于实施乡村振兴战略的决策部署，特别是牢记总书记来川视察期间提出的对四川实施乡村振兴战略的殷切希望，坚持把解决好"三农"问题作为工作的重中之重，坚持农业农村优先发展，坚持把实施乡村振兴战略作为新时代"三农"工作的总抓手，按照产业兴旺、生态宜居、乡风文明、治理有效、生活富裕的总要求，围绕住上好房子、过上好日子、养成好习惯、形成好风气"四个好"目标，建立健全城乡融合发展体制机制和政策体系，统筹推进农村经济建设、政治建设、文化建设、社会建设、生态文明建设和党的建设，加快推进乡村治理体系和治理能力现代化，加快推进农业农村现代化，加快由农业大省向农业强省跨越，做出了许多努力和尝试。

中共四川省委党校近年来非常重视对"三农"问题的研究，学校专门成立了"乡村振兴研究智库"，不仅整合了校内研究"三农"问题的专家学者，还积极调动全省党校系统的智力资源开展合作研究，形成了一系列研究成果，部分成果也取得了良好的社会效益。

本书汇集了党的十八大以来中共四川省委党校对四川实施乡村振兴战略的研究成果，分为总报告、分报告两个层次。总报告从四川实施乡村振兴战略的基础条件、存在的主要短板以及未来的实施路径三个部分进行了论述。分报告由 20 篇调研报告组成。为了全面展现当前四川推进乡村振兴战略的路径措施，编者将 20 篇调研报告分为"产业篇""人才篇""文化篇""生态篇""组织篇"和"基层实践篇"，尝试从不同角度探讨问题、提出对策，以期为读者提供一些观念启迪，为决策者提供决策参考。本书内容仅代表研究者个人观点，因调研不全面、水平有限等原因，研究成果存在一些不足之处，敬请批评指正。

编者

2020 年 3 月

目　录

生态篇

组织篇

基层实践篇

总 报 告

大力实施乡村振兴战略
奋力谱写四川"三农"新篇章

胡　雯

党的十九大首次提出了实施乡村振兴战略。这是在对我国城乡关系和"三农"问题的新认识下，党中央做出的重大决策部署，是新时代做好"三农"工作的总抓手。自党的十六大第一次提出统筹城乡经济社会发展的重大战略部署以来，一系列惠农政策和"三农"领域的深入改革极大扭转了我国城乡差距持续扩大的格局，我国在逐步消除长期存在的城乡二元结构、实现城乡经济社会协调可持续发展等方面取得了令人瞩目的成绩。2010 年，我国城乡居民收入差距在历经近 20 年的持续扩大后，开始呈现逐年缩小的态势，并在 2014 年回落到 3 以下的倍差。2017 年，城乡居民收入差距进一步缩小为 2.71∶1。党的十九大报告指出，新时代我国社会主要矛盾已经转化为"人民日益增长的美好生活需要和不平衡不充分的发展之间的矛盾"，而发展"不平衡不充分"问题最突出地体现为城乡发展的不平衡和农村发展的不充分。"三农"问题仍是关系我国国计民生的根本性问题，实施乡村振兴战略是解决新时代我国社会主要矛盾的迫切要求。当前，我国经济实力和综合国力显著增强，已经为支撑农业农村现代化奠定了坚实的物质基础和技术条件。站在新的历史背景下，乡村振兴战略强调"农业农村优先发展""城乡融合发展"，第一次将"乡村"置于现代化进程中与"城市"平等的地位谋求发展。乡村将不再处于服务于城市的从属地位，而是立足于自身实现全面振兴。乡村区域必将成为现代化建设的重点区域，乡村居民必将成为乡村发展的核心主体。最终，乡村要与城市实现融合发展。

四川是传统农业大省和人口大省，其发展是全国的缩影。2015 年以来，四川省地方生产总值稳居全国第 6 位；2017 年，全省城乡居民收入倍差从 2012 年的 2.72∶1 缩小到 2.51∶1，低于全国平均水平，但城乡居民收入的绝对数差距扩大了 5 742 元；全省常住人口城镇化率和户籍人口城镇化率分别为 50.8% 和34.2%，低于全国平均水平 7.7 个百分点和 8.1 个百分点。四川城乡间的发展不平衡问题突出，尤其在脱贫攻坚方面四川是全国任务最重的省份之一。着力实施乡村振兴战略是四川决胜全面建成小康社会的必然要求，四川须立足省情、科学谋划，找准一条具有适应性的乡村振兴发展路径。

一、党的十八大以来四川农业农村的发展为乡村振兴奠定基础

党的十八大以来，四川以农村产权制度改革为突破口，持续深化农村体制机制改革，不断加大农业科技创新投入和农业农村基础设施建设投入，农村生产生活条件显著改善，农业生产稳步发展，农业结构调整取得积极进展，农民收入持续增加，为新时代乡村全面振兴奠定了坚实的基础。

（一）发挥农业资源禀赋优势，特色农业产业加速提升转型

四川农业资源丰富，发展基础扎实。全省拥有耕地面积 10 104.1 万亩（1 亩 ≈ 666.67 平方米，全书同），居全国第 6 位；林地面积 3.6 亿亩，居全国第 3 位；竹林面积 1 752 万亩，居全国第 1 位；水资源总量达 2 616 亿立方米，居全国第 2 位。四川是全国 13 个粮食主产区之一，也是全国 5 大林区、5 大牧区之一。党的十八大以来，四川积极探索农业转方式、调结构，农业产业结构调整取得积极进展，农业经济总量跨上新台阶。2017 年全省农林牧渔业增加值达 4 369.2 亿元，比 2012 年增加 1 072 亿元，居全国第 3 位，累计增长 32.51%，年均增长 6.5%；主要农产品基地不断扩面增量，粮食播种面积达 96 662.1 万亩，居全国第 5 位；油菜籽产量和生猪出栏居全国第 1 位；累计认定无公害农产品产地 5 715.6 万亩，占全省耕地面积的 56.7%。

近年来，四川着力推进农业经营体系创新，初步形成了适宜于实际省情并具有地域特色的 5 种适度规模经营模式：一是充分激活农村资源要素，依托新型农业经营主体龙头作用和现代农业产业园区聚集效应的"辐射带动型"发展模式。以农地产权为核心的农村体制机制改革使农地等生产要素释放出巨大活力，全省各地积极推进土地适度规模流转及现代农业园区建设，并在规划引导、机制设计等方面注重关照小农户利益，积极发挥带动小农户融入现代发展的作用。二是积极创新利益连结机制，遵循专业化分工原则和市场化契约规则的"产业联盟型"发展模式。全省各地在不进行土地流转的基础上，通过"订单农业""生产托管"以及产业联盟等方式，围绕农业全产业链条，探索构建涵盖农业产前、产中、产后一体化运营的多元经营主体协作生产及利益连接机制。三是鼓励引导小农合作，提升农业生产现代化水平和农民组织化程度的"互助合作型"发展模式。以成都崇州"农业共营制"为代表，农民通过土地合作、生产合作、资本合作等多种途径，采取合作制、股份制等利益联结愈加紧密的形式，实现自愿合作基础上的规模化经营及与其他新型农业经营主体建立共商共建共营的利益连接机制，推动了农民企业家和新型职业农民的孵化以及农业生产服务的社会化。四是

积极发挥政府"整合"和"撬动"两种作用,吸引社会资本、集体经济组织、返乡农民和大学生、小农户等多元主体投入的"开发式平台型"发展模式。如达州开江按照"政府基础投入引导+运营商提供要素支撑+创业主体发展效益单元"运营机制,建设集美丽新村、现代农业、乡村旅游、文化体验于一体的"稻田+"特色经济。政府整合涉农项目,建设完善基础设施并折价量化,农村集体经济与运营商代持股份共营共享,项目开发公司把示范区稻田开发成50~200亩的效益单元32个,引导大学生、农技人员、返乡农民等各类创客主体入驻效益单元创业发展,从而实现农户、村集体、企业与创客主体多方共赢。五是强化基层党建引领作用,激发党组织凝聚力、党员示范力和各类人才创新力的"党建领动聚合型"发展模式。通过"公司+支部+合作社(协会)+农户"和党员干部"1+1""一帮多"联动帮带贫困户等机制,基层党组织充分发挥带动农户发展产业和脱贫致富等方面的积极作用,并大力回引本村外出党员、成功人士回村创业,外引村外优秀人才和大学生村官到村任职,聚合推进能人治村,提升农业农村持续内驱发展活力。多种形式的适度规模实践探索均指向农业现代化发展的核心路径特征,即多元主体基于专业化分工,以市场契约为纽结,以互惠互利为准则,按照农业产业链条达成的社会化协作生产,加快推动了四川的农业现代化发展。截止到2016年,全省已建成33个国家级现代农(林)业园区、55个省级现代农(林)业园区,国家与省级两级现代农(林)业园区总体规划面积达到3 739.8万亩,占年末耕地面积的比重达到38.0%[1];已建设现代农业万亩亿元示范区1 100个;新建和改造提升"千斤粮万元钱""吨粮五千元"粮经复合产业基地1 000万亩;新建现代林业产业基地233万亩,累计建成2 528万亩[2]。

一、二、三产业融合发展成为四川增加农业附加值和农民收入的显著发展方向。基于四川农村优良的生态资源优势,旅游与农业融合发展成为四川最具代表性的产业跨界融合实践形式。雅安宝兴雪山村将"家庭嵌入式旅游"开发融入灾后重建规划建设,农房兼具居住与民宿形态及功能,成功实现了产村融合化转型发展;"巴山新居"从规划伊始便将旅游风貌打造及功能配套考虑进来,农户聚居院落同时配套游客接待功能,集约利用资源并实现了农业农村多功能拓展配套;成都规划建设"三区合一"[3]的农业基地及"小组生微"幸福美丽新村,成为"三园三区一体"的鲜活实践案例。目前,全省有5 000个行政村发展乡村旅

---

[1]　农业经济再上台阶 农村发展活力增强:党的十八大以来四川经济社会发展成就系列之二[E/OL].[2017-09-13].http://www.sC.gov.cn/10462/10464/10591/10592/2017/9/13/10433650.shtml.

[2]　中共四川省委农村工作委员会.2016年四川省农业农村经济基本情况[E/OL].[2017-05-09].http://www.snsC.gov.cn/agriculture/4053.htm.

[3]　"三区"即农产品生产区、农产品加工区、乡村旅游风景区。

游，5 年增加 2 000 多个；乡村旅游经营户达 10 万余家，5 年翻了一番；累计认定新产业新业态示范县 49 个，森林康养、文化创意、电子商务等新产业、新业态加快发展，直接或间接带动 800 万农民增收受益，休闲农业和乡村旅游经营性收入达 1 150 亿元，约占全国 1/4 强①。此外，全省规模以上农产品加工业总产值突破 1.3 万亿元，增长 14% 左右，占全省工业比重 25%，排名全国第 6 位；白酒产业稳居全国第一；"三品一标"（无公害农产品、绿色食品、有机农产品和农产品地理标志）产品数量达到 5 142 个，5 年增长 78%，居全国第 6 位、西部第 1 位。

（二）夯实农村基础设施建设，生产生活条件显著优化改善

党的十八大以来，四川持续加大支农惠农政策和资金投入力度，农业农村生产生活基础条件大幅改善。2012—2016 年，全省农林牧渔全社会固定资产投资累计达 4 189.2 亿元，累计增长 182.2%，年均增长 36.44%。累计投入超 800 亿元新改建贫困地区国省干线公路 5 500 千米，基本形成各区干线公路骨架网络。内地贫困县基本实现县到市通二级及以上公路，三州地区除甘孜乡城和得荣，其余贫困县基本实现县到州府通三级及以上公路。累计投入约 600 亿元，推动贫困地区建成"溜索改桥"74 座、渡改桥约 400 座，建成农村公路 6 万多千米。据第三次全国农业普查：2016 年年末，全省 99.3% 的村通公路，比 2006 年提高了 6.5 个百分点；进村主要道路为水泥路面的村占 85.0%，比 2006 年提高了 65.1 个百分点；村内主要道路为水泥路面的村占 82.6%，比 2006 年提高了 71.5 个百分点。通过实施三轮现代农业（林业、畜牧业）重点县建设，2017 年全省主要农产品基地不断扩面增量，粮食播种面积达 9 662.1 万亩，有效灌溉面积达 4 114 万亩，累计新增有效灌溉面积 127 万亩；同时，各地加大对高标准农田的建设和中低产田改造力度，基本实现了旱能灌、涝能排、渠相连、路相通，千年来农业生产"靠天吃饭"的局面进一步改变。近 5 年累计向贫困地区投入中央、省级财政专项扶贫资金 295 亿元，2016—2018 年扶贫专项投入 3 700 多亿元。2012 年以来，四川累计实现脱贫 550 余万贫困人口、退出 9 719 个贫困村、摘帽 50 个贫困县，减贫幅度达到 88%，贫困村的退出率达到 85%，贫困县的摘帽率达到 57%。

四川坚持把新农村建设与新型城镇化相结合，在全省推广"小规模、组团式、微田园、生态化"幸福美丽新村建设模式，同时因地制宜地推进藏族聚居区新居、彝家新寨、巴山新居和乌蒙新村建设。已累计建成幸福美丽新村 23 160 个，占行政村总数的 46%；累积创建省级"四好村"3 481 个；到 2015 年住建部农村生活垃圾 5 年专项治理验收时，全省 90% 的村庄实现了生活垃圾有效治理。

---

① 杨文武. 毛业雄介绍四川农业供给侧结构性改革成绩经验 [N/OL]. (2017-06-13). http://www.sctv.com/zt/sc/2017/jd2/201706/t20170613_3453169.shtml.

目前，已基本实现农村垃圾全面治理。可以说，四川农村的基础设施建设发生了翻天覆地的变化，农村越来越美，农村环境越来越好，农村生产生活更加便利。

与此同时，全省持续深化农业投融资体制机制创新改革。一方面，加强财政涉农资金统筹整合使用，有效提升财政支农惠农政策效能。2016年以来，全省在国家连片特困地区县、国家扶贫开发工作重点县和当年计划摘帽贫困县等70个贫困县（市、区），启动了以县级为主体的涉农财政资金整合使用改革试点。各试点县因地制宜对范围内中央、省、市、县各级财政涉农资金统筹整合，以规划为引导、以扶贫项目为载体，优先解决贫困村和贫困户在基础设施、产业发展、公共服务、农服补助、生产能力建设、生态环境治理等方面的突出问题，极大提高了涉农资金使用效能。巴中市在全省率先出台资金整合使用管理办法，将中央和省级共35个项目、市级10个项目列入其中，并确定市级财政以每年不低于5%的新增财力整合扶贫，各县（区）财政专项扶贫支出占一般预算支出不低于30%，对全市699个贫困村予以重点支持，对预销号贫困村予以不低于1 000万元的资金下沉，实现了过去"拼盘式"整合向"一盘棋"整合的转变。另一方面，加快推动农村集体产权等制度改革，牵引放大财政资金撬动能力。通过推进农村集体资产股权量化改革，大量到村财政资金及其所形成的资产以股权量化的形式到村集体、到户，各种新型农村股份制集体经济组织应运而生并因此获得初始资金积累，进而具备吸引社会资本参与农业农村开发建设的机会和能力。巴中恩阳区观音井镇万寿村在2014—2016年先后投入财政资金143.4万元，并将股权量化到贫困户和一般农户；加上该村自有集体资产股权量化改革（通过"三股一保底"的方式发展养殖专业合作社，并与当地返乡创业企业通过集体入股和村民个体入股的方式），发展农机服务专业合作社、整村种养产业开发及乡村旅游。产权机制创新使财政投入的实践形式更为灵活，充分有效地发挥了撬动广泛社会资本参与农业农村发展的"活水源"效能。

（三）创新农村基层治理机制，乡村治理体系持续健全完善

党的十八大以来，党中央做出推进国家治理体系和治理能力现代化的战略部署。乡村既是利益冲突和社会矛盾的重要源头，也是协调利益关系和化解社会矛盾的关键环节，是国家最基本的治理单元和基石。乡村治理的现代化程度直接影响着国家治理的现代化水平。近年来，四川鲜明地提出"落实到基层、落实靠基层"的理念，坚持以党的建设引领农村基层治理创新，确保法治基本保障，充分激发群众主体作用，吸引多元主体共同参与，构建新型乡村治理体系，极大地促进了乡村文明和谐稳定。

坚持党的领导是贯穿基层治理的主线。四川高度重视农村基层党的建设，全面强化农村基层党组织的领导核心地位。针对农村基层党组织队伍结构普遍存在年龄偏大、文化偏低、能力偏弱的"三偏"问题，四川全方位招才引智：创新

实施 3 年 10 万名村级后备干部培养工程，推进选派"第一书记"制度化；实施"好书记选育计划"，从务工经商人员、复员退伍军人等人员中回引优秀党员人才进入村"两委"班子，甚至担任村党组织书记；选拔大学生村官进入村"两委"班子；每年对乡村党组织书记进行全覆盖培训；实施党员"双向培养"计划，推广在乡镇建立青年人才党支部等做法，重视在"80 后""90 后"青年农民中培养入党积极分子；探索乡镇党政领导班子换届时，每个县（市、区）分别吸纳 1 名及以上优秀乡镇事业单位工作人员、村党组织书记；设专项名额从优秀村支书、村主任中定向考录乡镇公务员、乡镇事业单位人员，同时建立不胜任不称职乡村干部调整处理制度。目前，全省村党组织书记平均年龄与学历水平全面提升，村党组织书记平均年龄 42.7 岁，比 2012 年时年轻 5 岁左右，具有大专以上学历的村党组织书记占比提高 9 个百分点。

同时，四川积极探索创新农村基层党组织体系建设，强化农村基层党组织回应群众诉求、提供精准服务的能力，并以此为依托充分发挥组织动员作用，整合各方资源共同参与农村基层治理。2016 年，成都市出台了《关于加强农村基层党的建设工作的实施意见》，提出"组织建在产业链、党员聚在产业链、农民富在产业链"的创新思路：适应新型农业经营主体的迅速发展，探索在经营规模大、党员人数多、辐射带动强的经营主体单独建立党组织，而经营规模小、党员人数少、暂不需单独建立党组织的经营主体可建立联合党组织，产业相近或地域相邻的经营主体可统一建立区域性党组织，党员流动性较大、信息化程度较高的则可探索建立网络党组织；在全面深化党组织领导的基础上，探索村民民主议事决策、村委会执行、村务监督委员会监督和其他经济社会组织广泛参与的"一核多元、合作共治"新型村级治理机制。类似的创新探索在四川各地广泛实践，各类区域型、行业型、产业型等新型党组织在农村基层大量涌现，目前共建立农村基层党组织 79 522 个，较 2012 年增加 5 781 个。基层党组织在组织带领农民群众发展产业、治理公共事务等方面发挥了战斗堡垒和组织凝聚的作用，推动了基层民主选举、民主协商、民主决策、民主管理、民主监督等机制建立健全，农民组织化意识与能力不断提升，农民专业合作社等新型农业经营主体进一步发展，并与基层党组织建设形成良性互促。2017 年，全省 50 个县启动扶持村级集体经济发展试点，培育农民专业合作社 1.5 万个、家庭农场 7 006 个。其中，农民专业合作社入社农民 343.8 万户，占经营农户数 20.6%，带动一般农户 666.6 万户。

法治化为四川推进农村基层治理体系创新提供了制度保障。2014 年，四川省依法治省领导小组办公室即下发了《关于统筹开展依法治理示范创建工作的意见》，强调深化以村规民约等为载体的基层法治示范创建。通过"自上而下"与"自下而上"相结合的示范创建活动，党委、政府发挥了统筹引领作用，充分激发了农村基层群众、村民议事组织、社会组织及其他社会力量共同参与农村治理的积极性，大幅提升了农村基层群众依法"自我管理、自我服务、自我教育、自我监督"的能力。2017 年，四川法治示范县创建数居于全国第 1，法治示范村（社区）创建数居全国第 2，全省群众法治满意感达 94%。加之全省全面实施网格化管理，"雪亮工程"建设、群防群治响应大幅加强，人民调解组织覆盖所有乡镇和 83.5%的行政村，农村治安显著好转，农民群众的安全感大大增强。

乡风文明在乡村治理的现代化进程中也得到整体提升。全省广泛开展文明村镇创建活动，目前已创建全国文明村镇 234 个，省级文明村镇 625 个，市级和县级文明村镇 12 000 余个。在 2018 年全省"大调研、大学习、大讨论"的一项问卷调查中，85.9%的干部群众认为，近年来农村的社会风气变好了，乡村文明程度较以前有较大提升，孝敬老人、睦邻友好、互助共享等良好风气正逐渐恢复和形成。

（四）深化农村体制机制改革，城乡互促格局逐步构建显现

党的十八大以来，以成都市、内江市市中区、巴中市巴州区、眉山市彭山区等全国第二批农村改革试验区地区为代表，四川在深入推进统筹城乡综合配套改革、着力破解城乡二元结构、健全城乡发展一体化体制机制等方面进行了积极探索。

据农业部 2018 年 4 月下发的《关于党的十八大以来农村改革试验区改革试验成果转化情况的通报》，四川是全国第二批农村改革试验区中获批地区数量最多的省份，获批的 4 个试验区承担了土地承包经营权流转管理和退出等 14 个改革试验任务。其中，成都市承担 7 项，为第二批试验区中任务最多的地区之一。4 个农村改革试验区紧扣重点领域和关键环节深化改革、先行先试，在农村土地制度改革、农村集体产权制度改革、农业支持保护制度改革、农村金融制度改革、完善乡村治理机制改革 5 方面的改革试验中取得阶段性成效，所涉及的 15 项试验成果被包括中共中央文件、法律修正案（草案）、中办文件、省委文件等中央和省委政策文件、法律法规吸收转化。如内江市市中区制定了进城落户农民退出土地承包经营权相应的条件审核、退地程序、补偿标准、资金筹措等制度，探索采取集体经济组织自筹、金融机构担保融资、承接业主支付租金、乡镇财政借支、县级财政补助等多种途径相结合的方式建立农村权益退出收储资金，在农村承包经营权有偿退出改革试验方面取得成效，被 2017 年中央一号文件吸收并转化为"允许地方多渠道筹集资金，按规定用于村集体对进城落户农民自愿退出承包地、宅基地"政策。巴中市巴州区积极创新探索农村房地预收储制度，允许包括在城镇已购房的农民等 6 类退出住房为非唯一住房的农村宅基地使用权人，通过自愿申请并经集体同意、乡镇复核、县区备案、公示认可、签订协议、兑现补助等规范流程后，申请办理宅基地有偿退出；地方政府主导建立的农村集体土

地流转收储中心负责退出宅基地的收储、整理、包装和入市，并垫付宅基地预收储资金；通过土地增减挂钩、易地扶贫搬迁、D级危房拆除等方式退出的农村宅基地，依法优先用于满足本集体经济组织成员建房用地需求；退出农民保有宅基地"收回"权利，对于进城无法实现安稳生活的农民，在不低于2/3集体经济组织成员同意的基础上，通过缴纳一定费用，可以按程序和标准重新获取宅基地使用权。巴州区的改革试点在保障公司、集体和农户三方合法利益的基础上，有效增加了进城农民的财产性收入，也盘活了农村存量资源，促进了土地规模流转和规模经营。成都市崇州市通过推进承包土地"三权分置"，按照"入社自愿、退社自由、利益共享、风险共担"的原则，引导农户以土地经营权折资入股成立土地股份合作社，通过聘请农业职业经理人代管代种和搭建平台培育大学毕业生、返乡农民工、农机农技能手等"职业农民"，探索构建土地股份合作社、农业职业经理人、农业社会化服务体系"三位一体"的"农业共营制"新型农业经营体系，以破解当前农村土地细碎化、农业兼业化、劳动力弱质化等现实难题。崇州市的改革融合了多项改革试验任务，体现出改革的系统性、整体性和协同性，具有典型的创新性。此外，4个试验区每年均在积极承担国家批复赋予的试验任务基础上，按规范自主拓展新的试验内容。如2018年，眉山市彭山区新增盘活集体建设用地使用方式、创新乡村人才激励和培育引用使用机制等5项任务，4个试验区全年共新增16项试验任务。

全国试验区先行先试带动了四川农村领域全面改革创新。2016年开始，四川确定了包括4个国家级试验区在内的21个省级农村改革综合试验区，明确除中央明确未经授权不准试点的改革内容外，所有改革项目都可以在农村改革综合试验区试点。近年，全省以县域规划多规合一试点为抓手，积极推进城乡一体规划和建设、土地节约集约利用。同时，全省以深化户籍制度改革为核心，加快推进城市基础设施和公共服务设施向农村延伸。目前，已全部解决贫困地区641万农村居民和85万农村学校师生的饮水安全问题；除成都市外全省各大中小城市和建制镇已基本实现进城落户"零门槛"；已全面实施居住证制度，探索持居住证的外来务工人员和非本地户籍人口均等享受居住地社会公共服务，将1 200余万在省内务工的农民工全部纳入基本公共服务保障范围，简化农民工随迁子女在当地接受义务教育的入学条件；部分地区积极探索从传统以户籍人口为基础转向以常住人口为基础配套城镇基础设施和公共服务的城镇化机制创新；已初步建立覆盖城乡的基本医疗卫生制度；2014年开始，每年按公共租赁住房总量的30%向农民工定向提供住房保障。四川深化农村体制机制、促进城乡融合一体发展的改革，聚焦于积累改革系统性探索经验及为现行法律法规的立改废释提供实践依据，为全省全面深化农村改革探索新途径，推动全省城乡互促格局逐渐构建显现。

二、四川实施乡村振兴战略须找准"短板"、聚力发展

习近平总书记一直关注四川的"三农"工作。2017 年"两会"期间参加四川代表团审议时，习近平总书记强调要深入推进农业供给侧结构性改革、坚定不移打赢脱贫攻坚战。2018 年 2 月来川视察时，习近平总书记强调指出，四川是"天府之国"，农业生产条件优越，是我国粮油、生猪、茶叶等农产品大省，名优特产众多，川茶、川酒闻名天下。同时，四川是农业大省，"三农"工作任务繁重，也是脱贫攻坚任务最繁重的省份之一，贫困面宽、贫困量大、贫困程度深的特点突出。四川农业大省这块金字招牌不能丢，要坚定不移打赢脱贫攻坚战，加快推进乡村产业振兴，推动乡村生活富裕，实现四川农业大省向农业强省的跨越。习近平总书记对四川"三农"工作的系列指示精神，为四川做好新时代"三农"工作提供了行动指南。同时，全面实施乡村振兴战略也对新时代四川"三农"工作提出了更高要求。农业农村的"双现代化"发展目标，要求将乡村放在与城市对等的地位实现全面振兴、实现城乡融合。对四川而言，这意味着在下大力气补齐短板的同时，须更加着力于构筑乡村地域全面高质量可持续发展的新格局；相应地，意味着在发展模式上须切实从政府主导的"输血式"哺育转向重点培育乡村内生可持续增长动力的"造血式"发展。四川实施乡村振兴战略须立足省情，及时分析新情况新问题，找准"短板"、突破瓶颈、明确方向，进一步深化改革、聚力发展。

（一）农业大而不强、多而不优问题仍然突出

2017 年，四川第一产业在三次产业中占比 11.6%，高于全国平均水平 4 个百分点，但农业大而不强、多而不优的特征十分突出。作为全国 13 个粮食主产区之一，四川省内的主要产粮区集中分布在成都平原区、川中丘陵地区，而这些区域恰恰是全省人地矛盾最为突出的地方。近年，受生产资料成本攀升和补贴受限等因素影响，种粮比较效益持续下降、粮农持续增收困难；同时，受土地流转成本增长过快，农业劳动力雇工难、成本高，种粮利润低等因素影响，土地规模化流转项目普遍偏向于附加值更高的经济作物种植，四川粮食主产区显露出"非粮化"现象，全省粮袋子有"缩水"趋势。虽然从 2015 年开始，四川即作为农业补贴试点改革省份，其政策开始以农业支持保护补贴的形式向耕地地力保护和粮食适度规模经营倾斜，但并不能实质性扭转种粮的低经济回报格局。据抽样调查，全省 30 亩以上规模流转土地中粮食生产经营用地仅占 27.9%，成都则仅有 15.49%。作为西部地区唯一的粮食主产区，在不考虑生猪、白酒等以粮食为主要生产原料的外调产出品的情况下，四川已成为粮食净调入省份，常年须从省外调入 250 万吨优质稻谷、1 150 万吨加工转化用粮，占全省产量的 40% 以上。粮

食外的其他优质农产品供给不足问题也有显露，如奶产品每年均需调入上百万吨以调剂需求，淡水水产品自给率不到70%，与四川农业大省的地位不相匹配。

目前，小农分散经营仍是四川最主要的农业经营方式，农业规模效益和产业化体系发育水平整体偏低。四川全省户籍人口人均耕地0.66亩、常住人口人均耕地0.72亩、农业户籍人口人均耕地0.97亩，均低于全国平均水平[①]，户均耕地面积仅为全国的40%。全省耕地流转面积达2 136.36万亩，约占耕地总面积的36.7%，单个主体经营30亩及以上面积超过1 327万亩[②]，但全省规模化经营仅为30%左右；主要农作物综合机械化水平低于全国平均水平9个百分点；农产品加工率仅40%左右，低于全国7个百分点。在农户分散经营为主的方式下，易于产生农产品标准化程度低，供给质量不稳定、无保障等问题。虽然全省农产品种类丰富，"三品一标"产品数量逾5 000种居于全国第6位，但总体而言，农产品的市场竞争力较弱、品牌化程度低，与产品数量、产量地位不相匹配。如作为全国粮食主产区，四川的大宗农产品如水稻产量虽高却没有叫得响的品牌，甚至省内大型超市的粮食货架上也由外来品牌占据主体。再如川茶，自古以来蒙顶山茶就以贡茶著称，但时至今日，蒙山茶的自有品牌影响力仍然欠缺，大量高品质春茶被外来茶商低价收购，加工后贴上名茶品牌再高价出售。加之四川全省农业社会化服务体系不健全，农产品产后分级、包装、营销以及现代化冷链物流、烘干存储等设施建设和服务体系发展不足，进一步制约了农业产业化发展水平和产业效率效益的提升。如全省竹林面积居全国第1位，较浙江省竹林面积多500万亩，但实现产值却比浙江低150亿元。"2018年农业产业化龙头企业500强排行榜"中，四川仅19家企业入围，而山东有59家、河南有29家。2017中国百强农产品区域公用品牌中，仅四川泡菜、攀枝花杧果、新津黄辣丁3个品牌入围。

（二）农村空心化、人才整体匮乏问题仍然显著

四川是传统劳务输出大省，全省户籍人口9 100万，居于全国第3，而常住人口8 302万，居于全国第4，为人口净流出省份。2017年，全省转移输出农村劳动力2 505万人，其中省内转移1 325.6万人、省外输出1 174.6万人、外派劳务4.8万人，农村劳动力转移输出规模占总量的59.7%。调研发现，当前四川已不仅是"富余"劳动力转移，更是农业必要劳动力大量转移，农村空心化、家庭空巢化、农民老龄化问题并举。传统所熟知的"386199"部队，目前甚至连妇女都急剧减少，留守的大部分为老人和小孩，50%以上务农人员为50岁以上，

---

① 四川省农委政策法规研究处. 2016年四川省农业农村经济基本情况［R/OL］. (2017-05-09). http://www.snsc.gov.cn/agriculture/4053.htm.

② 佚名. 四川省农村土地"三权分置"基本形成［N/OL］. (2018-01-10). http://sc.people.com.cn/n2/2018/0110/c345509-31126966.html.

55 岁及以上占比高达 38.1%，近 30% 为 60 岁以上，70 岁以上老人也有超出 40% 仍从事力所能及的农业生产。令人担忧的是，新生代农民工乡土情结淡漠，更为迫切地想融入城市文明，情愿在城市勉强维持生计也不愿返乡务农；相当部分年轻人从未从事过农业，完全不具备农业基本知识和技能；部分年轻人即便掌握农业技能，也不愿安心在家从事农业生产。而现有愿意并事实上从事农业生产的农民，却又整体禀赋较低。据四川省农业厅数据，四川在家务农人员的受教育程度在初中及以下的超过 90%，高中及以上学历仅占 5.2%，全省农业劳动生产率低下，人均劳动生产率约 3 万元，仅为非农产业人均劳动生产率的 1/4①。"锄把子交给谁"的问题已成为农业农村发展中必须正视的现实难题。

四川农村空心化、人才整体匮乏的状况，必然无法适应农业农村现代化发展的需要，极大制约了农业生产的机械化程度和农业技术的推广运用，现有农业生产者难以有效实现多种形式的农业联合生产与适度规模经营，难以融入现代农业发展体系及对接现代供应链和消费市场，乡村集体经济发展能力积弱现象突出。调研数据显示，全省村级经营性资产仅为 3.3 万元/村，集体经济收入空壳村、薄弱村占比达到 2/3 以上。集体经济能力的弱小及村庄"空心化"深刻制约着乡村公共事务的治理，村集体调集村庄成员力量缺乏感召力和有效手段，有的村庄甚至召开村民会议都难以达到法定人数。而传统粗放式农业生产经营所致的低效率、低收益，以及村庄公共事务治理的阙如，则将进一步加剧村庄"空心化"问题。与此同时，上学难、看病贵等问题仍然存在，也会进一步加剧农村人才大量外流。2017 年，农村中小学专任老师本科及以上学历的仅为 51%，低于城市 22.6 个百分点。尤其是民族地区，学生辍学打工、进寺庙当和尚的现象时有发生。基层卫生人员中有中、高级职称的仅占 19.9%，绝大多数基层卫生人员学历低、无职称、缺经验。城乡医保和养老等差距仍然较大，新农合政策范围内报销比例仅 60%，能报销的药品仅三四百种，而城镇职工却有两千多种药品，80% 的农民养老金选择最低档 100 元/年，而城镇职工养老金是 2 200 元/月。据四川农业相关部门最近一次对县域蹲点调研的数据，近 5 年县域输出大中专学生 41 190 人，毕业返乡从事农业农村工作的 6 290 人，仅占 15.3%。

（三）乡村价值观多元化、社会道德观弱化等现象仍然存在

基于抵御自然风险等村庄层面的公共事务，中国传统的村庄具有以核心家庭及其家族或宗族为基础、以义务为本位的农民基本认同的特征，族规家法、乡规民约、舆论力量及某种内化的道德力量等维系着乡村社会的内生秩序，睦邻友好、互助协作、长幼有序等价值观念被普遍认同并成为村庄成员融入社群的基本道德舆论评判依据。并且，在传统相对封闭和自成体系的村庄中，各种传统技艺

---

① 数据来源：四川省农业厅。

经由祖祖辈辈代际相传，也得到了较好传承。但在当前，村庄早被市场经济改革冲破了传统的封闭状态，村民不再受村庄的强束缚，而是在空前广阔的空间愈益自由地流动，传统维系家庭的行动规范甚至价值观念被逐渐消解，超出家庭的传统功能性组织被逐渐瓦解，传统村庄基于义务和责任的认同感及协作化力量日益式微。尤其是年轻一代，他们更加向往城市的生活方式，乡土情结日益淡漠，对老一辈固守的规则、观念缺乏认同感，对农业谚语、时令节气、传统礼仪道德、风土人情、传统技艺等不感兴趣，不再受村庄传统舆论和组织力量束缚，甚至在价值的多元化冲击中道德观念弱化，出现了传统文明"断层"的现象。相应地，传统农耕文化和美丽乡愁的记忆符号也在日渐消失。调研数据显示，84.8%的干部群众表示古村落、古民居、古戏楼、古井等物质载体"已经看不到了"或"正在一天天消失"；70.2%的干部群众表示农村竹编、草编、石艺、刺绣等传统民间技艺"年轻人不愿学，终究一天会消亡"。与此同时，重利轻义、以核心家庭和个人利益为本位的价值观念强烈冲击乡村地域。调研数据显示，23.4%的村民认为"农村社会金钱至上、不讲情义"，村庄社群成员履行义务、奉献协作等精神缺失，建设美好家园内生动力不足。在近年党委、政府不遗余力支持乡村发展的宏观背景下，部分农民甚至形成"等、靠、要"思想，争当贫困户和低保户等消极现象时有发生，农民在乡村建设和发展中的主体地位未能得到充分发挥。问卷调查发现，74.8%的干部群众对社会主义核心价值观的主要内容说不清、道不明，只有45%的农民群众认为"自己在新农村建设中受益，自己的事情自己干"。事实上，这并不是四川所特有的现象，而是当前整个中国农村社会面临的共性挑战。

(四) 农村人居环境改善、生态环境保护任务仍然艰巨

2018年2月，习近平总书记来川视察时指出，四川自古就是山清水秀的好地方，生态环境地位独特，生态环境保护任务艰巨，一定要把生态文明建设这篇大文章写好。虽然四川近年在生态环境保护和治理方面成效显著，"小规模、组团式、微田园、生态化"的幸福美丽新村建设模式得到推广及藏族聚居区新居、彝家新寨、巴山新居和乌蒙新村等新农村建设日新月异，但总体来看，四川乡村地域的生活垃圾、生活污水治理及卫生厕所等设施建设仍然问题突出，农村人居环境、生态环境亟待提升。虽然四川目前已基本实现农村垃圾全面治理，但部分区域尤其是相邻行政区交界处等特殊区域，农村垃圾处理仍存在盲区，还有部分"硬骨头"需要啃；同时，已经实现生产垃圾集中收集和清运等有效处理的村庄，则进一步面临垃圾分类、废弃资源回收利用等更高层面的要求；农村生活污水和生产废水向江河湖海直排、排至室外空地或经化粪池简单处理后渗入地下等问题仍然严重，对地表水、地下水及农业面源污染造成极大威胁；农村厕所建设的历史性欠账巨大，尤其是贫困乡村区域，卫生厕所普及率水平低下，自家院里

刨个坑、几捆玉米秆围个棚、猪圈旁边挖个坑等传统落后的如厕习惯仍然普遍，粪水暴露、蚊蝇滋生等环境污染问题突出，甚至影响到农村安全饮水问题。问卷调查显示，82%的干部群众认为当前农村居住生活最大的问题是"农村人居环境脏乱差"，不少场镇的环境卫生状况更是堪忧。目前，在全省农村污水得到有效处理的村不到10%；很多地方近10年新建的房屋也未配套卫生厕所；50%的畜禽养殖废弃物未得到资源化利用和无害化处理；耕地、土壤污染点位超标率为34.3%，为全国平均水平的2倍；全省地表水87个国控考核断面达标率仅为75.9%，沱江、岷江等主要河流和24条小流域污染严重。四川农村人居环境和生态环境离美丽宜居乡村要求还存在较大差距，仍然是亟须花大力气弥补的"短板"。

（五）农民组织化程度仍然较低、法治基础仍然薄弱

一直以来，我们都习惯将农民界定为最广泛、最分散的群体。时至今日，农民这种分散的特征并未得到实质性转变，农民群体的组织化程度仍然较低，四川也概莫能外。近年，迅猛发展的农民合作经济组织被视为以经济利益为纽带推进农民组织化的有效路径。但调研发现，四川数量众多的各类小农户合作组织中，真正有持续业务运行且经营良好的不超过15%。部分地方党政干部的行政思维仍根深蒂固，习惯运用行政力量"自上而下"整村或成片地推进集体股份制经济组织或专业合作社等小农户合作机制。由此而快速发展的所谓新型集体经济组织或专业合作社，绝大多数因缺乏合适的农村精英引领或没有持续的实际业务支撑，最终流于形式，成为"空壳"或"僵尸"组织。部分农民专业合作社实质是工商资本企业为获取国家政策优惠和项目支持而披上的"马甲"；依托从事农村扶贫开发和综合开发的第三方公益机构扶持而发展起来的农民合作社，则普遍存在对第三方机构及其外部导入资源的强依赖性；而真正由农民自发建立、农民精英领办并良性运营的合作组织则为数不多，且多为利益松散型合作关系。农民的合作更多体现为农产品抱团销售，在生产运营其他环节作用甚微，社员既希望合作社为自己创利，又不愿意为合作社发展付出努力等问题突出，合作社集体决策和行动能力趋弱。

农业生产领域中农民组织化程度较低的现象在村庄治理事务中也得到反映。村"两委"事实上扮演了党委、政府在农村基层"代理人"的角色，承担了大量的党委、政府行政事务，尤其在近年精准扶贫精准脱贫工作中，任务异常繁重。很多村"两委"干部形象地说："我们就是乡政府的脚脚爪爪。"在基层党委、政府借由村"两委"向农村基层"自上而下"强力延伸党政职能的情况下，农民"被组织""被合作"甚至"被扶贫"等现象时有发生，部分助长了村民对于要不要行使和如何行使自治权利义务的淡漠观念，部分村民甚至滋生"乡村建设发展、脱贫攻坚是党委政府的事、是干部的事"等消极思想。而农村劳动力大

量外出流失及村庄"空心化"问题，则进一步加剧了这一现象。部分村庄村民自治流于形式的现象突出。加之前述乡村传统德孝等文化的式微，村民自治更是缺乏乡村共同体的基础。调研显示，38.8%的村民认为"农村缺乏有效的德治载体"。与此同时，四川农村的法治基础仍然薄弱。调研发现，34.4%的村民表示很少用法律维护自己的权益，有的是根本不懂法，不知道怎样运用法律维权，而有的则是不信法，认为信访等渠道才是有效解决问题的途径。这些现象是由农村法治体系的完善程度、政策法规在农民群众中的知晓程度、农民群众表达诉求和维权渠道的便利及畅通程度、农民群众自身的法治意识和法治水平、地方基层政府依法行政的落实强度和强势利益主体的依法诚信度等多方面因素造成的。长期以来，影响四川农村经济社会和谐稳定的各类尖锐矛盾甚至群体性事件，无不与农民群众切身利益诉求相关，"权大于法"或"法外容情"均不能合理合法保护相关利益主体的合法权益，甚至可能激化新的矛盾和冲突。总体而言，四川乡村地域的自治、法治、德治"三治"体系仍不健全，新型乡村治理格局尚未形成。

三、统筹推进"五大振兴"，走具有四川特色的乡村振兴发展新路子

（一）推进产业振兴，筑牢乡村振兴物质基础

产业振兴是乡村振兴的重要基础，也是乡村振兴的动力支撑。转变分散、粗放的生产经营占主体的传统农业生产方式，发展多种形式的适度规模经营，促进农村一、二、三产业融合发展，推动农业由增产导向转向提质导向，是四川发展现代农业、建设农业强省的基本方向。现代农业发展已不是单纯的大田生产概念，其本质特征是在劳动分工高度发达的基础上，以市场契约为纽结，以多元参与主体互惠互利为准则，按照农业产业链条达成的社会协作生产。四川推进农业产业振兴须从农业内外、城乡两头共同发力。一是持续加强农业基础设施建设和农业科技创新，提高农业物质装备水平，夯实农业综合生产力基础。二是加快构建现代化产业体系、生产体系和经营体系，围绕川粮、川果、川菜、川油、川猪、川茶、川药、川竹、川薯、川椒、川酒、川烟、川蚕桑丝绸、川鱼等全省14大特色产业和农机制造业，推动建设一批现代农业产业园区、农产品加工园区、农业产业融合创新示范园区，形成区域性农产品研发、生产、加工、流通产业集群；以农业产业化龙头企业为"排头兵"，带动发展壮大一批"川字号"特色农业生产经营主体，形成以新型农业经营主体为核心、多种形式适度规模经营占主体、农业全产业、多业态专业协作生产和利益分享的新格局；以创建农业强县为载体，搭建农业基础设施及科技创新、新型经营主体和农业社会化服务体系孵化培育、农业全产业链集聚集群发展、特色农产品品牌打造等重点建设的基础平台。三是擦亮四川农业大省金字招牌，以政府为依托打造农产品区域公共品

牌，以企业为依托打造特色优质农产品品牌，持续实施"孵化、提升、创新、整合、信息"五大工程，培育壮大"川字号"农产品品牌体系，强化农产品质量安全监管，提升四川农业标准化生产能力和核心竞争力。四是推动农村一、二、三产业融合发展，即围绕农业全产业链条实现农资、农技、农机服务，农产品加工，物流，营销，乡村旅游，健康养生，农村电商等产业的整合协同，构建以现代农业为主，农业产前、产中、产后生产和服务紧密相连、有机贯通，一、二、三产业融合发展的乡村产业体系，提高农业产业附加值，做大做强农村实体经济。需要强调的是，现代农业的发展规律和四川人多地少的现实省情决定了以小农户为核心的体系创新式农业现代化道路是四川推进农业产业振兴的必由之路。在农业产业体系、生产体系、经营体系创新中，建立起产权边界日益明晰、小农户与新型农业经营主体共进共富的利益联结分享机制，是农业产业振兴的核心关键。

（二）推进人才振兴，强化乡村振兴智力支撑

"没有不增收的田，只有不增收的人。"物质技术装备等生产生活条件可以通过投入实现明显改善，但技术和制度的创新及其由此而来的生产效率、治理效能提升，更核心的因素则在人。无论是从眼前还是长远来看，人才振兴均具有为四川乡村振兴奠立基石的作用。四川乡村振兴的人才队伍建设须既立足于农村又放眼于农村之外。一是建设一支懂农业、爱农村、爱农民的农村工作队伍。这支队伍应至少涵盖市（县、区）党委、政府主要领导和分管领导、涉农职能部门和乡镇党政领导干部以及村"两委"干部的多层级人才。要推动"三农"领导干部整体年轻化、专业化和专家化；推动青年公务员到乡村挂职和定期服务制度化，并带动村支书、村委主任年轻化、专职化；通过"一村一名大学生"工程推进村干部和集体经济组织带头人素质提升；通过培育提升和服务支持等方式发现、培育和造就一批乡村青年人才队伍。二是建设一支爱农业、懂技术、善经营的新型职业农民队伍。以专业大户、家庭农场主、专业合作社带头人、本土技术能手、返乡创业农民工、涉农专业大中专毕业生等为重点，通过建立完善教育培训、考核认证、政策扶持、完善保障等方式，按照新型职业农民领办优先原则对接相关涉农优惠政策，逐步建立起与二、三产业从业人员类同的职业制度保障，营造好感情留人、事业留人、待遇留人的良好环境，加快培育一支新型职业农民人才队伍，并引领带动农民群体的现代化发展。三是建设一支聚合高技术专家、实用技术专家及"土专家"的农业科技人员队伍。激励和扶持科技人员通过兼薪兼职、离岗创业等方式到乡村创新创业；支持高校、农业科研机构以多种形式与"三农"部门开展合作，打通农业科技研究与田间实践推广运用的通道；拓宽基层农技人员继续教育渠道，实现农业科技人员定点联系服务全覆盖；完善农村实用人才带头人示范培训机制，积极鼓励扶持各类"田秀才""土专家"兴办

科研实体和经济实体，带动小农户广泛采用实用型新技术、良种及先进农机设备。四是建设一支以农民为核心主体的现代企业经营管理人才队伍。通过对包括龙头企业在内的农业企业家尤其是农民企业家开展针对性培训、提高政治待遇、鼓励和吸引参与涉农政策制定等方式，提升新型农业经营主体管理人员的能力素质、社会认知度与影响力；建立农业企业家联系帮扶工作机制，及时了解农业企业家经营发展问题，及时回应、精准服务。五是建设一支既富有时代精神又熟悉乡土乡情的新乡贤队伍。广泛收集乡贤信息、建立乡贤信息库，通过在村社设立乡贤参事会甚至在有条件的县（市、区）政协设立新乡贤界别等方式，搭建平台、制定政策，引导和支持乡贤返乡或积极参与乡村建设和治理。

（三）推进文化振兴，提升乡村社会文明程度

乡村文化、乡风文明与农业发展、农村振兴是硬币的两面，共生共荣。一是继续加大乡村文化基础设施和服务体系建设投入，配套完善乡镇文化院坝、文化广场，村文化中心，充分发挥"农民夜校"的平台作用，积极构建文艺文化活动、书报电视广播网络、讲座培训等形式多样、全面立体的公共文化服务网络。二是以农民群众喜闻乐见的形式，常态化、潜移默化式地开展社会主义核心价值观主题文化活动，向农民群众宣扬爱国主义、集体主义、诚实守信、遵纪守法、自强奋进等价值观念，用社会主义核心价值观占领农民群众思想文化中的主流阵地。三是在扬弃中传承和发扬传统农耕文化，以规划为引领，锁定传统建筑、农耕器具等具有农耕文明和美丽乡愁记忆符号的器物，加大保护力度，使之融入幸福美丽新村建设；进一步加大对乡村物质与非物质文化遗产的调查保护力度，建立资源库及分级保护名录，在有条件的地方建立文化纪念馆、乡风博物馆，加大对古村落、古民宅和民族特色村镇的整体保护开发力度；以刺绣、竹编等具有四川特色的乡村文化品牌和产品为依托，积极开展形式多样的民俗节庆活动和乡村传统技能大赛、技艺大赛等，推进集乡村文化创意、文旅和农旅体验感知为一体的乡村文化产业提升发展，以产业发展促进优秀传统乡村文化的持续传承。四是深入推进文明村镇创建，开展移风易俗行动，培育文明乡风、良好家风、淳朴民风，让道德教化回归乡村，更新农民精神风貌，激发农民建设美好家园的积极性、主动性和创造性，不断提高乡村社会文明程度。

（四）推进生态振兴，打造宜业宜居美丽家园

乡村生态涵养和绿色发展是农业农村现代化发展及承载乡愁的"本底"。四川优越的生态资源禀赋条件及独特的生态环境，决定了生态振兴和绿色发展理应成为乡村振兴的基本发展导向。一是要牢固树立和践行"绿水青山就是金山银水"的理念，统筹山水林田湖草系统治理，健全耕地草原森林河流湖泊休养生息制度，加大土壤污染防治工作力度，强化农药等农业化学投入品监控管理，分类有序退出超载的边际产能，坚决守住生态红线，推动乡村自然资本加快增值。

二是要着力构建和谐相融的新型城乡发展形态，根据资源环境承载能力差别化定位城乡功能、科学设定开发强度、划定城市增长边界和正确处理乡村民居与自然生态功能单元的关系，优化生产、生活和生态空间及其功能体系布局，让城镇融入山水林田湖的自然脉络中有机生长，让乡村保有乡土味道，留住青山绿水，记住乡情乡愁，推进美丽城镇与美丽乡村交相辉映，美丽山川和美丽人居有机结合。三是因地制宜总结和推广"小规模、组团式、微田园、生态化"幸福美丽新村建设模式，以农村垃圾整治、污水治理和"厕所革命"为抓手，推进一批"吹糠见米"的民生工程建设，加快补齐突出短板，提高农村废弃物资源化利用的变废为宝转化率，不断提升农村人居环境水平。四是践行"保护生态环境就是保护生产力，改善生态环境就是发展生产力"的生态优先、绿色发展理念，调整和转变传统农业生产方式，贯彻实施质量兴农战略，大力发展绿色有机无公害农产品，推进现代生态循环示范县、示范区建设，推广种养结合循环农业发展模式和技术；以农业标准化生产基地和标准化示范区创建为载体，推动建立绿色农产品生产、认证的标准和标识体系；实施优质特色农业产业技术创新和机械化提升工程，提高农业资源利用效率和农业供给质量。五是充分发挥农业生态环境的多种功能，大力发展生态农业、乡村旅游、养老康健等新产业、新业态，探索更多以生态为"本底"、聚合产业链的高附加值农业模式。六是加快建立以市场化为导向的多元化生态补偿机制，增加农业生态产品和服务供给，以制度化方式推进生态文明建设的空间联动、产业联动、区域联动，让农民群众保护生态环境"不吃亏"，激发农民群众保护生态环境和坚持绿色发展的主动性与持久性。

（五）推进组织振兴，构建乡村治理新型体系

为适应当前四川农村经济社会组织和人口分布结构的新变化，四川应坚持以党的领导为统揽，充分发挥自治组织的基础作用和集体经济组织、合作组织的纽带作用，强化依法治村的公信力和乡村德治的感召力，构建"自治、法治、德治"相结合的"一核多元、合作治理"新型乡村治理体系。一是不断探索创新和及时跟进党组织建设，以农民合作社、农业企业、家庭农场、专业协会等新型农业经营管理组织为重点，因地制宜建立产业型、区域型、联合型、网络型党组织和功能性党小组，充分发挥基层党组织和党员队伍在带动农民群众产业致富和回应农民群众迫切需求等方面的先锋模范作用，加强对农村自治组织、经济组织、社会组织、群众组织及农民群众的组织感召力；选好用好带头人，大力推进村党支部书记专职化、"一肩挑"或领导村两委联席制等，加大从公务员队伍、企业单位和科研机构中选派村支书的力度，畅通在职或退休"新乡贤"返乡任职的通道，切实发挥好致富能手、乡村能人带领群众共同致富的作用，解决党组织关系覆盖不到位、设置不规范、隶属关系不明确等问题，从组织体系和管理机制上不断强化村党组织的领导核心地位。二是依托村民会议、村民代表会议、村

民议事会、村民监事会、院落业主委员会等多元主体，推动村民自觉主动参与民主选举、民主决策、民主管理、民主监督，增强村民自治组织能力，形成民事民议、民事民办、民事民管的多层次基层协商共治格局；推动基层治理重心下移，探索以村民小组或自然村为基本单元的村民自治，发挥村规民约在乡村治理的积极作用，促进农村社区发育，形成政府管理与基层自治良性互动的新型格局；抓住农村土地制度改革的契机，以壮大集体经济为先导，强化农民合作经济组织凝聚力，通过支部牵头领办农民专业合作社、土地股份合作社的方式，在集体资产股权量化基础上的新型集体股份经济组织牵头合作经济的方式，大户、能人带动农户发展的方式，"龙头企业+专业合作社+农户"等农业生产联合体的方式，以及发展壮大确有实体业务运营能力和真正具有带动作用的专业合作社的方式，抓住发展壮大村级集体经济的命脉，突出发展壮大农民合作组织的核心，切实促进农民增收，实实在在地把农民凝聚在基层党组织周围。三是扎实开展法律进乡村宣传教育，增强农民群众学法用法、知法守法、依法办事的法治意识，增强法治公信力，促进农村社会定分止争；增强乡村干部法治观念、法治为民意识，将各项涉农工作纳入法治化轨道；持续推动农村"雪亮工程"建设，以公共安全视频监控建设联网应用为主体，发动群众积极参与平安建设和城乡基层社会治理。四是以乡风文明建设、农耕文明传承为依托，强化乡村道德教化功能，增强乡村德治感召力和约束激励力，推进乡村诚信文化建设和社区道德评议机制建设，提高农民群众思想觉悟、道德水准、文明素养，提升整个农村社会文明程度。

产业篇

四川省现代农业"三园"建设
存在的问题及建议

袁威　赵传敏　邱亚明　王超　邱伟国

近年来，四川省以推进农业供给侧结构性改革为主线，以现代农业"三园"建设为抓手，以建成全国闻名的现代农业"四区四基地"为目标，努力实现由农业大省向农业强省的跨越，形成了一批可复制、可推广的经验。但是，当前现代农业"三园"建设中存在的一些问题和挑战，也应当引起高度重视。

一、四川省推动现代农业"三园"建设面临的主要问题

（一）农业产业园区同质化程度高、低水平竞争度高、围猎农业项目补贴动机高的"三高"与经营效率低、农业深加工能力低、园区劳动力供需匹配度低的"三低"矛盾较为突出

一是大量农业产业园区产业同质化非常严重，在乡镇、县（区）等较小范围通过"杀价"方式"窝里斗"。调研发现，目前大量农业产业园都未纳入县级及以上政府的统筹规划，而是由乡镇、行政村自主设置，这直接导致园区定位低、规划乱，缺乏对市场的合理研判，成为小农"抱团取暖"进行价格战的主要平台。课题组在调研川东北的56个乡镇时发现，有38个都没有县级以上的农业产业园区，但每个乡镇却平均设置了7个县级以下的农业产业园，甚至个别乡镇高达22个。因缺乏统一规划和科学引导，很多区域内的种养类别几乎完全相同，在农产品集中上市时必然发生"杀价"的"窝里斗"现象。例如，某县相邻两镇的多个蔬菜产业园均种植青椒，2017年青椒集中上市时，园区间大打价格战，最终导致青椒售价低于人工成本，近半数园区放弃采摘而让青椒坏死在地里，对农民收入造成巨大冲击。

二是部分园区经营主体追逐农业项目补贴的动机强烈，拿地时"眼睛大肚子小"，造成农业经营效率低、土地难以物尽其用。调研发现，将近95%的园区业主在接受访谈时都提出"政府应加大对农业经营主体的直接补贴"，47%的经营

23

业主认为农业项目补贴是他们主要的收益来源。因此，为了获得更多规模经营补贴，部分业主在拿地时过度美化自身抗风险能力及经营能力，拿地后"原形毕露"，专门打农业项目补贴的主意，将精力放在土地经营以外。某农业大县2012年通过多轮审核、谈判，最终引入某业主流转2万亩土地发展现代农业产业园，但拿下土地后该业主没有能力按原规划进行农业投资，只是维持粗放式经营，导致园区连年亏损，目前更是几近瘫痪，当地社会不稳定风险加剧。

三是农业产业链条太短，严重依赖鲜果销售，加工环节严重不足，产业附加值低。农业产业链建设是构建"以工促农、以城带乡、三产融合发展"的重要纽带。但目前四川省农业产业链条过短，增值效应不足。2016年西充县充国香桃源产业园产果面积达3万亩，但因园区未引入精深加工，造成3万吨香桃以鲜果形式勉强销售完毕，未产生任何农产品加工附加值。课题组在调研川东北的56个乡镇时发现，目前只有14.3%的乡镇的鲜活农产品采用农超对接、农企对接等模式进行销售，其中只有个别乡镇通过电商方式将少量农产品销售到外地。

四是劳动力供需匹配度低，农业产业园对周围农民的就业拉动和增收提升能力还不够强。根据课题组对调研的川东北56个乡镇的统计，目前74%的农村劳动力年龄集中在56~70岁，只能从事园区最简单的工作。某县现代农业融合发展示范园区负责人说，在柑橘集中种植、收储期间，该园区每天需要近千名劳动力，必须依托劳务公司在周边县区募集务工人员，园区按每天150元/人标准支付给劳务公司，公司在扣除租车费、盒饭费、中介费后，务工人员实际每天只能到手70~80元，造成园区招工难、农民增收难并存的现象。

（二）农业科技园存在规划定位不准，管理机制不畅，技术人才引不进、留不住等问题

一是农业科技园规划定位不准，部分偏离农业创新高地的建设目标。课题组调研发现，不少农业科技园区被整体定位为观光旅游、休闲度假区等，农业创新被放在了次要位置，偏离了建设目的。川东北某农业科技园将项目定位为国家农业公园、旅游目的地、都市后花园，在其项目可行性研究报告中，14条编制依据中有8条都是旅游业发展规划或意见，无一条涉及中央、省、市农业科技园建设要求，园区内4/5左右面积规划为休闲观光旅游产业，"农业成色"严重不足。

二是农业科技园区硬件强、软件弱，人才核心要素缺乏制约了园区的创新能力。政府作为农业科技园投资主体，财政资金大部分用于园区基础设施建设和技术、品种引进，在很大程度上筑牢了科技园的硬件基础。然而，农业科技园往往离大城市较远，高层次、高水平的农业科技人员无心长期扎根园区，引不进更留不住，导致四川省超过60%的农业科技园都过于依赖技术购买而非自主研发来提升科技水平。很多农业科技园已明显出现"重经营轻科研"的趋势，甚至有的科技园负责人认为农业科研水平的提升主要依靠政府投入，园区内企业很难有动

力参与基础性、公益性的技术创新和产品升级。

三是农业科技园过于"高大上",对周围农民的科技示范推广能力弱,农民难以直接受益。课题组发现,部分农业科技园在发展过程中热衷于"求高、求新、求气派",不惜花费大量资金从国外引进成套设备、工艺和管理系统,而这些却很难直接应用于普通农民的生产经营活动,有的农民打趣说"这些园区就是科学家将实验室搬到乡下了,我们是搞不懂的"。更有甚者,部分科技园区为了创收,强制性收取入园门票,忽视了农业科技示范和推广的基本功能。例如,四川省某农业科技园规划循环农业园板块,拟建设约 3 万平方米的高标准玻璃智能温室大棚,多项技术指标都设定为国际先进或国内一流水平,建成后计划按 25 元/人收取门票,周围的农民都在问"这到底是农业科技园还是农业观光园"。

四是农业科技园管理体制不畅,存在职能交叉的问题。四川省已获批 9 个国家级农业科技园区,但尚未规定国家级农业科技园区管委会级别。从调研情况来看,多数园区管委会定级为正县级,个别为正科级,且部分管委会机构、职责又与农牧局交叉,造成工作协调不畅的问题。某国家农业科技园区管委会为该县政府派出行政机构,级别为正科级,由于缺乏人员和项目资金,目前和农牧局合署办公,纳入农牧局统一领导,但园区市级层面建设领导小组办公室又设在市科技局。管理体制不畅影响了园区相关工作高效推进。

(三)农业创业园存在专项扶持政策力度弱、资源集聚效益弱、政务服务弱化等问题

一是专项扶持政策扶持力度不强,农业创业园被湮没在各类创业园当中。截至 2018 年,四川省尚未单独出台农业创业园建立健全方面的指导意见,而已有的农业创业园区(孵化基地)的补贴等优惠政策也与其他类别的创业园相同,难以发挥集聚农业创业人才的作用。自 2010 年至 2018 年,全省共建立省级大学生创业园区(孵化基地)302 个,大学生农业创业园区(孵化基地)也涵盖其中,但不管是从创业园区(孵化基地)申报条件、考核内容到认定后的资金支持等,大学生农业创业园(孵化基地)与其他类别创业园的标准是统一的,未因农业弱势地位得到"特殊照顾"。这也使得现实中大学生农业创业园的发展在各类大学生创业园中的表现不突出、不显眼。

二是农业创业园牵头部门零散,难以发挥资源集聚效应。调研发现,四川省各地农业创业园的创业主体多为高校毕业生、返乡农民工、妇女、青年及农民企业家、城镇失业人员(失地无业农民)等。实际工作中,人社局、妇联、共青团等各部门都在牵头鼓励引导不同群体的创业活动,为各群体搭建不同创业平台和创业园区。这种多点开花、分散引导的方式造成农业创业园"小而散",整体规划布局不够合理,导致资源分散使用,不能优化配置以发挥集聚效应。

三是农业创业园区的政务服务有待加强。调研发现,多数农业创业园内未设

立专门的政务服务机构或窗口，难以及时为园内创业者答疑解惑并提供创业指导、投融资等一站式服务，一些偏远农村的创业者想要获取政务服务，除了电话咨询外，还需要远距离奔赴城市（镇）。课题组在访谈过程中了解到，某县的大学生创业园的入园项目启动工作主要由园区创建人自行指导，但因其精力有限、对农业的新政策了解不到位等，农业创业大学生需要花费1周左右的时间奔走于政府、银行等进行项目启动咨询。

二、对策建议

（一）补齐农业产业园发展短板，提升农业产业园发展质量与效益

一是坚持"特色打头，生态优先"的原则，避免各园区同质化竞争。建议由各地涉农相关部门进一步做好产业引导、信息服务工作，指导组建区域现代农业产业园联盟，建立园区负责人联席会议制度。根据各地园区联盟自评自议，对区域现代农业发展进行科学的规划布局，突出特色产业的龙头引领作用，同时利用现代农业技术来实现传统农产品的提质增效。

二是采用创建制方式，提高农业产业园区补贴效率。农业产业园的补贴实行"先建后补""以奖代补"机制，以结果为导向，可以有效避免补贴对象不按规定用途使用资金。考虑到一般农业项目实施周期是3~5年，有关部门应推迟验收时间，保证项目的示范带动作用，避免蒙混过关和短期投资骗补行为发生。

三是注重园区加工业、服务业培育，延长产业链，把产品变成商品。大力开展产业关联企业招商，发展主导产品产地初加工和精深加工，完善销售、配送等配套产业，推动主导产业向产前、产后延伸。积极培育新业态，把农产品生产加工与观光、旅游、休闲有机结合，突出地方特色和文化内涵，积极推进"园区变景区、田园变公园、产品变商品、农房变客房"。引导农民成立劳务公司，直接对接园区劳动力需求，实现劳动供需的信息最大化、促进农民增收。

（二）进一步明晰农业科技园定位，整合管理体制，强化制度建设，以项目为载体，形成对周边农户的技术带动

一是明确农业科技园的定位是农业领域的研发孵化，真正打造现代农业创新高地。将农业科技园区精确定位为农业新技术集成创新的重要基地，吸引高校和科研院所来园区建立科研基地、研发中心，进行技术创新和试验，研发和培育科技含量高、市场需求高、附加值高的新品种，开发农产品保鲜、精深加工及相关配套技术。加大对农业科技园的扶持力度，发挥农业科技园创新成果转化对现代农业发展的支撑作用，不断孵化现代农业高新技术企业。引导和支持农户采用先进适用技术、种植先进适用品种。

二是从引进高端人才的角度，在编制上给予倾斜，在经费上给予支持。招聘

的高层次科技人员供职于园区的，按照科技人才引进标准享受安家费和工资待遇，享有在同等条件下优先评定技术职称的机会。鼓励科技人员申请国家级、省级、市级科研项目和专利并给予相关配套，鼓励相关科技人员参与技术入股。

三是整合管理体制，强化农业科技园的制度建设。建议从园区管理的实际需要出发，明确国家级园区的归口部门和行政级别，避免多头管理。逐步建立职业经理人制度，适当招聘懂管理、善经营的复合型企业管理人才，从事园区经营管理工作。建立健全员工管理制度，如安全生产制度、考勤制度、值班制度、值宿制度等，使各项工作有章可循、有法可依，达到以制度强化管理的目的。

（三）整合资源，加大投入，形成合力，构建"一站式"服务平台，强力推进农业创业园建设

一是筹建四川省农民创业园省级财政专项资金。四川省农民创业园省级财政专项资金主要用于扶持省农民创业园（示范基地）创建区域内的现代农业项目、公共服务平台、园区基础设施，鼓励优势特色农业全产业链生产经营，促进一、二、三产业融合发展。专项资金管理应当遵循统一管理，专款专用，注重实效和公平、公正、公开的原则，由相关职能部门负责安排使用和管理。

二是整合多部门资源，形成农业创业的集聚合力。首先，整合创业资源，整合人社、教育、科技、共青团、妇联、民政等各类引导农民创业的部门资源，努力构建农民创业园区"青年+项目+资金"三位一体的创业体制。其次，打造多元化农民创新创业平台。以创业孵化基地等载体建设为突破口，建立"回家工程"农民创业园，给创业者们提供创新创业平台。最后，强化创业培训。重视大学返乡创业毕业生等群体，坚持观念培训和能力培训并重、理论培训和实践训练并举，有效提升劳动者创业成功率。

三是构建"一站式"服务平台，形成农民创业园咨询指导联络人制度。首先，在县（区）级政务服务大厅设立农民创业窗口，设立农民创新创业总咨询台、农民创新服务区、农民创业服务区、配套服务区、农业"互联网+"自助服务区等区域，为农民创业者提供一站式、全过程服务。其次，建立农民创业园区咨询指导联络人制度。为所有农民创业园提供创业咨询电话服务，根据农民创业园区申请，经资质审核后配备"经常联络人"，联络人采用上门服务、安排座谈、顾问咨询等方式为农民创业园提供政策指导。

关于加快培育农业产业化联合体
促进乡村振兴的建议

袁威　郭险峰　李英子　杨志华　周光普　孔庆豹　王爱玲　韩长虹

　　习近平总书记来川视察期间强调，要把发展现代农业作为实施乡村振兴战略的重中之重，不断擦亮四川农业大省这块"金字招牌"。四川省坚决贯彻落实习近平总书记来川视察重要指示精神，把构建现代农业产业体系、生产体系、经营体系作为实施乡村振兴战略的重要抓手，积极引导专业大户、家庭农场、农民合作社、龙头企业等经营主体组建农业产业化联合体，带动普通农户走上现代农业生产轨道。目前全省已逐步探索出以龙头企业带动其他生产经营主体形成产业链的农业产业化联合体，为四川省现代农业发展提供了有力支撑，但发展过程中存在的一些问题和挑战也应引起高度重视。

一、四川省探索建立农业产业化联合体的五种主要模式

（一）买断式利益联结模式

　　此种模式是农业产业化联合体的初级模式，是龙头企业和合作社之间松散的、不稳定的、靠信誉维持的利益联结关系。以射洪县四川峻原农业有限公司为例，企业出资将农民合作社土地全部买断或者部分买断，在买断的土地上兴建各类养殖场，利用当地土地资源进行新型农业生产和开发。在这种模式下，龙头企业和合作社之间往往就是"一锤子买卖"。这种合作方式为企业带来了收益，但是却无法实现当地农业经济的持续发展，作用有限。

（二）合同式利益联结模式

　　此模式通过龙头企业和合作社签订购销合作合同，将农户与市场联系起来。以遂宁高金食品有限公司为例，通过"公司+基地+用户"的发展模式，企业与当地农户签订合同建立养殖场。农户成了企业的间接车间，也获得了更高、更为稳定的养猪收益。该模式的不足之处在于，利益分配明显侧重于龙头企业。例如，在高金食品有限公司与当地农户的第一次合作中，公司和合作社的利益分配

就定为 6：4，公司利益高于合作社。

（三）合作式利益联结模式

这种模式在四川省有着多种表现形式，涵盖会员制合作、分工合作、产业链式合作等。以成都温江万春镇为例，合作社与龙头企业联结的方式，充分发挥了龙头企业的带动优势，通过"公司+基地+专业合作社+农户"，带动了禽业、水产业、畜牧业和其他经济作物产业的快速发展。目前已经实现了超过 30 万亩高效规模农业面积，并且积极引进和扶持发展了一批高科技、高利润、高附加值和无污染的农产品深加工、绿色食品生产等项目。

（四）企业式利益联结模式

此种模式实际上就是把合作社内化为龙头企业的生产部门，确保农业产业成功进行企业化运作，并且最后借助企业化运作管理，结成企业、合作社和农户的利益共同体。以成都川菜产业园为例，已形成 3.7 平方千米承载能力，入驻农产品精深加工企业 49 家，进一步完善了"公司+协会+基地+农户"的模式，农业产业化带动面超过 70%。

（五）股份式利益联结模式

此种模式中，企业和合作社之间不单受合同的法律约束，还受到生产要素限制，组成了实际意义上的利益共同体，两者之间可以通过股权分红进行利益调节。此模式属于农业产业联合体的高级模式，但这种利益联结模式的运用并不算普遍，并且合作社通常只占较少股份，属于企业小型股东，对于企业运营的监督管理并没有发挥十分有效的作用。

二、主要问题

（一）龙头企业与农业合作社地位不对等，家庭农场、专业大户处于依附地位

一是龙头企业在市场交易中拥有明显的强势地位，农业合作社在合作谈判中处于被选择、被动接受的弱势地位，影响了其参与积极性。调研过程中，部分被访谈合作社负责人说，"这些（龙头）企业就是喊我们帮助联系组织农户给他们打工，我们有啥定价权哦，连商量的余地都没有"。调查发现，为强化与农业合作社的合同履行率，龙头企业采取了诸如"重组轮种模式""同村连坐模式""利润锁定模式"等模式，使其优势地位得到进一步巩固。受访谈企业的反馈也证实了这一情况，企业以订单方式与合作社联结的比重在 50% 左右，签订了正式合同的比重为 27%，采用股份合作形式的比重仅为 8%。

二是农业合作社对龙头企业的依赖性太强，将自身完全定位于"农业包工头"角色。从农业产业化联合体的构建来看，龙头企业居于核心和关键地位，而

较为分散和弱小的农业合作社就自降身份，成了组织、协调广大农户进行生产以满足农业企业农产品原料需求的"农业包工头"。一位村委会主任兼当地土地股份合作社负责人表示，"龙头企业可以选择合作社，而合作社几乎没有资格选择龙头企业，这些企业都是烧香请来的，得罪不起。如果因为合作社原因，龙头企业不愿意继续合作了，那合作社会被农民唾沫淹死"。

三是常见的买断式、合同式、合作式三种联结机制中，法律契约对龙头企业的制约作用较弱，发生争议纠纷时农业合作社往往只能妥协退让。在买断式利益联结模式中，合作社和企业之间没有具有法律效力的合同，也没有其他约束性条件限制，这就导致农产品价格缺乏保障。合同式利益联结模式、合作式利益联结模式中，龙头企业通过与合作社签订购销合作合同，得以对农产品进行保护价收购，而合作社也通过与龙头企业合作的方式将自身和大市场相互联系，进而确保了农业产业化经营的实现。但是，调研中也发现，农业产业化联合体能否成功，关键还要看龙头企业的带动和自觉，一旦龙头企业有违约行为，在较高的诉讼成本下很少有合作社能够通过法律途径维护自身权益。

（二）龙头企业与农业合作社联合形式不规范、联合层次不高、联合易出现金融风险等都成为制约农业产业化联合体发展的重要因素

一是龙头企业与农业合作社之间的契约程序不规范。调研发现，目前在龙头企业与合作社的合作关系中，有将近45%的合同仍旧属于口头协定，并没有签订正式的书面合同，因此经常会出现合同双方违约的情况。此外，龙头企业与农业合作社采用现金交易进行结算的比重仍在40%左右，这导致交易双方关系松散，合作基础较为薄弱。加之农户自身有投机行为，当没有正式合同约束时，就容易在市场价格高于协议价格的情况下，直接在市场上出售农产品而不是让龙头企业收购。类似对信用重视程度不够的问题也对农业产业化经营效率产生不良影响。

二是目前龙头企业与合作社的联合仍集中于种养殖业，第二、三产业很少，农户能获得的农产品加工增值效益很低。根据课题组的调查，在走访的农业龙头企业之中，平均20家企业才有1家是农产品加工企业，并且大部分加工企业从事的还是农产品的初加工。不少合作社负责人都表示，目前龙头企业合作的项目主要集中在种植、养殖上，农村只是单纯地为企业提供价格低廉的原材料，村企合作惠农的力度不大。农产品加工业、旅游业、信息服务业等方面的产业项目较少。

三是在建立农业产业化联合体过程中的信贷风险需要引起高度重视。联合体主体即使可以有效地进行要素共享和内部风险把控，但整体却面临加倍的外部风险，主要原因是产业链中主体的产品和服务均具有一定关联度，一旦产业链中某一环节的产品价格或市场受到影响，整个产业链各环节主体的收入或利润都会蒙受损失。同时，整体的资金链也可能因其中的一环而断裂。

（三）龙头企业经营规模不大、人才短缺、品牌意识不够等问题，制约了其引擎作用的发挥

一是龙头企业经营规模小，融资困难现象普遍存在。在农民日报社公布的"2018农业产业化龙头企业500强排行榜"中，四川省仅有26家企业上榜，其中营业收入超过百亿元的只有新希望和通威两家。经营规模不大，成为制约四川省龙头企业发展最核心的问题。较小的经营规模又进一步加剧了龙头企业的融资难度。一般认为，企业适宜的资产负债率水平在40%~60%，而据课题组调研情况来看，全省农业龙头企业资产负债率在30%以下的大约占到四成，这使得龙头企业通过资本市场获得资金的难度更大，举债受限进一步制约着企业经营规模的扩大。

二是龙头企业自主研发能力弱，管理人才和技术人才缺乏。调研发现，四川省农业龙头企业基础研究的费用占投资支出的比重低于20%，很多企业仍依赖政府财政支持。此外，农业龙头企业管理人才的文化素质并不高。企业法人代表中高中及以下文化程度的比重约为35%；农业产业化龙头企业多由当地私人投资创办，家族式经营模式普通，企业家小富即安的思想较为浓厚，管理观念和经营风格较为粗放。另外，龙头企业中的技术人员数量不多、比重较小，几乎所有的龙头企业负责人都表示缺乏专业科技人员、科研人员，但是企业从高校、外地、网络甚至国外引进高层次紧缺人才的难度又很大，因此多数企业还是将传统的人才市场作为主要的人才引进途径，渠道显得很单一。

三是龙头企业应用互联网渠道仍不娴熟，品牌化意识亟待提高。调研发现，龙头企业中90%都采用了电子商务等互联网手段，但是有将近40%的企业网站属于"僵尸网站"。另外，只有少部分企业开始尝试将网站与办公系统及电子商店整合，进行产品推介和销售。调研发现，60%的企业将信息系统主要用于财务管理方面，而在采购、生产、销售等环节使用信息系统的企业所占比重较低。从品牌化意识来看，将近90%的龙头企业都创立了品牌，但使用农产品区域公共品牌的动力仍不足。

三、对策建议

（一）加大各类新型农业经营主体的培育力度

一是培育各类新型农业经营主体，夯实联合体的发展基础。推动传统农户将农地流转或托管给家庭农场和专业大户，降低农地流转交易成本，保障龙头企业发展所需的建设用地；整合涉农资金项目向联合体倾斜，创新财政支持政策，保障联合体在农业保险、基础设施建设等方面的政策性支持力度；加快培育新型职业农民等，培育一批以创新发展为己任的龙头企业群体，以管理规范化为特征的

农民合作社示范社和善经营、懂管理的新型职业农民队伍，为联合体发展奠定坚实基础。

二是开展四大平台建设工程，推进农业合作社的自身能力建设。搭建人才平台，推动农业、科技等部门以及农业科研院所与联合体共建研发、实训基地，鼓励相关专家、技术人员与联合体开展"院企共建"；搭建融资平台，以建立融资合作长效机制为突破口，推动金融机构统一核定、打包授信、逐年增加对联合体内各类经营主体的授信额度；搭建信息平台，打造覆盖联合体所在区域的综合信息服务平台，为联合体内各类经营主体提供政策、技术、产品、金融保险等信息服务；搭建宣传平台，开展联合体相关政策和典型案例宣传，努力营造有助于联合体持续健康发展的良好氛围。

三是加大联合体中要素合理流动机制的探索和创新，提高联合体中的违约成本。努力推进家庭农场（专业大户）联合组建农民合作社，以土地承包经营权入股等多种形式向龙头企业参股，保障龙头企业原料供应；鼓励龙头企业发挥资金优势为合作社、家庭农场（专业大户）提供金融担保等服务；积极开展联合体内各经营主体间人才、技术与信息交流合作，保障配方施肥、病虫害统防统治等技术顺利运用。鼓励龙头企业采取"保底收益+按股分红"等方式，使合作社与家庭农场共享联合体发展成果；鼓励联合体建立风险基金，提高联合体抗风险能力；强化联合体内各经营主体的诚信合作机制，降低违约风险，做到权利与义务的统一。

（二）创新优化龙头企业与农业合作社的联合机制

一是从规章制度和机制设置层面加强联合体内合作的规范性。地方政府应根据当地联合体内部各主体的实际情况，在充分考虑联合体内各主体的利益诉求基础上，出台符合当地特点的示范合同，规范联合体的合同管理，加强对合同的起草、谈判、履行、变更、解除、终止直至失效的全过程管理；建立监督与约束机制，提高龙头企业与合作社合作的履约率，增强双方合作的稳定性。明确要求在联合体内建立监事会，不断细化监事会职责特别是其应行使的责任和义务。

二是农业产业化联合应从单纯的种养向第二、第三产业延伸。引导龙头企业逐步建立一个比较专业化、一体化、现代化的种植产业体系，并在此基础上实施种植业多元结构工程，积极发展养殖业、畜牧业。同时以农产品加工为重点，从单纯种养向农业产后领域延伸，积极应用新技术，培育新业态，使产品向质量更好、档次更高、附加值更大的方向发展。

三是高度重视金融风险防控。完善联合体内部组织制度，增强各主体法律意识，以合规的合同为合作前提，确保各主体平等的话语权，确保各方责任的履行；定期进行内部审计，披露各方生产经营及信用状况，保障各方的知情权；利益各方可共同制定生产预算，确保合作关系的相对稳固，提升整体运行管理效率。

（三）真正做优做强做大龙头企业，切实发挥龙头作用

一是加大力度培育带动力强的龙头企业。按照优势农业产业发展需要，提升四川具有优势的生猪、茶叶、蔬菜、油菜、水产、兔、蜂群等种植、养殖产业化经营水平，将有竞争优势和带动能力的龙头企业做优做强做大，带动农民增加收入。

二是加大研发力度，加快龙头企业自主创新步伐。引导有条件的农业龙头企业利用研发优势，融合农产品加工工艺，在提高产品品质和科技含量的同时，加大高、精、尖产品的研发力度；整合农业科技规划和科技资源协调机制，加强对龙头企业开展农业科技研发的引导扶持，鼓励科研能力强、规模大的龙头企业和中介机构之间开展研发、生产、信息咨询和租赁等方面的服务合作；设立不同额度的农业产业化专项人才奖励基金，调动各类人才服务企业的积极性。

三是增强农业龙头企业的互联网思维与品牌化意识。充分运用"互联网+农业"的品牌、渠道、质量、物流导向，深化农业供给侧结构性改革，打造有竞争力的农产品；用足用好"天府龙芽""四川泡菜""天府源"等区域公共品牌，规范对使用区域公共品牌的补助和奖励；"擦亮"龙头企业的知名品牌，鼓励品牌创建龙头企业在农业产业化联合体内与利益相关主体建立稳定的产销关系和利益联结机制，使产业链上各类主体成为风险共担、利益共享、命运与共的共同体。

四川实现小农户与现代农业
有机衔接的路径研究

胡雯　张毓峰　贾舒　李添

党的十九大做出了实施乡村振兴战略的重大部署，强调要加快推进农业农村现代化，实现小农户和现代农业发展有机衔接。把小农户导入现代农业发展，激发小农户在农业农村发展中的积极性和创造性，提升小农户在发展中的获得感、幸福感，对于推动农业农村现代化具有重要理论指导和实践务实意义。四川是农业大省和人口大省，一直以来人地矛盾突出，小农户分散经营仍是四川最主要的农业经营方式。遵循现代农业的发展规律，走以小农户为核心的体系创新式现代化道路，是四川实现农业农村现代化的必由之路。

一、小农户与现代农业有机衔接的四川实践

近年，四川全省各地在发展多种形式适度规模经营和带动小农户发展现代农业等实践中，已初步探索出多种符合省情、富有地域特质的实践发展模式，主要表现为以下五种类型：一是充分激活农村资源要素，依托新型农业经营主体龙头作用和现代农业产业园区聚集效应的"辐射带动型"小农衔接模式；二是积极创新利益联结机制，遵循专业化分工原则和市场化契约规则的"产业联盟型"小农衔接模式；三是鼓励引导小农合作，提升农业生产现代化水平和农民组织化程度的"互助合作型"小农衔接模式；四是积极发挥政府"整合"和"撬动"两种作用，吸引社会资本、集体经济组织、返乡农民和大学生、小农户等多元主体投入的"开发式平台型"小农衔接模式；五是强化基层党建引领作用，激发党组织凝聚力、党员示范力和各类人才创新力的"党建领动聚合型"小农衔接模式。全省各地实践表明，在巩固完善农村基本经营制度的基础上，完全可以通过建立现代化的农业经营体系，创造条件提升小农户发展现代农业的组织化程度和能力水平，降低小农户对接大市场的生产成本和经营风险，实现小农户与各类新型农业经营主体间的合理利益分享和互惠互利，切实增强小农户的获得感和幸福感。

全省实践中取得成效的创新探索，具有以下几方面的共性特征和经验：

一是在"三农"之外谋求"三农"问题的解决之道，围绕农业产业全产业链推动农业农村现代化发展。促进小农户与现代农业有机衔接，农业发展需要向第二、三产业延伸以增加附加值，农产品交易需要对接农村之外的现代化大市场，农业投入需要政府、社会和农村三方合力。多元主体投入的"以二为主、接一连三""一三互动、农旅结合""农工融合"及"农业+"全产业链等发展思路，已基本覆盖全省各市州。这是发现和开发农业农村多种功能、走城乡融合互促发展的必由之路。

二是立足保护小农户根本利益，以"共享"为核心，致力于建立小农户和新型经营主体的利益联结机制。农业农村现代发展既须立足小农户的根本利益保护，也须遵从发展规律，对多元参与主体在产业链条中的合理利益予以公平关照。如此，农业农村现代化发展才能吸引和聚合多方力量投入并获得可持续的动力。当前，全省各地实践探索已开始普遍关注机制设计中对小农户尤其是贫困农户的兜底式关照，以及工商资本等市场主体合理收益的保障。

三是合理界定政府与市场的边界，充分发挥政府建基础、补短板、筑平台的作用和小农户自主能动共建、共商、共享的作用。在全省各地的成功实践案例中，政府主要专注于财政资金撬动、规划引导、制度创新、统筹协调、高效服务、扶弱助贫，而对关乎技术和市场的事项，则应该"专业的事交给专业的人做"，按照市场规则和规律分工协作。而当前涌现出的"公司（新型经营主体）+合作社+基地+农户""合作社+家庭农场+基地+农户""土地股份合作社+农业职业经理人+社会化服务组织"等多元农业经营主体的利益联结模式，则是实践中包括小农户在内的市场化力量发挥能动作用的鲜活体现。正是政府与市场、"自上而下"与"自下而上"多种力量的有机衔接，使农村的改革实践呈现出生机与活力。

二、客观审视四川小农户与现代农业有机衔接的关键"掣肘"

（一）小农户生产能力弱，农业供给效率不高、质量不稳定，难以对接现代大市场高品质多样化需求

据统计，四川农业生产经营人员年龄55岁及以上占比高达38.1%，高中及以上学历仅5.2%；人均劳动生产率约3万元，仅为非农产业人均劳动生产率的1/4，全省农业生产经营人员整体素质偏低、生产效率低下[1]。绝大部分农户生产仍以传统自给或半自给的小农经济为基本特征，难以融入规模化、专业化、标准

---

① 数据来源：四川省农业厅。

化的现代农业发展体系。即便部分小农户通过合作化或联结各类新型经营主体开始缩短与现代市场的距离，但受制于小农户自身的观念和素质禀赋，现代农业的品控生产等技术和标准体系在推广实践中较为艰难。如某个已按现代治理结构改造并运营了三年之久的农民合作社，在果品分级经销中仍存在将优果装箱在第一层、次果装箱在第二层等"非标准""非诚信"现象；而果农在进行品控化生产的过程中，不严格按标准实施等现象也较为多见，虽引入了天猫等大型采购商，但最终因果品不能达到大型采购商的质量标准而遗憾地丢失大订单。

（二）小农户市场能力弱，在产业价值链条中地位低、博弈能力弱，易于在市场利益分享中被"挤出"、被"边缘"

当前新型经营主体以多种方式与小农户建立起的利益联结模式虽然在引入新技术、现代生产标准及管理理念，订单式解决农产品"卖难"等方面具有一定成效，但规模化新型经营主体与小农户难以形成真正的利益共同体，一旦市场环境发生不利变化，两者间极易出现违约或不合作；且规模经营主体往往控制着产业的关键环节，分散小农户难以分享农业产业链条其他环节的增值收益。通过土地流转建设的现代农业示范园区或基地，以亩均600~1 000斤黄谷随行就市的土地租金，较难维持土地流出农户的基本生计；而大资本式大农场天然具有以机器替代劳动力的倾向，能够进入园区打工的农户为少数；同时，多数大资本式大农场的现代农业示范典型如若离开政府补贴和支撑，实际盈不抵亏、难以为继，以土地入股方式参与项目建设的农户真正能够分到的红利普遍微薄甚至长时间没有。

（三）小农户合作能力弱，集体行动决策成本高，执行效能弱，难以在现代农业发展中联合化、组织化

四川当前的各类小农户合作组织数量虽多，但真正有持续业务运行、经营良好的合作组织至多不超过15%。由地方行政力量"自上而下"整村或成片推进的集体股份制经济组织或专业合作社往往忽略了小农户合作的核心本质及内在需求，绝大多数因缺乏合适的农村精英引领或没有持续的实际业务支撑，最终流于形式，成为"空壳"或"僵尸"组织。部分专业合作社实质是工商资本为获取国家政策优惠和项目支持而披上"马甲"的企业。当前，以农民合作社为依托从事农村扶贫开发和综合开发的第三方公益机构也日渐增多，若资源整合能力变弱，或介入农业农村的理念和方法出现偏差，极可能对农业农村造成负面影响。真正由农民自发建立、农民精英领办并良性运营的合作组织为数不多，且多为利益松散型合作关系，农民合作更多体现为农产品抱团销售，在生产运营其他环节作用甚微。社员既希望合作社为自己创利，又不愿意为合作社发展付出努力，合作社集体决策和行动能力趋弱。

（四）小农户政策能力弱，信息获得及政策运用能力弱，易于在政策红利分享中被忽略、"打折扣"

调研发现，小农户对现行政策的知晓度与政策落实力度、政策满意程度呈显著正相关关系。传统小农信息获得能力及政策运用能力弱，现行涉农职能部门众多、职能分散，各级政府持续出台众多惠农政策，小农户摸不清门、搞不懂政策的情况十分普遍；而政府信息发布广度和力度不够、发布渠道不能充分适应小农户行为习惯等因素，进一步制约了小农户的信息对称度。而长期以来，政策设计具有规模化偏好的"选择性"趋向，大量政策优惠及补贴投向了龙头企业、种养大户、家庭农场、农民合作社，政策红利更多地被各类规模化组织获得。而部分政策的机制设计则一定程度上损害了农户主动获得政策支持的积极性。如某省级种养示范合作社购置 TMR 饮料搅拌机时，因购置补贴目录中的机器价格高且品牌限定范畴狭窄，最终放弃了补贴政策而选择了自行到市场选购机器。该合作社认为，经市场广泛比选和充分议价购得的机器，其性价比显著高于补贴目录中的产品。

三、多管齐下优化四川小农户与现代农业有机衔接的路径选择

（一）致力于提升小农户有机衔接现代农业的组织化程度

一是合作组织的建立一定要遵循业务内驱基础上的农民自愿原则，要避免一厢情愿的"自上而下"运动式推进，杜绝将合作组织当成套取财政扶持和税收优惠乃至权力寻租的手段。二是以合作组织需求为导向完善扶持政策体系。整合水利建设、高标准农田建设、粮食稳定增产、农业科技推广、病虫害防治、农业综合开发等相关涉农项目及资金，向各类合作组织倾斜，切实减轻政策执行中诸如配套资金、验收时间及标准不一等压力和障碍；建立分层分类扶持政策，除重点扶持 100 户社员以上的省级重点合作社外，对规模相对小但具有示范引领作用的合作组织也予以相应关照及扶持；积极探索合作组织间的联合及合作，鼓励建立合作联社或组织联盟；在提高合作组织经营能力的基础上，大力支持合作组织开办加工企业，建设采购销售团队，提高合作组织延伸产业链的能力。三是构建包容型规范管理体制。加强部门协同、增强服务力量，通过评定示范合作组织并予以重点支持等方式，引导合作组织提高规范化水平；针对目前合作组织普遍处于成长初期、管理水平低下、运行欠缺规范等现状，建议适度保留规范化管理标准的弹性空间，建立年度第三方专家评估机制，对业务活跃度、生产经营效益、管理规范性等核心指标开展评估，并根据评估结果实施梯度奖励式支持，同时建立"僵尸""空壳"及"假"合作组织清退制度。

（二）致力于构建涵盖"农业全产业链"的社会化服务体系

一是改革健全公益性农业服务体系。按照市场经济发展规律的要求，实施"农技推广、动植物疫病防治、农产品质量监管等核心服务+N"的方式，因地制宜健全农业农村公共服务机制；强化政府公共服务在农业科研、教育培训、技术推广等方面的资源平台和协调功能，鼓励和扶助经营性服务主体积极涉足基本公共服务之外的更多专业性服务领域；着力转变政府直接补贴等政策支持方式，更多采取市场决定、需求带动的服务方式，如向社会机构采购服务；在全省有条件的地方组建"农业专家大院"，并以"科技发展基金"入股等方式平抑农业科技研究及成果转化风险并按股参与收益分享，推动形成农业科技"产、学、研、用"完整链条；以供销社参股等形式向农民合作组织注入资金、技术及管理力量或提供收费服务，按照市场契约规则实现与农民合作组织间的利益联结。二是加快发展经营性农业服务体系。大力鼓励和培育涉农投入品供给、生产作业、储运加工、流通、科技、教育培训、金融保险、信息、质量安全标准及控制等领域的经营性服务主体，为之营造从开办、经营管理到税收奖补等方面的宽松环境；引导社会资金参与组建综合性农业社会化服务公司，整合公益性农业服务资源，深入田间为农业提供专业化或综合性生产服务；鼓励建立片区式"农业服务超市"等"一站式"农业生产服务平台，满足合作化、规模化农业生产经营以及分散小农户对耕、种、管、收、卖等环节的多样化服务需求。

（三）致力于培育小农户有机衔接现代农业的"三农"人才体系

一是以县及以下党政主要领导、分管领导及相关业务部门负责人为重点对象，结合"乡村振兴"开展专题培训，着力提升地方党政干部扶助和服务"三农"的能力，将扶助重点转向建基础、补短板、引资源、搭平台。二是完善涉农企业和第三方机构诚信机制及动态评价机制，加强事中和事后监管，以"年度+项目生命周期"为评价周期予以梯度奖励或依法惩处。三是对全省新型农业经营主体带头人、种养能手等各类农村精英开展常态化培训，各级财政每年列出专项资金，并纳入农业厅、科技厅、团省委、商务厅等业务部门常规培训计划或各级地方政府其他培训计划；在全省范围内推广职业经理人及职业农民认定和等级评定，并出台相应扶持政策，按照职业等级在产业、科技、社保、金融等方面予以分类扶持，培育一批懂技术、懂管理、有经营水平的农村精英，带动其他农民和吸引青壮年农民返乡成长为新型职业农民。四是充分运用"农民夜校"，以农村精英"师带徒"、农民合作组织技术交流及技能大赛、乡风文明主题活动、科研机构下农村、农技站适用技术常态推广等各种农民喜闻乐见的方式，广泛及时传递现代市场信息及生产技能，解决农民生产中的困难和问题，助推小农户间的生产经营合作。五是把握农民合作组织最迫切需要的技术型、营销型等专业人才需求，对重点示范合作组织的人才引进予以适当政策扶助。

（四）致力于政策的功能性转变，强化小农户有机衔接现代农业的制度保障

一是进一步加大对以小型水利设施为重点的基本农田及农村公路、乡间机耕道路等基础设施的建设力度，完善和提升农户基本生产条件。二是创新政策扶助方式，把新型经营主体对小农户的带动能力作为政府扶持政策的重要衡量指标和激励推进手段，采取政府扶持资金股权量化到小农户和贫困农户，以股权等方式，加大对新型经营主体烘干、仓储等服务功能基础设施建设的支持力度。三是继续深化"三权分置"等农村产权制度改革，鼓励小农户探索按户连片耕种、土地经营权流转、股份合作、代耕代种、联耕联种、土地托管等多种方式，提高经营规模和农业经营效益。四是大力发展满足小农户需求的金融服务产品，开展差异化的金融定制服务。与农商银行、村镇银行及其他商业性银行建立战略合作关系，切实推动农村土地经营权、集体建设用地使用权及其他农村产权抵（质）押贷款业务创新；完善担保、反担保、再担保机制，推动各类信用协会发展，鼓励担保公司间合作，聚合农业龙头企业、现代供应链市场主体、农民合作组织、农户个体信用，发展联保互保贷款及农业产业链融资；以合作金融为突破口增强农民合作组织的利益联系与业务运作，积极探索土地股份制合作社及社员资金互助，鼓励和引导发展生产、供销、信用"三位一体"的综合合作组织。五是进一步完善创新农业保险服务，加强保险政策宣传，提升出险操作能力，扩大小农户农业保险覆盖面，提高保险政策执行效能。

关于金融支持助力四川特色小镇发展的建议

孙超英　胡雯　严红　蒲丽娟

在推进农业供给侧结构性改革的目标导向下，特色小镇以其独有的区位优势和发展模式，成为实现新型城镇化的重要载体。作为一种新生事物，建设特色小镇需要克服诸多困难。其中，"金融短板"处在基础性环节，直接影响着特色小镇建设的其他领域。这就需要政府与市场对"看得见的手"与"看不见的手"协同发挥作用，创新合作方式，助力特色小镇的顺利发展。

一、四川省金融支持特色小镇发展存在的问题

特色小镇是现阶段有效投资的重要抓手，而特色小镇建设过程中融资是第一道坎。但目前特色小镇犹如中小企业一样，存在融资难、融资贵的情况。开发建设投入高、开发周期长、项目前期没有资产可供抵押贷款、投资回报率偏低、回收期长等各种因素决定了特色小镇融资是现阶段的一项难题。课题组通过对省内外多个特色小镇的调研，总结了四川省金融支持助力特色小镇建设存在的主要问题。

一是特色小镇"地产化"问题严重，金融投资渠道单一。从城镇化的角度来看，有两种地区适合建设特色小镇：其一，是在300万人口以上的中心城市或大都市周边的地区；其二，是市特色资源所在地，而且这种资源是不可移动的。第一，价值土地和特色资源的稀缺性，符合投资方对特色小镇土地增值的预期。第二，房地产项目资金回笼较快，符合金融业对贷款期限需求的偏好。第三，由于大部分特色小镇仍缺乏成熟可靠的运营模式，进行其他项目投资很难保证达到成本和收益的匹配。因此金融机构现阶段参与特色小镇建设仍以房地产投资为主，但如果房地产商在建设中不考虑产业支撑和运营投资，特色小镇是很难成功的。可见，成本高、盈利慢、风险大是目前特色小镇"地产化"，金融投资渠道单一的主要原因。

二是特色小镇产业特色不鲜明，缺乏对金融机构的吸引力。第一，四川省部分特色小镇产业特色不够鲜明。有的小镇产业定位模糊，有的小镇虽然有主攻产

业，但引进的项目不属于此类产业，导致产业特色不鲜明、不突出。第二，特色小镇的运营要求以市场为主体，由一两个实力雄厚的领军企业作为核心，紧密围绕其优势产业开展相关产业链招商、公共配套等活动。在实践过程中，各地做强产业特色的理念不强，在特色产业招商引资方面守株待兔多、主动出击少，导致特色产业有效投资不足。第三，由于特色小镇建设投资额大且成效显现慢，县级金融机构一般只发放1年期流动资金贷款，到期需续贷，贷款期限与3~5年的项目周期严重不匹配，对投资主体实力要求很高，加大了承贷主体在项目建设中的资金压力。第四，一些特色小镇由于产业基础薄弱或核心产业不突出，对人才的吸引力严重不足；城镇一级好的项目不多、投资担保不足、经营风险较大、信息不透明。最终无法吸引金融机构的投资眼光，导致特色产业投资力度不够，不利于特色小镇的发展。

三是特色小镇政府财政补贴不足，政策性金融到位难。第一，各地城镇基础设施建设一般采取以地方政府为主、中央补助为辅的办法，主要依靠政府自身掌握的财政性资金投入基础设施建设，其他投资渠道尚未完善。第二，尽管国家采取了积极的财政政策支持基础设施项目建设，政策性银行也出台了相关金融支持政策，但在特色小镇基础设施投资需求迅速增加的形势下，国家预算内投资对基础设施资金的满足率直线下降。第三，四川省乡级财政支持力度有限、县级或市级政府增信和担保力度不够、基础设施建设资金可持续补偿机制缺乏，制约了金融机构对特色小镇项目融资的授信与审批。例如：李庄古镇前期升级改造、园区道路基础设施建设、土地整理开发等非营利性基础设施项目投资8亿元，主要来自政府支持，对接金融机构的资金规模有限，降低了金融的杠杆作用。同时，四川省农发行支持的项目主要集中在水利设施建设、棚户区改造上，对于特色小镇规划中的建设项目尚没有资金安排，政策性金融支持难到位。

四是各级政府管理权限界定不清，融资的增信措施不够。第一，在特色小镇创建的过程中，存在行政主管机构多头管理、机构间权责不清的情况，极大影响了金融参与特色小镇投资创新的效率。据调研，民生银行四川省分行正筹备同相关管理部门发起成立"小城镇发展基金"，计划整合全省城镇建设财政补贴作为种子资金，通过整体投资规划撬动金融机构贷款，改善项目财务可行性，从而吸引大量社会力量积极参与城镇化项目建设运营。但因主管机构多头，没有牵头的部门，基金终未落地。第二，部分地方政府在规划建设特色小镇时易按照自己的主观思维方式去创造市场，导致运营主体错位，违背市场规律。省内200余个特色小镇中，有些小镇规划质量层次不高，有些建设进度差距较大，有些产业层次有待提高，有些形象特征不够明显，这也给项目授信和金融支持带来了不小的阻力。地方政府要想长期稳定地吸引社会资本和金融机构参与特色小镇投资建设与管理，就要首先厘清政府的管理界限，并通过顶层设计确定牵头部门和监管职责，提高金融支持的效率。

五是特色小镇制度环境建设缓慢，金融风险缺少规避保障。第一，随着城镇化发展的深入，社会资本和金融机构正逐步进入特色小镇建设领域，但我国的投融资制度环境建设缓慢，特别是国家在投融资的法律方面对城镇建设相关的鼓励和保护措施依然匮乏。第二，各级政府更倾向于利用行政权力去配置资源，加之政府公信力不足，金融风险的防范并未做到未雨绸缪，缺少制度保障。

二、四川省金融支持助力特色小镇发展的对策建议

（一）金融机构创新金融服务，支持特色小镇建设

一是发挥金融体系的联动效应，盘活特色小镇存量资产。金融支持城镇化的领域较广，除了资金筹集运营、信贷管理、投资布局等，还包括抵押担保、风险管控、金融信息流通等。第一，在特色小镇投资初期，银行贷款可以参与当下进行的土地流转、农村三权（土地所有权、承包权、经营权）分置问题，有效盘活农村闲置资源，引导土地向小镇区划流转，并给予农民一定回报；还可以将土地经营权、承包权作为抵押凭证，拓宽融资渠道。第二，在保险方面，积极鼓励保险公司创新，针对特色小镇不同的产业定位，开发指向性保险产品，扩大涉保覆盖面。第三，金融中介作为金融信息有效传达的关键环节，同样需要在特色小镇创建中发挥作用。例如为入驻企业提供恰当的决策参考，提高资本利用率，抵御金融风险。第四，在与社会资本合作建设特色小镇方面，金融机构可在PPP（政府和社会资本合作）项目的合同约定范围内，参与其投资运作，最终通过股权转让的方式实现收益；当然也可以是直接为PPP项目提供资金，最后获得资金的债权收益。总之，需要盘活农村存量资产，发挥金融体系的联动效应，紧密结合当下投资模式，形成完备的金融支持网络，从各个环节助力小镇的顺利发展。

二是借助金融帮扶机遇优化特色小镇金融产品的创新。第一，对于金融帮扶，人们的认知更多的是停留于资金支持等较为表面的方式，未能认识到金融支持的更深层意义。金融作为国民经济中的重要因素，存在于各行各业，也在各个环节发挥不可替代的作用。它的健康流动引导着实体资源的有序流动，从而丰富着价值链的内涵。第二，各金融机构可通过选派业务优秀的青年干部到特色小镇所在的区县团委挂职，通过增进相互之间的了解，准确把握贷款需求方的资质及信用情况，开发针对特定人群的小额贷款，最大限度地消除借贷双方信息不对称情况。第三，可借助银团合作的平台，以挂职青年干部为触角，因地制宜地改进信贷产品和流程，拓展思路、优化模式，创新金融产品，扩大金融支持土镇建设的范围和覆盖面。

三是对特色小镇贷款项目提供审批和授信的绿色通道。第一，政府可将一部分特色小镇项目通过筛选纳入政府采购目录，这些项目较容易通过政府采购融资模式获得项目贷款。第二，金融机构可合理延长贷款期限或设定分期、分段还款，并对进入贷款审批的项目开通"绿色通道"，提高特色小镇建设获得贷款的速度。第三，各地方金融机构可向上级行申请授权，开办符合特色小镇项目特点的地方中长期固定资产贷款。这样可以充分发挥地方法人金融机构服务模式灵活、自主权较大的优势，并满足项目建设各个阶段的资金需求。

（二）政府部门健全政策引导，保障特色小镇融资需求

一是对政策性金融支持特色小镇的建设建立制度约束。第一，国家发展和改革委员会联合国家开发银行发布了《国家发展改革委 国家开发银行关于开发性金融支持特色小（城）镇建设促进脱贫攻坚的意见》，明确指出要发挥开发性金融在脱贫攻坚中的积极作用，盘活贫困地区特色资产资源，为特色小（城）镇建设提供金融支持。第二，通过多种类型的 PPP 模式，引入大型企业参与投资，引导社会资本和金融机构的广泛参与。例如：天津市分行与市发改委签订《农业政策性金融支持天津市特色小镇建设战略合作协议》，要求在"十三五"期间为天津市特色小镇建设提供不低于 500 亿元的信贷支持额度。四川省可借鉴天津经验，在政策性金融支持特色小镇发展方面做出相应的制度安排。

二是甄选特色小镇重点产业建设项目安排专项资金支持。第一，各地政府要根据特色小镇所在区域的要素禀赋和比较优势，科学挖掘小镇最有基础、最具潜力、最能成长的特色产业，打造出具有持续竞争力和可持续发展特征的独特产业生态，使每个特色小镇和小城镇都有一个特色主导产业。不可一哄而上、遍地开花，违背客观规律，造成资源浪费，更不能变相搞房地产开发，演变为新一轮的造城运动。第二，甄选一批好的特色小镇建设发展项目及相关重点产业的建设升级项目予以专项资金支持，以长期限、低成本的资金作为压舱石和调节器，降低金融机构和社会资本的经营风险，确保其能持续、稳定地助推特色小镇的建设和发展。

三是对金融机构参与特色小镇建设设立风险补偿和制度保障。第一，政府相关部门需要进一步探索差别监管，为金融支持发展提供更佳的政策支持。建议财税、金融等监管部门建立信贷风险分散和补偿机制。第二，政府要整合优化政策资源，鼓励金融机构参与特色小镇建设发展，并在法律、政策允许的范围内，为金融机构参与特色小镇建设提供大力支持和政策优惠。例如：政府设立特色小镇建设专项风险补偿基金；制定贷款贴息、税收优惠、政策保险等配套支持政策；对金融机构参与特色小镇建设发展提供税收优惠等；人民银行成都分行可会同四川省银监局、四川省金融局适时出台差别化的扶持政策或监管措施，如对金融支持特色小镇发展增加信贷规模并单列信贷项目，对该类信贷投放达到一定比例

的，考虑降低存款准备金率。总之，通过明确还贷来源，探索建立偿债基金、财政补贴资金监督拨付等风险补偿机制，确保金融机构资金放得出、有效益、收得回。

四是鼓励特色小镇及优质企业采取发行债务等直接融资方式。由于县域债务融资工具缺失，长期建设项目很难寻求到低成本资金支持。目前，特色小镇建设过程中还未出现直接债务融资。例如：特色小镇城投债、优质企业短期融资券、中期票据，以及优质项目资产支持票据、项目收益票据等债务融资工具还处于空白阶段。当地政府和人民银行要积极做好债务融资业务的宣传和引导工作，及时了解企业的直接债务融资需求，帮助和支持优质企业发行短期融资券、中期票据等，支持资产质量好、现金流稳定的项目发行项目收益票据或项目收益债等，吸引社会资本和金融机构的投资，从而加快满足特色小镇的融资需求。

关于打造四川特色小镇升级版的建议

胡雯　孙超英　贾舒　蒲丽娟

一、以浙江为引领的特色小镇建设发展趋势

（一）由简单叠加的块状经济向链式集群聚合经济转型

浙江特色小镇正是传统块状经济形态向产业链式的集群化高级经济形态转型的产物。如"世界袜都"诸暨大唐镇创建"袜艺小镇"，虽然在一年内关停了一半的袜业作坊，却通过产品内分工、延伸产业链条以及在全球范围整合要素资源，从"微笑曲线"底端的袜子加工制造，逐渐转向自主设计、机器换人、技术创新等高端要素聚合，走上释放倍数当量的转型道路。显然，特色小镇不再是"大而全"的简单叠加，而是"特而强"的链式聚合，既承袭历史人文积淀的特色产业方向，又顺应产业升级发展的前沿趋势，从而构筑创新高地，培育具有行业竞争力的"单打冠军"。

（二）由单一产业导向型空间单元向"产、城、人、文"融合型功能平台转型

浙江特色小镇既突破了建制镇等行政地域单元的划分，又突破了传统的工业或旅游等单一产业功能区块的划分，是相对独立于市区，结合自身特质来抓准产业定位，挖掘人文底蕴和生态禀赋，融合产业、文化、旅游、社区功能的发展空间平台。各功能不是简单的机械式叠加，而是有机融合并创造良好生态环境，既强调实现生产、生活功能便捷与自然环境优美精致和谐统一，又强调通过优化政府服务打造政务生态，强化社区功能打造社会生态，以及促进产业链、创新链、人才链等紧密耦合并打造创新创业生态。

（三）由政府主导建设向"市场主体，政府引导"的运营机制转型

在特色小镇的发展过程中，浙江政府秉持"市场主体、政府引导"的发展理念，集中力量于强化引导及优化服务，强调以体制机制创新改革释放和激发市场活力。如实行"宽进严定""能进能出"的创建制，并实行期权奖励和追惩等激励制度。浙江将特色小镇作为改革试点的先行区，最大可能简化企业办事流

程、降低办事成本，不断优化创新创业服务环境。企业家尤其是先行者的选择及其要素组织能力、创新创造能力，是引导要素和产业向空间聚集的核心力量。

二、四川省特色小镇建设面临的瓶颈

（一）发展特质不明显，综合承载能力整体较弱

调研发现，四川省小城镇发展程度差异较大。有的镇集聚非农人口已过 5 万人，地方生产总值达到几十个亿，而有的镇常住人口仅有几千人，地方生产总值仅几千万。绝大部分小城镇基础设施和公共服务历史欠账较多。即便是 21 个重点镇，仍有部分指标与规划目标相差较大，如卫生人员、幼儿园老师和义务教育教师分别仅达规划目标的 36.8%、48.3% 和 68.9%，科技站建设仅达 33.8%，差距最为明晰。另外，部分试点镇对省级政策资金支持寄予厚望，在规划建设上盲目"贪大"，更难以顾及在规划建设中突出生态环境、历史人文等地域特质，"百镇一面"的现象仍较为突出。

（二）产业聚合支撑能力不足，功能定位方向不明晰

大多数试点镇实质仍以农业产业为主导，"靠天吃饭"情况较为普遍，特色农业产业化发展水平低下，附加值低、竞争力弱。除少数依托中心城市或省市级经济开发区、工业集中区及重点建设项目发展起了一定规模的二、三产业外，绝大多数镇仍以粗放型、高污染、高耗能传统行业为主。如有的镇同时将有机食品加工、生物医药和精密制造作为优势产业，极易进一步摊薄小镇的稀缺资源，出现"散而弱"。

（三）资金土地人才"紧约束"，小镇建设动能不足

在"百镇试点行动"中，省级财政每年给予重点镇 1 000 万元和一般试点镇 500 万元的专项补助资金，相较于基础建设的现实所需，仅靠省级补贴资金无异于杯水车薪。镇一级在土地出让、资产出租、经营承包、变卖运营权等融资领域自主权较弱，实践困难较大。此外，试点镇每年 60 亩用地指标优先在县（市、区）年度指标中统筹调剂的支持政策，在土地指标本就吃紧的情况下落地非常困难，重点项目落地严重受制。小城镇对专业人才缺乏吸引力，镇党委政府干部队伍中占用编制不做事、做不好事，年轻人待不住、不愿待等现象大量存在。城镇规划、建设、执法、特色产业发展等方面的管理和技术人才严重匮乏。

（四）体制机制尚未理顺，政策措施效能受限

2016 年 7 月，四川省发改委启动遴选特色小城镇工作，将其纳入《四川省"十三五"特色小城镇发展规划》。2017 年 3 月，四川省加快推进新型城镇化工作领导小组办公室启动了在"十三五"期间培育创建 100 个左右省级特色小镇工作。两项工作指导意见出现了不一致的情况。如在申报类型方面，发改委体系划分了六大产业类型，而住建厅体系则延续了"百镇建设行动"的方向，划分了三大产业类型。在申报基础条件方面，省发改委要求除旅游休闲型小镇和三州地区城镇外，镇域人口规模 2 万人以上小镇可申报，而省住建厅则要求在 300 个试点镇中择优申报。两方面指导意见及未来的项目资金如若不能协调一致和资源整合，必然对各地创建特色小镇带来困扰，甚至会因争取不同渠道认可支持及应对相应检查而造成资源浪费、效率损失。

三、对策建议

（一）重点突破、梯度发展、因类施策，推进特色小镇创建试点

一是把创建特色小镇作为全省小城镇建设发展的示范引领高地，部门联动统一创建标准、整合政策资源，进一步细化分类指导、分业施策，明确特色小镇应聚焦于全省的高端成长型产业、新兴先导型服务业及传统优势产业，按照"一镇一品"的原则规划建设。二是鼓励百镇建设试点镇择优创建特色小镇，积极打造成绵乐发展轴及区域中心城市近郊镇域基础完备、条件成熟、特色显著的建制镇。三是鼓励各市（州）开展区划内的特色小镇试点并给予适当政策倾斜，引导小城镇明确产业功能定位，差异发展，错位竞争，逐步形成国家—省—市（州）—县四级试点小镇的梯度发展体系。

（二）规划先行、多规融合，限定核心区规划面积和建设面积，集中连片发展

一是实现镇域规划全覆盖和"多规合一"，在集镇和乡村区域统筹布局空间、产业、基础设施和功能配套，同时，强化规划的强制性和延续性，防止"换一届政府换一轮规划"。二是突出集约集聚发展理念，分阶段限定核心区规划建设面积，层层递进、集中连片发展，避免"撒花椒面"式的分散均质化投入。三是坚持"一镇一风格"原则，从小镇产业功能定位出发，系统地进行形象塑造，嵌入小镇的历史人文"内核"及旅游服务功能，使小镇成为产业功能、文化功能、旅游功能和社区功能有机叠加的产城融合发展空间。

（三）以实绩为标准实施"优胜劣汰"，创新小城镇建设扶持机制

一是实行创建制，把实绩作为考量的唯一标准，采取"宽进严定""先创建后挂牌"和"期权激励"的方式，鼓励基础条件好的小城镇申报创建特色小镇。对规定时间未达到规划目标的特色小镇则实行"追罚制"，以防范一哄而起盲目发展特色小镇，确保小镇建设质量。二是把特色小镇作为创新改革的试验区，凡国家或省一级的改革试点，优先上报特色小镇和实施改革，深化特色小镇扩权试点，允许特色小镇在法律框架下先行先试突破性改革，以改革激发市场活力和发展动力。三是继续深化"百镇建设行动"试点工作，向试点镇倾斜城乡建设用

地增减挂钩项目，将结余的建设用地指标和土地增值收益的80%留给镇，每年省级财政再增加专项补助资金，并在省级地方政府债券中专门切块用于"百镇建设行动"，加大对试点镇的资金扶持。

（四）简政放权、创新机制，扩大小城镇自主创新空间

一是对人口集聚和产业发展已经达到相当规模的特色小镇，启动"镇级市"培育试点，形成与小城市发展相适应的权责一致、运转协调、高效便民的行政管理体制和运行机制。二是分层分类下放管理权限，增强镇级政府管理权能。采取派驻或委托行政执法的形式，将部分职能下放，提升基层公共服务能力和经济社会管理能力。三是探索多种形式的财权下放。对重点镇酌情确立财权镇管或县管，维持乡财县管的试点镇则通过多种形式的财政返还，增强镇级财力和自主权。四是允许和鼓励镇级创新，以政策换资源。鼓励特色小镇实施"三权分置"和"两权抵押"试点改革，激活农村土地要素。鼓励对棚户区、闲置农贸市场和事业单位、闲置工业用地、工矿废弃地等实施改造和土地再开发利用，在议定与县（市、区）政府收益分成比例的基础上，赋予镇政府资产处置和回收出让的自主权。

成都市乡村民宿经济发展的
偏离与回归研究

邓 蓉

乡村的振兴，需要更多的新业态、新模式、新运营的加入，而乡村民宿旅游是一种资源整合，是以循环农业、创意农业为依托的第一、二、三产业融合以及"旅游+"综合性的综合体。成都市的美丽乡村正在吸引着大量民宿资本，形成了全市农村最兴旺的新兴产业。截至 2017 年 5 月底，成都市共有乡村民宿 2 049 家，房间 1.8 万间，床位 3.8 万个，餐位 18.6 万个。这样一个由民间自发投资、政府规范引导形成的民宿经济大潮对于对冲城乡资源、复兴农村文化、均衡城乡二元化结构有着非常重要的意义。但是，课题组对郫都、大邑、邛崃、浦江、都江堰、崇州等地的调查发现，在这一轮民宿热背后，也存在不少偏离民宿本义的现象，如偏离"农"的味道、"家"的温馨、"乐"的情趣、"业"的规范等；乡村民宿发展急需回归"本位"，以"民宿+"为创新手段，积极引导民宿与农业和农村其他新兴产业的融合发展。

一、当前成都市乡村民宿旅游发展存在的四大偏离现象

（一）偏离"农"的味道，走向"不土不洋"

客观地讲，成都乡村民宿是农家乐的升级版，品味农家的自然生态、住房家装的设计风格、菜品饮食的独特风味是消费者选择民宿的根本原因。然而从我们的调查来看，成都市很多民宿缺乏农村生活体验设计，既不像在城市，也不像在农村。一是农家活体验开发不足。据课题组统计，目前成都乡村民宿经营类型中有 63% 为休闲旅游型，农事体验型仅占 11%（见图 1）。成都乡村民宿发展的一个突出问题是特色农业与民宿经营主体分离、与产业布局分离。二是农家菜体验缺乏。调查发现，不仅成都市主城区周边地区乡村民宿所烧制的菜肴农家味在变淡，在以农家乐起家的郫都区友爱村的民宿，由于诸多因素，其食料和炮制方法也渐渐变得"城市化"。其中的高端民宿基本上都聘请了城市星级厨师。三是农

家本土文化缺乏包装。据有关民宿资料统计，目前走在全国前列的杭州民宿近几年最具吸引力的因素依次为自然生态（41%）、服务水平（21%）、内部装饰（20%）、本土文化（11%）、特色活动（5%）（见图2）。这表明当前成都市本土文化对游客的吸引力明显不足，一些有特色的、有历史厚度的人文、艺术、工艺等本土文化没有得到有效挖掘利用。例如，崇州怀远沿山相关村发展民宿多年，但村里一些的祠庙一直未得到开发利用。

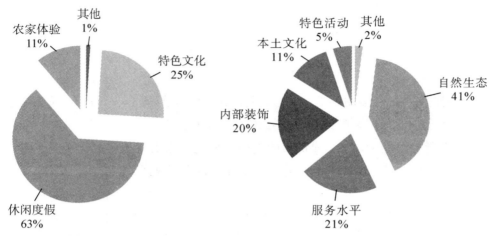

图 1　成都乡村民宿的主要类型　　　图 2　杭州乡村民宿最吸引人的因素

（二）偏离"家"的温馨，倾向"乡村酒店"

民宿体验的本意是"入宿随俗"，也就是"住民居、吃乡饭"，在旅行中去感受农家的温馨，但是一些民宿所包含的"家"的感觉正在变味。一是民宿业主与游客之间的交流互动不够。由于民宿业主缺乏主动交流意识，或存在受教育程度、"三观"等背景差异，或民宿业主忙于经营，许多民宿业主都缺乏与游客之间的交流互动。二是一些委托流转经营的民宿业主难以与游客开展本土人文交流。如西岭雪山景区的民宿80%以上都是采用委托流转的方式经营，这些民宿老板多是宾馆酒店、建筑设计、餐饮茶馆、广告公司等企业的老板，而经营者多为聘请的相关专业人士，他们缺乏对本地风土人情、本土居民生活方式的了解与理解，最多只是在房屋设置一些具有乡土气息的装饰。某民宿有限公司管理人员坦承，该公司目前在成都蒲江、都江堰、崇州5个村有7家民宿，由于该公司的主业是经营酒店，目前拥有的民宿也是当酒店做的，并且实行连锁式经营，人员由公司派遣，管理僵化，很难与客人互动交流，先天缺少自营民宿所包含的"家"的元素。三是高价位民宿使游客产生不了"家"的感觉。不少民宿尤其是乡村酒店式民宿明确表示"只做高端客户群""我们的客户群是城市精英"。事实上，这些民宿是一种变相的"城市会所下乡"，这一定程度上异化了民宿。

（三）偏离"乐"的情趣，止于"扑克麻将"

游客选择民宿是为了欣赏田园的自然风光，体验不一样的异域民俗风情，重新寻得生活的乐趣。目前，成都市乡村民宿在"乐"的体验上存在三大问题。一是个性化体验项目开发不足。受民宿经营者思维方式、眼界和知识面等因素影响，成都市许多乡村民宿缺乏个性化、特色化的巧妙创意和服务供给，普遍只能基本满足吃饭、住宿功能，在"玩"上仍旧停留于"扑克麻将"等初级娱乐。二是乡村民宿配套游乐设施欠缺。除了少数对民宿整体发展有较好规划的区县或区块外，成都市大多数乡村民宿集聚区适合游客娱乐的设施建设滞后，游步道、骑行道、咖啡馆、茶馆花店、民俗体验、特色旅游产品等配套较少，不能较好地满足游客需求。据对成都市5个区（市）县19家民宿2016年1～10月客人入住情况统计，留宿5天以上的人次数仅占总人次数的10%（见图3）。三是缺乏乡村旅游联合体。虽然成都乡村民宿依托各大风景名胜区相对集中分布，但仍以零散经营为主，经营内容大同小异，没有形成较大规模、相互关联的游乐联合体，尤其是停车、购物、餐饮、游玩等相关行业之间缺少基本联络。例如，都江堰市柳街、安龙、大观三镇共有民宿18家，总体经营效益一般，客人很难停留一天以上。但实际上，如果能够注意到都江堰布局在周边的一些相关产业，如都江堰的青城外山旅游区、崇州的街子古镇、四川外国语大学、东软学院以及安龙黄花卉批发市场、柳街的现代农业园区等，形成与它们的互通互动的纽带和利益机制，完全能够联动开发，共同提高效益。

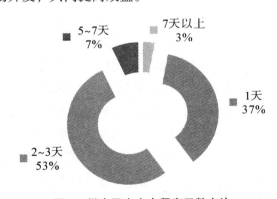

图3　样本民宿客人留宿天数占比

（四）偏离"业"的规范，呈现"自我张扬"

一是法规空缺。迄今为止，成都市尚未出台民宿业管理法规或条例，民宿建设、消防卫生、污染物排放等问题都面临着审批无法可依、管理无章可循的情况。二是无证或缺证经营仍然存在。调查发现，大多数民宿都未持消防许可证或特种行业许可证，少数民宿未持营业执照，或从业者没有做到持证上岗。这表明当前成都市很多民宿仍有一定安全隐患，尤其是一些体量较大的民宿或集中度较高的民宿区。三是民宿区块基础设施和环境承载能力与人流量不匹配。一些山地村庄水、电、通信、道路等基础设施的配置相对薄弱。如崇州街子古镇的沿山相关村，每逢6~10月的周末，接待游客7 000~8 0000人／日，2019年6月召开的四川乡村旅游论坛接待客人超万人。在客流高峰期，不少业主生活污水直排；个别人还采取电鱼、药鱼等不法方式牟利，造成河水污染，村里不少农户自己打深水井取水（180米）。四是装修设计整体性非常欠缺。这突出表现为：一些工商资本租用古村镇的农房经营民宿时，通常插花式承租，这样新旧相间，打破了许多古村落原有的古朴风格。在房屋改建上，中式、西式甚至集装箱房穿插在村庄中间，破坏了村庄整体格调。在装修设计上，中式、日式、欧式、美式，式式俱全、色彩各异；在文化示范上，引入大量西方、城市新文化形态，显得与古村镇文化不协调，有损乡村文化的原初性与整体性。

二、促进成都市乡村民宿回归健康发展的建议

（一）紧扣"农"的内核，回归"乡"的本色

一是发展"农事体验+民宿"。侧重优化农业业态，拓展农业功能，配套农业体验。例如，可围绕农业"两区"、现代农业科技园区以及美丽农业项目，优化民宿空间布局；围绕农业作物多样性、立体种植和综合开发增加民宿游客体验性。例如，成都市第三圈层沿山区（市、县）就可结合土地整理和生态移民项目，开展山地综合开发，种植适宜作物如猕猴桃、食用竹、三木药材等，以短养长，延长观光体验和采摘时间，也可延长民宿客人的留宿时间。

二是发展"特色饮食+民宿"。"留胃"是民宿"留人"的第二大撒手锏。建议各区（市、县）成立民宿协会，或借鉴杭州桐庐经验，在民宿集中区块成立管委会，通过厨艺比赛评选农家菜等级厨师，精选地方特色菜品制成特色菜谱供游客选择。例如，桐庐芦茨慢生活体验区就以富春江鲜、"三石一鸡"等特色菜品获得客人一致好评。

三是激活乡村原真文化要素。一方面，传承历史文化，挖掘民俗文化，嫁接生态文化，综合开发利用孝廉文化、农耕文化、书画文化、饮食文化、茶文化，促进文化与民宿融合发展、物质与精神"双富"。如崇州街子古寺村是朱元璋三代居住地，有于右任题词的藏金楼，有"皇锅""老风旗""藏金"三宝。保护历史文化、讲好历史故事是民宿发展的根基。另一方面，引导民宿经营者在尊重、保留乡村文化的前提下，注重乡村文化与创意文化的有机融合。结合当地自然、人文资源，挖掘乡村非物质文化，提升民宿文化感知度和满意度。

（二）扶持"原住民"自营，回归民宿"居家"体验

一是激励原住民参与经营，发展家庭体验式经营。原住民尤其是返乡创客以主人方式经营，具有根植性、本土化、低成本等特点，更有人情味，更能持续经营。如德阳旌阳区东湖乡高槐村回乡创业的本地青年从2013年开始先后开了11家乡村咖啡屋，带动了民宿旅游。因此，建议加大对单体自营民宿的扶持力度，并鼓励以村为单位集中发展，发挥规模效应。这样既防止了农村新一轮违章搭建，促进农民在家门口实现非农就业增收，又可以抑制外来民宿资本盲目"进村"及其所产生的巨大环境压力。

二是探索共享分享经济模式。在民宿产业发展中，可借鉴杭州桐庐经验，建立村集体民宿经营理念，尝试村集体公共资源入股、农民土地经营权入股、农宅入股、旅游咨询机构智力入股、旅游众筹等新型投资机制，引导民宿从乡村旅游资本"哄抢"走向"公司+农户""合作社+农户""新农人+政府+社区"等多元化经营之路。

三是实施自营民宿与"乡村酒店"式民宿区别监管。侧重对经营多幢"乡村酒店"式民宿制定进入门槛，包括消防、食卫、文保、税收、排污等标准。

（三）突显"个性化"特色，实现"跨界式"发展

一是开展区域特色规划。结合旅游休闲、文化创意、古村落保护等特色，打造风格各异、优势互补、错位布局的民宿产业发展战略，打响蓉派区域民宿独特品牌。例如，慢生活体验、运动健康、避暑养老等民宿品牌。

二是增加个性化服务产品。运用产业链招商法，引导发展农事、骑行、戏剧活动、传统民俗、工艺表演、民间小吃等项目。

三是促进集群发展。各区（市、县）可以乡镇为单位相对集中布局民宿，共建共享环境、设施、品牌和客源。在民宿已发展到一定规模的区域，需要优化民宿业态时，大力发展"民宿+"：首先配备基本产业，如餐饮、茶馆（咖啡）、运动、健身、节庆、采摘等产业；其次配备养老产业，吸引身体亚健康老年群体；在有条件的地方开发温泉项目，延续冬季民宿。

（四）建立"硬制度"约束，恪尽"守夜人"职责

一是尽快出台《成都市民宿管理办法》。科学界定民宿企业性质、适宜规模、基本准入等要件，重点明确民宿经营资格、开业条件、管理部门、服务内容等事项，分别制定自有小规模自营与委托大规模连锁经营准入条件和管理办法。

二是明确行业主管部门。建议将民宿定位于个性化旅游住宿产业，以"条块结合，各取所长，共同推动"的方式，发挥旅游主管部门优势，进行行业管理、推广宣传等统筹协调工作。

三是编制民宿专项规划。以区（市、县）为单位，结合旅游发展总体规划、

土地总体规划、生态城市规划、城乡发展规划、生态环境建设规划及美丽成都、美丽乡村建设行动计划，制定乡村民宿发展规划，确保民宿发展与农村生态承载、古村落保护、美丽乡村建设、农村农民利益保护相一致。

四是加强农房民宿改建管理。规范引导改建农房的层高、风格、色彩、装饰等具体环节，借鉴农村危房改造做法，提供多套选择图纸。建议对重要风景区、重点古村落农房的民宿改革实施统一报备制度，由住建和文保等部门审核监督。

五是加强民宿集中区块行业协会建设。借鉴推广杭州桐庐芦茨做法，建立管委会、物业公司等机构，实施相关旅游物品管理，开展民宿经营户系列培训，推进民宿宣传等工作，整体提升民宿的形象和品质。

人 才 篇

四川乡村人才振兴的问题及对策

郭险峰　陈昌荣　袁威　周琼　许彦

乡村振兴，人才是基石。习近平总书记在来川视察重要讲话中强调，要着眼长远加强人才培养和招才引智，打造一支规模宏大、留得住、能战斗、带不走的人才队伍，为贫困地区脱贫奔小康和发展振兴提供人才支撑。乡村人才匮乏，已经成为制约四川乡村振兴的短板。四川行政学院举办第 36 期市厅级、县处级公务员"实施乡村振兴战略"专题研讨班，各地主抓乡村振兴工作的领导干部围绕"乡村人才振兴"开展结构化研讨，反映了一些亟待解决的问题，并提出了相应的对策建议。

一、四川乡村人才振兴存在的问题

乡村人才是实施乡村振兴战略的必备要素和重要资源，是落实"产业兴旺、生态宜居、乡风文明、治理有效、生活富裕"总要求的推动力量和重要保障。但是，四川乡村引才、育才、用才、留才的条件和环境不佳，普遍存在人才年龄老化、结构失衡、队伍不稳、能力偏低等问题。

（一）"无农人"导致乡村振兴"巧妇难为无米之炊"

一是缺乏农业技术人才。四川是劳动力输出大省，农民离乡、离家、离土情况依然普遍存在，"无人种地"问题十分突出。学员们反映，有的农村 90% 以上的初中生、95% 以上的高中生都不会干农活，80% 以上的壮劳力纷纷进城打工。"70 后不愿种地、80 后不会种地、90 后没想过种地"，传统种养殖技术面临断代风险。

二是缺乏经营管理人才。乡村释放巨大潜能，实现"土里刨金"，关键要靠懂经营管理的"带头人"。如彭州市龙门山镇宝山村在汶川大地震中遭受灭顶之灾，村党委书记贾正方带领村民让宝山村重新走上振兴之路；遂宁市唐家村曾是知名的"告状村"，一个退休领导到该村当支部书记，实现了该村由"告状村"向"先进村"的华丽转变。但是，类似的人才在乡村极度缺乏，本地能人希望"跳出农门"，外来能人又有可能会"掘一桶金就跑路"。

三是缺乏产业运营人才。乡村产业发展投入大、见效慢、风险多，让有抱负、有想法的产业人才望而却步，投身乡村产业发展的先行者失败的教训多、成功的经验少。乡村振兴战略提出之后，由于不懂乡村产业运营，怀着"纵横田间与市场"抱负扎进乡村创业的一批80后青年，已经有超过50%铩羽而归。如南充一个从乡村走出去的大学生，学石油化工且月薪上万，辞掉工作回老家养鸡，亏损50多万元后不得不回城找工作。

（二）"无能人"导致乡村振兴"有组织而无战斗力"

一是乡、村两委大都是老年人。乡、村两委是乡村振兴的骨干力量，应该在乡村振兴中发挥"定海神针"作用。但是，由于人才流失严重，乡、村两委普遍面临"有组织无人，有人无战斗力"的问题，乡、村两委在乡村振兴和产业发展上没有思路，在农民群众中没有威信。如广安市某村有村干部8人，年龄最小的57岁，最大的80岁，根本无法引领带动农民群众。

二是挂职干部成为"外地人"。四川近几年向乡村输入的大量第一书记和挂职干部，成为乡村振兴的新增人才。面对脱贫攻坚和乡村振兴两块"硬骨头"，第一书记和挂职干部压力巨大，甚至有挂职干部"两个多月就白了头"。尽管第一书记和挂职干部能力突出，但仍然被农民群众视为"外地人"。有的挂职干部学习发达地区的经验和方法寻找乡村振兴的突破口，其中也有不切实际的"复制粘贴"，造成项目落地困难、资源浪费严重，让当地百姓颇有怨言。

三是体制外人才成为"局外人"。体制外人才是乡村振兴人才队伍的重要力量，但他们的发展空间和上升路径狭窄，普遍感觉不受重视，被当作乡村振兴的"局外人"。体制内人才可以通过体制通道解决自身发展问题，因此他们动力充足；体制外人才用人通道尚不通畅，通过智力、能力、劳动等要素受益的政策体系尚未建立，因此他们激情不高。不少聘用制员工认为，"干多干少一个样，干好了也是别人的成绩"。

（三）"无匠人"导致乡村振兴"产业一片红黄紫核"

一是现有乡村人才普遍缺乏战略思维。乡村振兴人才需要具备战略思维和全局视野，尤其需要具备产业发展方面的统筹规划能力。但是，不少地方的乡村干部缺乏乡村振兴的长远考虑和战略定力，在产业发展上追求规模效应而忽略区域实际，动辄上马"万亩核桃园""万亩柠檬田"的大项目。乡村产业发展同质化现象较为严重，各地普遍存在乡村产业"一片红一片黄一片紫一片核"，导致番茄、柑橘、葡萄、核桃等乡村产品滞销。

二是现有乡村人才普遍缺乏工匠精神。乡村涌入了不少开发空闲宅基地和兴建民宿民居的社会资本，城市近郊宅基地"洛阳纸贵"。这些社会资本虽然带动了当地经济，但很难与种养殖业挂钩，"帐篷村""民宿村"不断涌现，但第一产业却止步不前。不少乡村干部眼里只有脱贫攻坚，希望利用产业指标尽快实现脱贫目标，普遍具有"什么赚钱就做什么"的心态，缺乏把产业产品做好做实的工匠精神。这种"赚热钱"的氛围不利于吸引愿意扎根乡村且致力于原生、原创、绿色产品生产经营的"匠人"。

二、加强四川乡村人才振兴的对策

2018年四川省委一号文件提出，人才方面要支持各类人才流向乡村创业就业，引导教育、卫生、农业、文化等行业科技人员、专业技术人员向基层流动，组织专家到乡村开展智力服务。学员们普遍认为，省委一号文件提出的乡村振兴人才政策具有战略视野，各地要结合乡村振兴面临的实际问题，加强人才引进、培养、使用和激励，不断健全乡村人才队伍、创新乡村人才机制、优化乡村人才环境。

（一）健全乡村人才队伍

建议着眼当前与立足长远相结合、扶贫与扶智相结合、外部引进与本土培育相结合，建设乡村振兴"五支队伍"，壮大乡村振兴的主体力量，为乡村振兴提供人才保障和智力支持。

一是乡村振兴工作队伍。可借鉴精准扶贫第一书记选派模式，通过挂职、派驻等向乡村持续选派驻村乡村振兴专职书记。乡村振兴专职书记应该具有农村生活、工作经历，或者具有农业农村相关专业学习经历。

二是新型职业农民队伍。构建培训培养、资格认定、管理服务等相互衔接的新型职业农民培育体系，加强新型职业农民农业信息化、农业专业技术、农村生产管理等培训，加大新型职业农民产业、创业和金融等政策扶持力度。

三是农业科技人员队伍。建议制定事业单位专业技术人员离岗下乡创业的具体政策，挖掘高等农业院校和农业科研单位的资源优势与技术力量，鼓励在职人员带着技术投身乡村振兴。加大对现有乡村技术骨干的培养力度，乡村技术骨干可到高等农业院校和农业科研单位进修，也可给下乡技术专家当学徒。

四是经营管理人才队伍。发挥市场在人才资源配置中的基础作用，完善人才交流机制，疏通人才市场化流动渠道，加大向市场购买人才服务的力度，让"专业的人干专业的事"，提高现代农业企业经营管理水平。

五是新乡贤队伍。实施"乡贤建业工程"，加强舆论宣传，弘扬乡贤文化，鼓励退休领导干部、知识分子群体、工商界成功人士参与乡村振兴，联合财政、卫生、民政、关工委等部门解决他们的养老、医疗等问题。

（二）创新乡村人才机制

建议创新乡村人才引进和使用机制，让社会多元力量服务乡村振兴，让乡村成为锤炼人才的基地。

一是多种形式"招进来"。制定高校引才特殊支持政策，通过"招考+直签"

等形式走进高校招揽人才。设置乡村人才选拔基金、培育基金和扶持基金，通过市场作用激励人才下乡。把招商引资与招商引智结合起来，吸引省内外知名集团、大型企业进入乡村投资与合作，让乡村成为吸引人才的"磁场"、培养人才的"摇篮"、施展才华的"舞台"。

二是多种办法"沉下来"。健全乡村农技服务保障机制，常态化组织农业科技人员进村、入户、到田，为农民群众的生产生活提供必要的技术指导。实施"土专家、田秀才提升工程"，制订本土人才培养计划，发挥"土专家、田秀才"的示范引领作用。在干部考核晋升中增加农村工作内容，将干部成长和乡村振兴紧密挂钩，要求县、乡（镇）一把手应具备农业工作分管经历。

三是多种手段"请进来"。构建乡村振兴专家库，邀请各类农业技术、经营管理人才不定期下乡开展现场教学，为乡村振兴提供智力支撑。出台返乡创业支持政策，采取多元手段"引龙吸凤"，引导人才向基层流动、在一线成长。引导规划、文创、旅游等高端人才及专业社会工作者参与乡村振兴，积极组织农业、科技、卫生、文化等领域的人才和青年志愿者到乡村开展志愿服务。

（三）优化乡村人才环境

建议优化乡村人才的培训提升、考核评价机制和工作环境，营造人才流向乡村、留在乡村的良好氛围。

一是拓宽乡村人才培训渠道。从集中培训、赴外提升、项目带动着手，促进人才成长紧跟乡村振兴节奏。发挥农广校、远程教育站点等的作用，办好"田间课堂""农家课堂"，做到县乡阵地轮训一批；采取轮岗交流、下派任职等措施，引导各类人才到基层一线、艰苦岗位去锻炼，做到基层岗位锻炼一批；深化乡村与高校战略合作，采取"请进来教""走出去学""沉下去训"等方式，做到院校高地提升一批；打造创新创业示范基地，通过现场观学、人才讲学、项目践学等方式，做到示范基地培育一批。

二是改善乡村人才工作环境。完善人才待遇保障政策，设置"一站式"服务窗口，为乡村振兴人才提供政策咨询、项目申报、融资对接、业务办理等服务。创新人才激励机制，对长期在乡村工作且业绩突出的农技推广人员、乡村学校教师等给予表彰奖励。建立乡村振兴人才县级干部联系制度和工作资金统筹机制，及时解决各类人才工作生活中的困难。打破行政区划、身份、所有制、地域等壁垒，形成政府引导、市场调节、自主选择的柔性人才流动格局。

三是优化乡村人才考核评价机制。扩大选人用人视野，完善公开选拔、招考招聘、竞争上岗等机制，让乡村优秀人才脱颖而出。完善基层人才评聘标准，推进人才发展体制机制改革，落实好基层专业技术人才职称评聘、创业扶持、待遇保障等政策。组织部门和组织工作干部要坚持从工作落实、乡语口碑中识别敢于担当、能挑重任、埋头苦干的干部，坚持品行优先、实绩优先、公认优先、一线优先的用人标准，坚持凭德才用干部、以实绩论英雄的用人导向。

欠发达地区乡村人才振兴调查研究

——以达州为例

陈凤鸣　羊淑蓉　蒋太光　龙开均

乡村振兴，人才为先。《中共中央 国务院关于实施乡村振兴战略的意见》指出，"实施乡村振兴战略，必须破解人才瓶颈制约。要把人力资本开发放在首要位置，畅通智力、技术、管理下乡通道，造就更多乡土人才，聚天下人才而用之"。本课题组以达州为例，在充分调研的基础上，梳理了该市鼓励人力资本参与乡村振兴的重要举措，分析了乡村振兴中存在的人力资本困境，提出促进农民工返乡和吸纳人才服务农村等对策建议。

一、达州市推进人力资本参与乡村振兴的重要举措

（一）育强农村党组织带头人，为乡村振兴提供组织保障

一是大力推广"四训"模式，帮助农村基层党组织书记提质增能。在思想理论教育上，重点依托全市各级党校，对农村党支部书记进行轮训，使其进一步坚定信念，信党跟党。在能力素养培训上，结合村情实际，先后在四川文理学院、市委党校、市农广校举办农业发展班、信访调解班等专题培训，近三年调训各类村干部300人。在开阔眼界上，大力实施"走出去"战略，组织村党支部书记赴浙江大学、四川大学、成都村政学院等高校和行政院校接受培训。在网络教育培训上，通过达州市农村党员干部现代远程教育网开设远程"微视课堂"，精选200多个涉及党建理论、时事政治、法律法规、致富门路等内容的精短教学视频，供党支部书记在线点播，有效解决了全市农村地域分布广、人员集中学习难和村党支部书记对书本知识接受程度不高的问题。

二是结合乡村振兴战略，出台规范加强村党组织带头人队伍建设的五条意见。2018年8月，达州市召开乡村带头人队伍建设暨基层党建工作重点任务推进会，出台《关于加强村党组织带头人队伍建设的五条意见》，明确提出实施"千名学子定制培养计划"，依托达州职业技术学院面向在校大学生定制培养村后备

干部，5 年来培养 1 000 名左右；实施"千名书记专业提能计划"，用 3 年时间遴选 1 000 名村党组织书记开展村镇规划、乡村旅游、社会治理等专业化培训；实施"千名干部学历提升计划"，用 3 年时间遴选 1 000 名村组干部、村后备干部，参加国家开放大学（原中央广播电视大学）考试或自学考试提升学历。县（市、区）每年拿出一定名额从优秀村党组织书记和村委会主任中定向招录公务员。

（二）强化政策支持，鼓励农村人才返乡创业参与乡村振兴

一是建立农村人才返乡创业工作机制。成立以市政府常务副市长为组长，发改、财政、人社、市场监督管理、税务等部门主要负责人为成员的农民工工作领导小组，负责对农民工返乡创业工作的领导、组织和落实。各县（市、区）相应成立工作协调机构，构建了政府领导、部门配合、统一协调的农民工返乡创业工作机制。

二是出台农村人才返乡创业优惠政策。出台《支持达商回乡发展的实施意见》《鼓励支持农民工返乡创业的意见》《全面推进大众创业万众创新的实施意见》和《进一步做好新形势下就业创业工作的实施意见》，各县（市、区）相继出台扶持小微企业发展、支持和促进健康服务业发展、加快培育新型农业经营主体等系列支持和帮扶政策，不断完善鼓励和支持农民工返乡创业政策扶持体系，着力调动农民工和农民企业家返乡创业的积极性。

三是政策支持效果明显。2017 年以来，达州市积极鼓励和支持农民工返乡创业，培育返乡下乡创业"头雁"。2015 年，全市农民工返乡创业累计 5.7 万人，形成企业 1 154 个、个体工商户 1.2 万户、农民专业合作社 1 765 个。2017 年新增返乡创业 1 833 人，创办企业或实体 539 个，就近吸纳 1.6 万人就业；返乡创业总人数达 2.7 万人，创办企业 5 636 个，产值达到 39 亿元。

（三）积极开展农村人才返乡创业"领头雁"建设工程

一是开展技能培训，提升农民能力素养。针对农民工返乡创业人才支撑不足的问题，开展返乡下乡创业培训专项行动，培训 2 047 人次，培训后创业成功率近 70%；对有发展潜力和带头示范作用的返乡下乡创业人员，实施返乡下乡创业带头人培养计划；注重提升创业服务机构工作人员的服务水平，开展返乡下乡创业服务能力提升行动，组织创业专家开展指导服务 150 人次；深挖社会各界对返乡农民工创新创业的帮扶潜力，实施育才强企计划和引才回乡工程，实现农民工返乡创业增收致富。2018 年，通川区优先培养农村种养殖大户、优秀村干部、返乡农民工等具备职业农民潜质且急需从生产型向创业型转变的农民，组织实用技术培训、"职业技能+创业"培训等，提供种植、养殖、农村电商等 10 余项培训项目，2018 年已开展职业培训 10 期，培训人数达 560 人。

二是拓宽融资渠道，解决返乡创业资金问题。积极落实创业担保贷款政策，2017 年共为返乡农民工提供创业担保贷款 3 033 万元。主动解决返乡创业农民工

在申请创业担保贷款中，信用相对较低、担保相对较难的问题；探索进一步拓宽农村有效抵押物范围，适当提高对返乡下乡创业企业贷款不良率的容忍度；结合农村创业企业的特点，进一步在政策落实上提高针对性，切实为返乡农民工创业提供"真金白银"。

三是开展创业指导，坚持"事业留人"。积极适应经济发展形势，为返乡农民工创业提供创业策划、市场分析、政策扶持等方面的咨询和指导。通川区扎实推进创业孵化平台建设，已建成5个省、市级大学生创业园区和8个高校毕业生见习基地，并力争再创建2个区级大学生创业园区和2个返乡农民工创业园区，对入驻创业园的创业人员在场地、租金等方面给予优惠，并提供创业指导、项目推介、跟踪扶持等一站式服务。

（四）搭建农村人才参与乡村振兴的工作平台

一是设立创业服务"绿色通道"。在市、县一级就业和社会保障服务大厅设立创业服务指导中心，在乡镇（街道）、村（社区）分别设立创业服务站，简化办事流程和行政审批程序，为农民工返乡创业提供全方位"保姆式"服务。大力实施"达商回家"工程，积极筹办全国达商大会，为广大达商回乡创业搭建对接平台。

二是推进创业基地建设。在达州经开区和县（市、区）工业园区开辟返乡农民工创业园区，在有条件的县（市、区）建设养殖园区，在有条件的乡镇建立农民工返乡创业示范基地。截至2018年，全市累计打造创业园区（基地）18个，新吸引356名农民工入园创业，建设创业园区（孵化基地）28个，广泛吸纳农民工入园创业。

三是引导和鼓励返乡农民工创办各类专业合作社。支持返乡农民工运用互联网、大数据等技术，加快培育共享经济、众筹经济等新增长点。推动电子商务走进农村，扩大农村电商服务网点覆盖范围，开辟延伸寄递物流线路及网点，促进农村新产业、新业态发展。

（五）积极创新举措，为乡村振兴提供人才支撑

一是大力回引人才。积极宣传创业政策，大力实施"引凤归巢"工程，引导和鼓励高技能人才、优秀青年、大学生、农民工等到乡村创业；大力发展特色种养殖、电子商务、家庭农场等经济实体，并创造就业机会。如通川区2018年已引入22名大学生到乡村创业。

二是落实扶持政策。落实国家、省、市推动农民工返乡创业的各项优惠政策，鼓励农村劳动力自主创业，并提供5万~10万元的创业担保贷款（政府贴息）、10万元以内的风险基金贷款，对成功创业的给予1万元奖励；企业每吸纳1名农村贫困劳动力就业6个月以上，给予1 000元奖补。2018年，已为20家企业发放奖补38.2万元。

三是依靠大专院校、职业培训院校提供人力资本。达州职业技术学院发挥自身人才优势、智力优势、专业优势，组织临床医学系、医学影像检验系、建筑工程系和附属医院的共60余名师生、医疗专家，前往大竹县四合镇，开展以"青春大学习，奋进新时代"为主题的2018年暑期科技、文化、卫生"三下乡"社会实践活动，为乡村提供人力资本支撑。

四是抓宣传，营造氛围。多方选拔和精心组织四川省首届"天府杯"创业大赛达州选拔赛，为返乡农民工参赛专设返乡下乡创意组，推选9个创业项目参加省级决赛，展现农民工创业风采。认真开展"温暖回家路"活动，做好春节期间的返乡农民工创业服务工作。组织多种形式的返乡农民工和在外成功创业人士联谊会、同乡会，提供学习交流平台，营造浓厚返乡创业氛围。

二、达州市乡村人力资本面临的主要问题

由于农村发展不充分，城乡发展不平衡，达州农村空心化、农业边缘化、农民老龄化等问题突出，进而导致农村面临人力资本短缺的严重问题。

（一）农村基层组织建设薄弱，带头人素质能力不足

当前，村两委组织自身建设主要面临以下问题：

（1）党员人数少，老龄化严重，后备力量不足。这是目前大多数达州农村党支部面临的现状。除了部分大学生"村官"担任村支委班子成员外，大多数村干部的年龄在50~60岁。

（2）部分党支部的凝聚力不高，服务意识不强，工作作风不踏实。一些村党支部干部为群众服务的自觉性不强，对群众缺乏深厚的感情，想服务的意识欠缺、会服务的能力欠缺；部分村干部抱着当一天和尚撞一天钟的心态，"不求有功，但求无过"，对工作得过且过，敷衍了事，工作态度消极；个别村干部对群众反映的困难和问题漠然视之，推诿扯皮，久拖不决，使一些简单的问题复杂化，最终导致矛盾激化，甚至导致群众越级上访或者做出过激行为。

（3）思想波动较严重，精神状态不佳。农村税费改革后，村级组织运转出现了不少困难，无钱办事的现象比较普遍。同时，在村里工作累、待遇低、环境差等，远没有外出打工的收入多。部分村干部思想波动较严重，精神状态不佳；部分村干部对群众急需解决的热点难点问题显得束手无策，解决困难的信心不足；在发展上不主动寻求对策，而是眼睛向上，"等靠要"思想严重。

（4）规范意识、纪律观念不强。部分村干部将主要精力放在自己的事业上，当国家利益、集体利益与自己的个人利益发生冲突时，首先考虑的是个人利益，当小团体利益与大局利益发生冲突时，竭力维护小团体利益；有的村干部缺乏正确的是非观，遇到问题"绕道走"。

（二）农村空心化问题突出，乡村振兴的人口资本和人力资本严重不足

农村空心化最重要的表现形式是人口空心化，即农村大量青壮年劳动力流入城市，农村常住人口不断减少，农村人口呈现一种老龄化、低龄化态势。调研显示，达州的农村空心化问题突出。对达州万源市 27 个乡镇进行的统计显示，总人口 220 568 人，外出务工人口 72 624 人，占总人口的 32.93%；该市中坪乡在籍总人口 7 721 人，其中外出人口 4 879 人，占比达 63%。康乐乡杜家坪村有 3 个村民小组，全村共计 208 户 803 人，全村外出农民工 300 人，占比达 37.4%。综合来看，农村青壮年人员外出务工的比例一般保持在 40%～50%，一些偏远落后乡村外出务工比例更高。这一状态导致了以下后果。

（1）农村青壮年流失。农村青壮年劳动力大规模流入城市，部分农村老年人随儿女进入城市，部分小孩随父母进入城市，直接导致农村常住人口不断减少。课题组调研获知，一些贫困村仅在建卡贫困人口中就有 20% 左右的人长期随儿女居住生活在城市。大量人员在外工作和生活，导致农村常住人口大量减少，农村缺少"人气"。

（2）留守人员老、少、残居多。通过对达州万源市 27 个乡镇进行的调查统计，在家人口中老人、小孩和残障人员比重高，占比达 67.4%；16～60 岁的劳动力 71 910 人，仅占 32.6%。妇女、儿童、老人成为农村留守的主要人口构成，留守老人成为农业生产的主体。

（3）基础设施失修，土地撂荒严重。因农村青壮年人员外流，农村发展缺少劳动力，农村公共基础设施长久失修，整体上呈现一种衰败的景象。同时，农村耕地大量抛荒，土地资源浪费严重，农业难以向精细化、现代化发展。上述情况表明，乡村振兴中面临严重的人力资本制约瓶颈。

（三）农村的发展环境不优，本土人才很难留住

（1）乡村干部流失。乡村干部是农村经济社会发展最具活力和创造力的要素，由于他们自身素质较高，能力较强，又具有一定影响力，一个优秀基层干部可以带动一个地方的发展。但是，由于发展空间、收益以及体制不合理等因素的影响，乡村干部在体制内发展的平台和机遇稀少，村社优秀干部流失严重，有的被乡镇常年借用，有的自谋发展，有的远走他乡务工。

（2）青壮年农民流失。由于城乡发展的巨大差别，越来越多的农村人向往城市，出现了大规模的外出务工潮。很多青壮年农民集体外出务工，有的农户甚至放弃土地全家外出打工。青壮年流失，成为农村经济、社会、文化、生态发展的致命内伤。

（3）农村优秀人才流失。在农民年收入不敌一个月打工收入的情况下，农村人才被城市、优势产业吸引，农村成为城市的人才输出地，而农村发展所需的人才却不能得到补充。发达城市挖落后城市人才、县城挖乡镇人才、乡镇挖村级

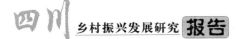

人才成为一种常态。尤其是那些有一定文化知识、思维活跃、视野较为开阔的年轻人基本上都离开了乡村，常年在外打工或者经商。

（四）农村引进人才难度大

（1）自然环境恶劣。达州地处秦巴山区，有828个建档立卡贫困村、63.66万农村建档立卡贫困人口，是四川省"精准扶贫"重点地区。不少乡村处于偏僻的山区，道路崎岖险峻，自然条件堪称恶劣。如万源市大青山村地处大山深处，农民居住较为分散，交通不便，仅有一条土路与外界连通。这样的自然环境让很多外地人才尤其是外地的年轻人才望而却步。

（2）基础设施落后。农村基础设施落后是全方位的，既表现在生产性基础设施方面，如防洪涝设备、水利灌溉设施、田间道路、气象设施、农业机械设备等，又表现在为广大农村居民生活提供服务的设施方面，如农村电网、垃圾处理设施、污水处理设施、人畜饮水设施等，还表现在用于提高农民素质、丰富农民生活的公益设施方面，如教育、医疗、文化娱乐设施等。落后的基础设施，不仅制约了乡村发展，也成为城市人才引入乡村的巨大障碍。

（3）一些政策保障落实不到位。为了实施乡村振兴，各地出台了不少支持保障性政策措施，但是，一些政策措施在实施中面临一些难题。如万源市魏家乡2013年成立了由浙江商人王某某牵头的专业合作社，建立了青脆李园。依托该产业基地发展，通过土地流转、吸纳劳动力就业（30%的工人都是各村的贫困户，大多是留守老人）、土地托管、产业带动等方式，魏家乡的村民也开始有了稳定的收入。但是，2017年和2018年连续两年，青脆李在即将成熟时遭遇连续大雨，导致收获锐减，损失近千万元。王某某在寻求银行贷款时却遇到了障碍：由于王是外地人，不能享受万源当地的贷款，在浙江没有产业，也不能享受浙江银行的贷款。这导致王某某资金短缺，只能通过卖房、卖车、卖其他产业的方式来筹集资金。

（五）农民自身能力素质普遍偏低

（1）因健康原因导致劳动力丧失的比例大。通川区碑庙镇大石村2015年审定的贫困户共计201户509人，其中，大多数贫困户主要的致贫原因为疾病。如达州市委党校"一对一"对接帮扶的碑庙镇大石村61户贫困户中，因病致贫的就达54户，其中，有长期慢性病的33户，有重大疾病的4户，身体残疾的4户，有13户现在身体健康，因为曾经的疾病贫困至今。由于大多数贫困户是因病致贫，不但继续治病需要费用，而且疾病导致他们中的绝大多数人丧失劳动能力，发展生产的能力严重不足。

（2）农民文化素质普遍偏低。乡村振兴需要大批有文化、懂技术、有专业能力的人，但是，现实乡村的农民大多数文化低。如万源市大青山村处在贫困线以下的71户人，文盲和半文盲占5%，小学文化占60%，初中文化占24%，高中以上文化仅占6%。调研显示,文化程度低的农户参加农业培训少,普遍欠缺农业现代技能,不能适应现代农业生产。在市场经济时代,许多农民仍延续着小农经济的做法,市场意识淡薄,不懂价值规律,不了解市场,规避风险能力弱;个体承包经营后,很多农民基于狭隘的小农意识和单纯的经济利益考虑,组织化程度普遍比较低,组织力量弱。

(3)部分农户思想落后。一些农户听天由命,消极悲观,缺乏脱贫的信心和勇气;一些农户两眼朝上,依靠国家救济,"等靠要"思想严重;部分农民缺乏整体意识和主体意识,对不涉及自己的事项不关心、不参与,甚至不出力、不帮忙;不少农民以争当贫困户为荣,把接受扶贫帮扶视为理所当然,不主动参与扶贫。

三、推动乡村人才振兴的建议

乡村振兴离不开人才资源,甚至比任何时候都更需要人才资源。要促进乡村人才回流,大力吸引外部人才。同时,要创造条件,为人才在乡村发展提供平台。

(一)选好乡村振兴的带头人

基层党组织是实施乡村振兴战略的"主心骨",村党支部书记是实施乡村振兴的"领头人"。

(1)创新完善基层党组织带头人的选拔机制。一是强化以发展为核心的用人导向,坚持德才兼备原则,选用"信念坚定、为民服务、勤政务实、敢于担当、清正廉洁"的基层优秀人员作为基层党组织带头人。二是要把优秀大中专毕业生、外出返乡务工优秀青年、复员退伍军人、生产发展能手作为基层后备干部人选。三是要突破仅在本村选人、定向选人的思路,推动基层党组织带头人选拔向更大范围、更宽领域迈进。四是建立村后备干部选拔培养计划,重点从致富能手、返乡创业人员、专业合作组织负责人、乡村医生等群体中选拔培养对象。目前,乡镇干部兼任村支部书记、选派驻村"第一书记"等方式,是对村党支部书记选拔机制的有益探索。

(2)完善基层党组织带头人的管理机制。一是要合理确定村书记的任期责任、工作目标、权利义务,加强目标考核,并将村书记的工作实绩和工作目标完成情况与个人的升迁、个人的经济待遇挂钩。二是要把党组织考核与村书记述职联系在一起,推动党组织带头人自觉接受党员、群众的监督、评议,健全和完善"四议一审两公开"、民主议事、村账乡管、审计监督等制度。三是强化对基层党组织带头人的党风廉政教育和廉政监督,加大对不合格村书记的处置力度,对不正之风和腐败问题要坚决查处。

（3）完善落实激励保障机制。一要提高经济待遇，逐步提高基层党组织带头人的工资标准，建立工资和福利的持续增长机制，推行"基本工资+绩效工资"制度；对连续任职时间长、年纪大的村书记，给予额外的工作补贴；对于兼任多职的基层党组织带头人，应根据实际工作量实行"兼职兼薪"。二是建立激励机制，在考录乡镇公务员时，安排一定比例的村干部考录乡镇公务员和事业单位人员；乡镇干部换届时，安排一定名额的村干部参选乡镇工作人员；在养老保险、基本医疗保险、困难家庭补助等方面给予补贴；保障村干部每年一次的健康体检。

（4）强化履职能力培训。一是要把科学发展、廉政教育、干部行为规范、城乡环境综合治理以及处置突发事件、化解社会矛盾、构建和谐社会等作为专题培训的内容，尤其是要把村镇规划、乡村旅游、社会治理等与乡村振兴有关的问题作为重点内容。二是采取"请进来"与"走出去"相结合、理论知识与实地研究相结合的方式，重点依托全市各级党校对农村党支部书记开展理想信念、法规政策普遍轮训，以增强党性；参与市高等院校、市各类职业培训学校举办的各类主题的专题培训，以提农村工作的能力；组织村党支部书记赴外地高等院校学习，以帮助其提升知识水平，更新观念，参观学习省内外乡村振兴模范区建设，以吸纳先进经验，拓展工作思路。

（二）激活农民主体意识，发挥本土人力资本的作用

要调动农民的积极性、主动性，让农民始终参与乡村振兴，成为家乡的建设者。

（1）激发广大农民参与的积极性和主动性。一是确保广大农民在乡村振兴中有确切的获得感，包括物资利益的增加、基础设施的改善、社会保障的提高、精神文化生活的改善、生态环境的改善等；二是激发农民参与的主动性，让农民参与规划、建设、管护美丽乡村；三是广泛开展星级文明户、文明家庭等群众性文明创建活动，让农民参与共同创造文明乡风；四是加强农村群众性自治组织建设，依托村民会议、村民理事会、村民监事会等，形成民事民议、民事民办、民事民管的多层次基层协商格局，让农民参与农村治理。

（2）重视乡土人才的培养。乡土人才懂技术，有经验，是农村的种养殖能手、企业家、能工巧匠。乡村振兴很大意义上依赖这批人才。一是建立乡土人才管理体制机制，实现对乡土人才的统一管理，把乡土人才聚集起来，形成发展合力；加强对乡土人才的培养力度，提升其综合素质。二是给予乡土人才政策、资金、技术支持，保障其优先使用集体土地，激发乡土人才干事创业的热情，支持他们发展规模种植养殖业、农产品深加工业和农村现代服务业，将他们培养成家庭农场、专业合作社、企业等新型经营主体的带头人。

（三）加大城市人才的引进力度

（1）引入从农村走出去的大学生。一是在选拔上，应该重点选聘当地所需要的、紧缺专业的、户籍为当地农村的并且有能力带领农民致富的大学毕业生。二是要增强岗前培训，通过采取案例教学、专题讲座、交流互动、优秀乡村人才现身说法等方式，就农村基层党建、法规政策、文化建设、产业发展、乡村治理等专题开展培训，让他们尽快转换角色，熟悉农村工作，更快更好融入农村工作与生活；在履职的过程中，要有针对性地对大学生村官开展农村基层党建、乡村建设、农村社会管理、农村工作方法等方面的在职培训，以提高其基层工作的能力和素质。三是在激励机制上，要确保大学生村官的酬劳至少应与当地公务员的最低工资水平持平，并建立适当的增长机制；要积极探索与工作绩效相挂钩的薪酬激励机制，鼓励他们在农村多做贡献、提高工作效率；要及时为大学生村官办理失业保险、疾病保险及人身意外伤害保险等，并为其统一缴纳住房公积金；改善贫困地区的工作、食宿等基本条件，解决正常开展工作面临的交通、通信等方面的问题，使大学生村官可以安心工作；对优秀的大学生村官要给予政治激励，鼓励他们积极参选村"两委"成员，优先进入"两委"班子，或将其吸纳成为乡镇领导班子成员，委以重任；要重视精神激励，如奖章、称号、表扬等，在发挥激励作用的同时满足大学生村官的精神需要。

（2）鼓励城市的农村人才回乡创业。一是要建立优秀人才信息库，确切掌握在外优秀人才基本情况，根据当地实情和涉及领域，筛选出重点引导对象，安排专人"点对点"联系和服务。二是要制定人才引进政策，明确回引人才的待遇，为其提供一系列便捷服务；完善激励引导机制，为回乡人才打造发展平台，并提供创业创新的前期扶持、成果奖励、配套工作场所等一系列支持；建立便捷服务机制，为回乡人才营造宽心环境，成立专门的人才服务机构，通过"一站式""代办制"等服务模式，开辟回乡人才服务绿色通道。三是要寻求共赢模式以回引优秀人才。以项目合作、回乡创业、聘任兼职等多种方式，与拟引进人才达成合作共识。四是要将各类返乡人才的创新创业项目编制成册，安排牵头领导和挂帮部门进行全程服务，跟踪掌握项目实施进度，重点协调解决审批、资金、土地等问题，确保项目落地。

（3）强化对农业领域相关的人才引进。一是以项目合作为依托引进人才。西部大开发、革命老区振兴、精准扶贫等国家一系列重大政策都有相应的项目资金支撑。因此，应以这些项目为依托，以"公司+合作社+农户"等多样化模式，吸纳城市人才到农村发展。二是以政策优势吸纳人才。在把握住大原则的情况下，营造相对宽松的政策环境，对创新创业人才予以用地、用工、金融等支持。三是以乡村独特优势吸引人才。青山绿水、清新空气、优质绿色农产品、淳朴的民风，是不少人记忆中的乡愁，对那些有意愿、有能力、有感情的人才，要让他们留下来，扎根农村，在农村创业发展。

（四）大力培育新型职业农民

新型职业农民主要是指具有一定专业的文化素养，掌握现代化的技能和管理能力，从事农业生产、服务等职业，以农业生产为主要收入的农业从业人员。乡村振兴离不开大量的新型职业农民。

（1）科学筛选和培育新型职业农民。一是将农村人才纳入新型职业农民的范围进行培养，将农业生产和服务中的带头人与骨干作为培训的主要对象，他们是农村的种养殖能手、企业家、能工巧匠、村干部、返乡学生、退伍军人、外出青壮年务工人员、一般农民。二是联合各大高校和专职院校对学校的优等生和具有发展潜力的学生进行针对性的培训培养，将其发展为新型职业农民。

（2）构建新型职业农民教育培训体系。一是政府在新型职业农民培育过程中应该承担主体责任，同时整合高校职业培训院校资源，加强校企结合；通过多元化的培训模式和丰富多彩的教学手段，提高培训质量。二是结合实际需要，以当地的主要农产品为主要讲授的对象，围绕当地农民急需的关键技术如农业技术和经营管理知识等进行讲解；在时间上应该避开农忙时节，确保农民均能参与培训；在地点上应该安排距离农民生产或者居住较近的区域。通过培训，可以让更多"老农民"转化为新型职业农民，使他们成为爱农业、懂技术、善经营的乡村振兴的主力军。

（3）完善政府对新型职业农民培育的制度供给。一是对新型职业农民采用资格认证制度，对于从事该行业的人员进行资格的认证，并对获得资格认证的从业人员给予较高的优惠待遇。二是制定各种优惠政策对新型职业农民给予重点扶持，如给予一定的补贴，或者提供免息贷款、养老以及医疗保险等。三是完善激励机制，对于贡献较大的或者表现较为突出的农民给予一定的支持和奖励，并通过宣传提高该职业的影响力和社会地位。

（五）加强乡村建设力度，为乡村人才生产生活创造优良环境

良好的基础设施和环境，既是乡村发展的重要内容，又是乡村进一步发展的前提，也是乡村吸纳人才、留住人才的重要资源。

（1）加强基础设施建设力度。一是政府要统筹协调涉农资源，尤其是扶贫资金、项目和其他重要资源，避免资源过度集中造成的不平衡和资源浪费。二是整合农业、林业、畜牧、渔业、交通、水利、电力、通信等行业资源，对于农村的水、电、路、通信等基础设施，综合管理部门应统一协调各行业、各部门及其他项目管理部门，统一规划，统一布局，统一项目及资金，以确保资源能根据各村的实际需要相对均衡配置。

（2）加强乡村文化卫生设施建设，引导村民开展健康有益的文化生活。除政府投入外，要多方争取，特别是争取社会力量资助修建村民活动场、篮球架、

乒乓球台、健身器材、环卫垃圾筒、村文化活动室及卫生室；要邀请文化组织到村开展文化惠民演出，开展丰富多彩的文化活动，满足广大农民群众的精神文化需求。

（3）加强乡村治理，构建和谐乡村。一是充分落实村民的各项权利，公开村务，调动村民参与的积极性、主动性。二是加强法治宣传教育，以村民喜闻乐见的形式，以村民身边的案例，树立村民的法治意识、规矩意识和秩序意识，帮助其养成自觉遵纪守法的行为和习惯。三是完善村规民约。乡规民约曾是我国传统社会乡村秩序的主要保障，在法不能企及的众多乡村事务中发挥着重要作用。当前，重要的是要保证村规民约的质量和效力，制定时要充分考虑各地乡村的实际，要具有可操作性；要充分尊重村民的意志，全面征求村民的意见，充分讨论草案；要规范村规民约的生效程序，村规民约必须由村民大会讨论通过；违法村规民约要承担相应的责任，付出相应的代价。

新型职业农民制度改革试点区建设的问题和对策

——以宜宾市翠屏区为例

中共宜宾市翠屏区委党校课题组

农民是实施乡村振兴战略、推动农业农村发展的主体。探索构建完善新型农民制度建设，有效推动农民向新型职业农民的转化，既是全面脱贫攻坚、全面实现小康的需要，也是推进农业农村发展、实施乡村振兴战略的需要。翠屏区既是省级农村改革综合实验区又是省级新型职业农民制度试点区，为此，课题组以翠屏区新型职业农民制度改革试点区建设为研究对象，深入翠屏区各涉农部门、乡镇、村庄、农家，了解翠屏区新型职业农民制度改革试点建设情况，客观分析总结其做法成效、存在问题并提出对策建议，助力翠屏区新型职业农民制度建设，以更好地增强新型职业农民作为一种新型职业的吸引力，更好地吸引年富力强、有文化、有追求、爱农村、懂农业的高素质人才率先投身农村，影响带动更多农民（尤其是年轻一代农民）回流农村，积极参与农业农村发展项目建设和农业农村发展专题培训，转变发展理念、提升发展能力，快速向爱农业、懂技术、善经营的新型职业农民转变，成为新型职业农民，更好地推动翠屏区乡村振兴战略示范区建设，为对宜宾市乃至四川省其他地方新型职业农民制度建设提供重要的借鉴和参考，更好地推进乡村振兴战略的实施。

一、翠屏区新型职业农民制度试点建设的主要做法和成效

近年来，翠屏区以绿色发展为导向，以农民增收为核心，以农业供给侧结构性改革为主线，以农村改革综合试验区、新型职业农民制度试点区建设为抓手，以现代特色农业示范区建设引领现代特色农业强区建设，狠抓农村改革综合，按照《宜宾市翠屏区新型职业农民制度试点实施方案》积极有序推进新型职业农民制度试点区建设并初见成效。

（一）着力工作机构建设，提升试点建设的合力

加强试点区建设的组织领导，成立了以区委常委、区委办公室主任为组长，区政府分管副区长为副组长，区农工委等主要涉农部门负责人为成员的宜宾市翠屏区新型职业农民制度试点工作领导小组，负责新型职业农民制度试点区建设的试点工作的统筹安排、重大问题决策。领导小组办公室设在翠屏区农工委，负责新型职业农民制度试点的日常工作，建立了定期组织召开试点工作会议制度和成员单位共同参与、共同决策、共同管理、共同监督的协调工作机制，及时研究解决试点推进过程中出现的各种问题。明确了各涉农部门、乡镇的任务，将其参与监管和承担试点任务的推进完成情况纳入年终专项工作目标考核。从目前的调研情况来看，领导小组各成员单位大力支持、积极参与，各试点镇高度重视、分别成立试点工作小组，精心安排、积极推进试点建设，全试点区上下同频共振的工作合力已初步形成，试点工作稳步推进。这一工作机制加强了新型职业农民制度试点工作的领导和统筹安排，从组织上较好保证了试点工作稳定有序地开展，较好改变了以往各个部门各行其是、信息交流不畅、建设重复低效等问题。

（二）着力培训机制建设，提升培育工程的实效

翠屏区高度重视新型职业农民培育机制建设，自2014年起在全区范围内启动新型职业农民的教育培训，不断加大培训力度、改进培训方式、优化培训内容，积极探索适合翠屏区的新型职业农民培育模式，不断推进新型职业农民培育机制建设。

1. 细化培育对象条件

翠屏区新型职业农民制度试点建设以经营型和从业型的新型职业农民为主要培育重点，培育工作从初级稳步向中高级推进，在两年试点内培育了具有一定辐射力和影响力的新型职业农民120名，并视情况稳步推进中高级新型职业农民的培育。细化申报培育条件，在年龄（20～55岁）、文化程度（高中以上）、生产经营的年限和规模、发展技能（有一定的新技能）、发展理念（发展现代农业的理念和信念）、人生观价值观（爱农业农村、重诚信、有道德）等方面对申报培育对象应具备条件都做了具体规定。这改变了以往申报条件模糊的缺陷，便于农民准确识别是否符合申报培训的条件，相关部门掌握及时确定符合条件申报的人员。2018年，各镇、村（社区）根据试点要求对申报者年龄、学历、产业等条件进行初步审核，试点工作领导小组办公室、区委农工委会同区农林畜牧局、区教育局等对申报人员进行认真审查，公示一周无异议，方确定培训学员，建立学员信息档案。2018年，通过优中选优，以种植业、养殖业、林业三方面共计10小项的生产经营规模确定了经营性新型职业农民培训对象40余名，以从业年限、职业素养、专业技能、服务能力、服务对象认可程度、收入水平等确定了从业型新型职业农民培训对象20余名。

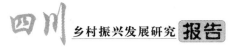

2. 注重师资整合优选

在培训师资建设上，依托翠屏区职教中心、宜宾农广校翠屏分校设立翠屏区新型职业农民培训中心，将辖区内的宜宾学院、宜宾高等职业技术学院、宜宾广播电视大学、宜宾市商业技术学校、宜宾市工业职业技术学校等作为翠屏区新型职业农民培训的重要力量，整合辖区师资以服务翠屏区新型职业农民的培训。截至2018年8月，已有200名专家、学者、农业科技人员、创业领军人进入翠屏区新型职业农民师资人才智库。同时，进一步完善认定、遴选新型职业农民培训机构的办法，本着公平、公开、公正的原则，及时开展新型职业农民培训机构的认定，按照遴选办法，按年度及时组织符合条件并愿意承担培训任务的培训机构参与公开竞标并优中选优，以较好保证培训质量。

3. 建立培育监管机制

（1）注重新型职业农民专项培训过程监管。翠屏区培训项目的设定和实施始终聚焦于建设特色农业强区的目标，紧紧围绕翠屏区实施乡村振兴战略的实际，特别是全面建设宜长兴和环金秋湖乡村振兴战略示范区的实际情况，突出需求导向。一是培训前，在全区开展产业链培育情况了解、专项培训需求调查和培训意见征求，综合考虑翠屏区产业发展、涉农干部和申报人意愿，设定开展现代农业产业专项培训项目、内容和形式。二是培训中，以产业发展为立足点，以生产技能和经营管理水平提升为两条主线，根据农业生产周期和农时季节分段安排培训课程，实行"一点两线、全程分段"培训，把文化学习与生产经营技能学习、理论学习与实训实习、参观考察与生产实践、分段培训与集中培训有机结合，集参与性、互动性、实践性于一体。2018年，以课堂教学、参观学习和实践教学相结合的方式，完成现代农业产业专项培训班第一期培训，共培训60人。三是参训学员在规定时间完成培训内容后，由区农林畜牧局牵头对参训学员进行理论、实践和综合考核（各自比分分别为30：30：40），培训考核结果报试点工作领导小组审定，对考核合格学员颁发新型职业农民培训合格证书（作为申报新型职业农民认定的必要件），学员培训期间的表现和考核结果进入学员个人档案。

（2）注重新型职业农民制度试点工作的日常监管。新型职业农民制度领导小组每年严格按照《宜宾市翠屏区新型职业农民制度试点实施方案》组织开展新型职业农民的申报、培训、考核、认定，每年对翠屏区登记在册新型职业农民开展考评和年审，凡有材料虚假、违规改变土地用途、农产品质量安全事故造成不良影响、破坏生态环境、违规违法违反社会公德之一者均年审不合格，对考评、年审不合格的及时予以注销。

4. 完善考核认定机制

2017年翠屏区对2015年《宜宾市翠屏区新型职业农民认定办法（暂行）》进行修订，在认定标准、认定程序等方面做了调整细化。除明确新型职业农民应具有一定农业生产规模、知识技能、其70%以上的经济收入主要来源于农业外，将培育年龄由18~55岁调整为20~55岁，将最低学历由初中调整为高中，新增了服务年限和年纯收入指标（经营型、从业型新型职业农民最低连续从事农业生产经营服务年限分别为3年、2年，年收入分别为当地农民人均收入的5倍以上、不低于全区城镇职工平均水平），强调现代农业发展理念、知识技能、生产管理、市场拓展、品牌创建等发展现代农业的综合素养和能力，是否为涉农单位骨干成为认定从业型新型职农民的一个重要指标，突出合法合规性（要求所经营的土地流转规范，用途符合流转协议，无转包行为）。在组织认定中，翠屏严格按照最新认定办法，坚持政府主导、农民自愿申报、严格标准、动态管理、政策挂钩的原则和公开、公平、公正的原则，由符合条件人员自行填报提交规定的申报材料，经村、乡镇（街道）审核，由区新型职业农民制度领导小组办公室组织区农林畜牧局、区教育局、区人社局、区新型职业农民培训中心等共同审核；审核符合条件并经公示无异议的，及时颁发新型职业农民资格证。

5. 加大培训投入

为保证新型职业农民免费参加区级以上的农业生产经营管理培训、实施乡村振兴发展现代农业的专题培训等，翠屏区自2014年起已建立新型职业农民培训保障机制，每年财政都安排了一定的新型职业农民培育经费。2018年翠屏区再次提高新型农民培训经费投入（农业职业经理培育经费达到10 000元/人、新型农业经营主体带头人达到2 800元/人），安排了财政资金44万元，用于计划内2名青年农场主、4名农场职业经理、134名新型经营主体带头人的培训，以及新型职业农民的培育认定管理，较好地为开展新型职业农民培育提供了物质保障。

近几年，随着新型职业农民制度试点区建设的推进，翠屏区在新型职业农民的培育上已初步摸索形成了坚持"四个原则"（政府主导、尊重农民意愿、立足产业培育、突出培育重点的原则）、突出"三个导向"（目标导向、需求导向、问题导向）、不断提高"三性"（针对性、规范性、有效性）、努力提高"两个能力"（新型职业农民的发展能力、培育工作基础保障能力）的培育模式和与之相应的一系列培训制度，新型职业农民培育工程成效不断凸显，为翠屏区农业供给侧改革中最为核心的问题——人才问题奠定了坚实基础，也为中西部其他地区构建新型职业农民培训模式提供了一定的理论参考和实践范例。

（三）着力帮扶政策构建，提升培育工程的吸引力

试点建设中，除了规定新型职业农民除可以免费参加区级以上专题培训外，翠屏区还在发展产业、创业、就业、金融等方面对符合相关条件的新型职业农民给予了资金、政策、科技支持。

1. 建立补助政策

为更好激励新型职业农民认真参加培训，学用结合，翠屏对新型职业农民参

加农业专业教育给予学费补助。取得相关学历证书后，在当地发展达到 3 年以上的，或与所在单位签订培养服务协议，获取证书后在该单位服务达到 3 年以上的，给予 800 元学费补助。

2. 建立补贴政策

为支持符合条件的新型职业农民参加城镇企业职工社会保险和城镇职工医疗保险，经评定且年审合格的新型职业农民，经领导小组审定，可凭缴费凭证获得财政按照 6∶4 比例分两年给予的共 5 000 元补贴。在试点年度内新型职业农民在翠屏区通过工商注册、民政登记以及其他方式依法设立、免于注册或登记创办的创业实体，正常经营 6 个月以上，且吸纳 3 个以上人员就业并缴纳社保 6 个月以上，每个创业实体可申领创业补贴 1 万元，并可申请认定"宜宾市翠屏区创业孵化基地（创业园区）"，享受相关奖励经费。

3. 建立奖励政策

翠屏区对发展产业且符合条件的新型职业农民给予持续扶持，对新增直接承转耕地进行规模经营的，连续两年给予每年不超过 10 万元的基础设施建设奖励；对在翠屏区内固定资产投资达到相关规定额度的农业项目，在项目建成后，按投资方固定资产投资额度的一定比例给予投资方一次性财政资金奖励，奖励最高不超过 100 万元。此外，对生产的农产品首次获得"QS"或"ISO"认证的奖励 2 万元，对生产基地首次获得国家级"农业标准化示范区（基地）"、四川省"农业标准化示范基地"的分别奖励 10 万元、5 万元，对农特产品参加由国家、省、市主办的农产品博览会、展销会、推介会获得金奖的分别奖励 2 万元、1.5 万元、1 万元，获得银奖的分别奖励 1.5 万元、1 万元、0.5 万元。

4. 建立帮扶政策

翠屏区将经营型新型职业农民牵头发展或合办的新型农业经营主体纳入财政出资设立的政策性农业担保机构的服务范围，予以重点倾斜支持。2018 年，安排财政专项资金 600 万元，设立起现代农业风险补偿基金，专门用于全区现代农业抵押融资风险补偿，合作银行按照风险补偿金的 10 倍信贷额度进行放贷，解决了包括新型职业农民在内的农业经营主体 1.9 亿元的贷款担保问题。

二、翠屏区新型职业农民制度试点建设存在的主要问题

尽管翠屏区新型职业农民制度试点建设总体发展态势良好，成效明显，但随着调研的不断深入，我们也发现翠屏区新型职业农民制度试点建设也存在一些问题，集中体现在以下几个方面。

（一）农村劳动力的现状使新型职业农民培育后备力量薄弱

农民作为农业供给侧改革的抓手和保证，对于加快我国农业升级换代、提质增效、推进现代农业发展具有非常重要的作用。目前，随着对农村教育重视程度

的不断提升，农村劳动力文化素质整体有较大提升，参与培训的农民学历呈不断提高态势，但由于目前农村、农业的吸引力还不强，大部分人不愿意留在农村求生存、求发展，大量青壮年劳动力外出务工，也多不愿意自己的子女将来回到农村发展，农村从事农业生产的主要是"386199"部队（妇女、儿童、老人）的现状依然未能根本改变，农村现有从业人员总体上文化程度不高，其生产、生活和思维方式都还比较落后，对于继续教育学习的重要性还缺乏认识，对新技术、新工具、新思路等新事物的接受能力较弱，加之培训与干农活冲突，一些农民不愿参加继续教育培训。另外，现有家庭农场和专业大户的负责人都是从事农业生产多年的"老手"，虽实践经验丰富，但受年龄、学历、理念等因素影响，其文化水平、知识结构、管理能力普遍较低，难以适应市场经济的需要。劳动力结构老龄化、兼业化现象日益严重，农村从业人员素质提升难，其综合素质与实现农业现代化的重任难以匹配，而具备科学文化素质、掌握现代农业生产技能、具有一定经营管理能力的新型职业农民在数量和规模上都严重不足，农业生产后备力量薄弱。这与发展现代农业对从业人员的高素质要求存在较大差距，为新型职业农民培育带来了较大阻碍，也是我国农业科技成果转化率较低（目前仅有40%左右）、单位产出较低、农业竞争力不强的一个重要原因。

（二）培育方式单一导致新型职业农民培育过度依赖政府

目前，新型职业农民的培育主体是当地政府，政府通过资金、政策对新型职业农民的培育起着绝对主导的作用，这有利于新型职业农民培育按照培训计划强势推进，较好达到预期目标。但这也让新型职业农民培训过度依赖政府投入，社会培训资源未能得到高效整合和使用。同时，现有培训多以集中培训为主，对于由专业合作社负责人、家庭农场主、返乡创业人员等组成的知识水平参差不齐、培训需求不同的培训对象来说，现有培训方式针对性不够强，培训效果存在明显差异。单一的培训主体和现有的培训模式难以满足新型职业农民的多元化需求，也难以适应市场经济对农业技能的多元化要求，易使培训出现政绩化、形式化倾向。

（三）相关政策制定上的难题使新型职业农民权益缺乏保障

目前，新型职业农民制度建设尚处于试点摸索阶段，国家层面对新型职业农民制度构建多是宏观层面提出一些相关政策和条文性要求，在新型职业农民教育培训内容、管理主体、方式、手段、资金筹措渠道和新型职业农民应享受的产业发展政策、社保医保退养优惠政策和权利等方面都还没有具体的、操作性强的刚性要求，这就使得新型职业农民培育在实际工作中游离于法律之外，地方在新型职业农民制度试点探索中也缺乏有效的法律保护和支持，也缺乏可供参照的成功惯例，使得地方出台新型职业农民扶持政策的风险性和协调难度都较大，这就影响了新型职业农民制度的构建，新型职业农民权益难以得到有效保障，新型职业农民常常遭遇产业发展融资难、附属设施用地难、龙头企业税费减免政策落地难等情况，严重阻碍和影响了新型职业农民的培育和成长。

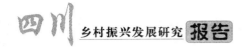

三、推进翠屏区新型职业农民制度试点区建设的对策

（一）完善农民培育机制，加大新型职业农民培育力度

针对目前新型职业农民综合素质不高、后备队伍严重不足的实际，建议把新型职业农民培育纳入城乡统筹和农村经济社会发展体系中统筹规划，进一步完善农民培育机制，优化新型职业农民培育环境，加大新型职业农民培育力度，固本强基，改变新型职业农民后备人才薄弱的现状。一是在乡村大振兴的宣传中加大对乡村振兴带头人、致富人、土专家、土秀才等先进人物的宣传，让大家通过这些先进典型了解乡村振兴中的新人新事新趋势，转变对农民的认识，把农民的概念向农业从业者引导，把农民与工人、知识分子、企业职员并列为一种职业身份，提升农民的人力资本层次，让大家感受到农业农村的新发展、新希望，转变大家对农民、农村、农业的认识，让大家有更多关注了解农村农民的意愿，更多、更好地关注农村，在全社会营造起爱农业、爱农村、尊重新型职业农民的良好舆论氛围，吸收青年人才加入农业发展。二是推进职业技术学校（学院）特色教育。本地本级职业技术学校（学院）要结合本地农业发展，积极探索推动地方特色农业发展、乡村振兴进入职业技术学校课堂，抓好地方特色课程教育，发展现代农业理念，提高发展现代农业的技能和素养，把职业技术学校学生作为新型职业农民后备人才加以培养，让职业技术学校成为新型职业农民的摇篮。三是优化农民培育方式。要采取开放、业余、远程、网络教育等学习方式，以方便农民工的工作和生活为原则。农民工通过比较灵活的安排，既可完成单科专业技能合格证书的达标培训，又能完成初、中等教育的学历补偿培训；要采取农学结合、弹性学制、送教下乡等多种形式开展农民中高等职业教育，重点培养具有科学素养、创新精神、经营能力和示范带动作用的新型农业经营主体带头人与农业社会化服务人员，有效提高新型职业农民队伍综合素质和学历水平；要鼓励高等农业院校大力实施卓越农林人才培养计划，创新教育培养模式，面向现代农业培养领军型职业农民。四是创新新型职业农民培训投入机制，让新型职业农民培训拥有多元化的投入，调动社会资本参与新型职业农民培训的积极性，激活社会资本投入新型职业农民培训，改变新型职业农民培训资金对财政资金的过度依赖，有效化解财政培训资金压力，实现新型职业农民培训投入主体多元化、培训方式多元化，更好满足农民多样化的培训需求。五是建立新型职业农民优秀人才选拔激励机制。加强对新型职业农民优秀人才的选拔激励，重点选拔在推进农业结构调整、农业经济发展中做出较大贡献的新型职业农民，更好激发新型职业农民优秀人才投身乡村振兴、建设美好新农村的动力和活力，提升优秀新型职业农民的影响力和辐射度，促进优秀人才的再提升和更多优秀人才的成长。

（二）盯住优惠政策落地，切实保障新型职业农民权益

一分部署，九分落实。在试点建设中，要进一步落实新型职业农民制度试点建设对新型职业农民的各种补贴、补助、奖励、帮扶等优惠政策，区目标督查组要加大新型职业农民制度试点工作专项督查力度，新型职业农民制度试点工作领导小组办公室要加大落实优惠政策的协调力度，各职能牵头部门要盯紧每项优惠政策的落地落实，避免各项优惠政策被束之高阁，有效保障符合条件的新型职业享受试点建设的各项权益，让农民放心、安心投身到乡村振兴建设中。

（三）完善各项政策构建，突破新型职业农民发展瓶颈

目前，我国虽有了新型职业农民培育的相关规划，但尚无新型职业农民培育的法律法规，这让新型职业农民培育遭遇诸多阻碍。为适应乡村振兴发展现代农业对新型职业农民的培育需求，在国家层面抓紧法律法规建设的同时，地方政府特别是试点地方政府也要根据本地经济社会发展特点和需要，抓紧制定指导区域性新型职业农民培育的法规及规范性文件，为新型职业农民制度试点建设提供法律法规支撑。同时，试点地方要根据本地新型职业农民培育的实际需要，进一步抓紧抓好基础设施、服务、融资等要素保障和土地规范流转、产业合作等工作。

1. 夯实要素保障，加大新型职业扶持力度

一是完善基础设施方面，在农村土地整理、农业综合开发、农田水利建设、农技推广等涉农项目（特别是在灌溉排水、土壤改良、道路整治、机耕道修建、电力配套等工程建设）上向具备条件的新型职业农民倾斜。二是健全服务体系方面，以基层公共服务机构为依托，以社会化服务组织为骨干，加强农业技术公益性服务，建立覆盖全程、综合配套、机制灵活、运转高效的新型农业社会化服务体系，开展农技推广、农产品质量安全检测等农业服务，有效解决农业服务"最后一公里"问题。三是融资方面，积极协调相关金融机构加大信贷扶持力度，放宽贷款条件，对符合条件、管理规范的农业规模经营主体，给予一定的信贷授信额。积极开展土地流转收益保证贷款试点，探索全面放开农村融资抵押物限制，将农村融资抵押物范围扩大到整个农村产权。鼓励农民以土地、资金入股等方式参与新型农业经营主体，形成多元化、多渠道的投融资机制。四是政府服务保障方面，最大限度地协调解决培育壮大新型农业经营主体工作中出现的困难和问题。减少在执行政策过程中人为因素的影响，着力解决在执行政策中出现的"议而不决，落而不实"等问题。五是政府资金保障方面，发挥财政资金的导向，重点支持新型经营主体农业生产基础设施建设、新品种新技术引进推广、产品质量认证和优势品牌培育、市场开拓和仓储设施建设以及人才培训等方面。

2. 规范土地流转，推动新型职业农民突破发展瓶颈

一是搭建流转平台。利用现有的农村土地确权颁证成果，建立健全农村产权流转交易平台，开展流转供求信息、流转产权评估、价格协调、合同签订指导、

法律咨询、纠纷调解等服务，打造信息共享、交易统一的农村产权交易体系，通过竞价实现流转的公开、公平、公正，提高配置效率。二是加强土地监管。加强对新型农业经营主体在落实国家土地政策方面的监管，防止个别新型农业经营主体无限制地扩张土地。对租地条件、经营范围和违规处罚等做出规定，定期对租赁土地的新型农业经营主体的农业经营能力、土地用途和风险防范能力等开展监督检查，加强事中事后监管，防止浪费农地资源，损害农民土地权益。三是建立土地储备机制。由政府出资组建土地信托投资公司，变过去农户和经营主体间的流转为农户、经营主体和政府间的流转，促进土地流转组织化；借鉴江浙地区成功经验，成立土地流转合作社"土地换股权"的做法，通过"定权不定地、定量不定位"的方式，既保障农民土地承包权财产收益，又有利于解决承包地块零星分散不利于大规模机械化作业难题。四是建立流转用地协调机制。优化乡村建设用地规划布局，充分利用翠屏区正在开展的新一轮镇村建设规划和多规合一的国土空间规划编制试点工作，结合辖区农业产业发展实际，有针对性地开展好镇村建设用地规划工作，为农业产业项目入驻预留足够建设用地空间，有效解决规模化农业产业项目依法使用建设用地难的问题。同时，在不改变土地集体所有性质、不改变土地用途的前提下，在农村土地经营使用权方面，进一步赋予村级集体和新型农业经营主体对自身土地用于农业用途的使用权和调配权，在合理规划、留有余地的基础上，将农产品初加工和临时仓储、分解包装等与农业产业紧密相关的用地视同农业用地，采取灵活政策，予以优先支持。鼓励经营主体通过转包、出租、互换、转让、入股等多种形式流转土地承包经营权，实行集中开发，连片种植。

3. 加强产业合作，拓宽新型职业农民主体营销渠道

一是产业链建设方面，充分发挥合作社、农户、龙头企业的比较优势，努力形成各类主体间合作与联合的组织形态。如家庭农场可以将一些生产性服务外包给专业合作社；家庭农场也可以成为合作社成员，龙头企业也可以加入某个合作社或直接领办合作社等。通过合作加强产业链建设，实现利益的最大化。二是企业化经营方面，推动农业企业化发展，促进农业经营、农业产品、发展区域等企业化，以企业化理念促进开展标准化、科学化生产经营，强化质量管理和形成安全化生产体系，整合资源，实现企业做大做强。三是行业协会方面，鼓励和支持新型农业经营主体成立行业协会，由有能力的企业家来提供相应的行业服务，实现行业的信息、技术、维权等服务共享，充分发挥农业行业协会的作用，提高农业行业协会对农民的影响力，实现整个行业的抱团发展。四是招商引资方面，积极组织领军龙头企业及专业合作组织，参加农博会、西博会等农产品消费展销会，尤其是面向市内外市场，加大宣传推介力度，提高产品市场占有率和知名度。储备一批农业招商引资项目，加大农产品消费展销会期间招商引资的力度。

文化篇

四川创新党的文化领导权
在农村实现路径的探索与启示

肖尧中　陈叙　张慧芳　毛燕　陈昌荣

要落实习近平总书记在党的十九大提出的"牢牢掌握意识形态工作领导权"的重要精神，必须进一步探索和创新文化领导权的实现路径。四川农村多民族交融、多元文化交汇，党的文化领导权事关经济发展、民族团结、脱贫攻坚和社会和谐等大业。为把握党的文化领导权在全省广大农村的运行现状，课题组对宜宾、广安、凉山、甘孜、攀枝花等地基层公共文化建设和服务的开展情况进行了深度调研。调研发现，全省部分地区在积极探索把农民组织起来"办"文化方面取得了阶段性进展，为新时代创新文化领导权的实现路径提供了不少有益的启示。

一、文化领导权在农村的运行现状与党的意识形态工作要求尚有差距

从全国来看，党的十八届三中全会以来，各地紧扣意识形态工作领导权积极推进公共文化建设和服务的体制机制创新，在"管办分离""供用分离"等方面做了不少探索，但党的文化领导权在农村的运行方式和实现程度与新时代意识形态工作的要求并不匹配。就四川而言，农村文化阵地和文化领导权进一步巩固，但仍然存在一些亟待解决的问题。

（一）文化要素整合不足导致党的文化领导权到村乏力

近年来，在各级党委政府的积极推动下，全省以村为单位的文化活动室、文化院坝、农民夜校、图书室等文化基础设施设备整体上了新台阶，公共文化的环境营建在城镇化水平较高的村蔚然成风。然而，不少地区文化阵地的硬件使用率普遍不高，农村文化要素"泛在"与党的文化领导权到村"乏路"并存。课题组在凉山、甘孜、广安等地调研发现，农村文化活动室、农家书屋的使用率不足20%。供需不对称、农民参与少是使用率低的主要原因，而乡镇和村一级文化服

务和管理无专人是根本原因。乡镇文化站职责不"专"在全省较为普遍：一方面，乡镇文化站的负责人多为兼职，文化在"兼"中被弱化；另一方面，即便是专职，也因缺乏"调动"文化要素的有效手段而效率低下。

（二）文化市场管理失序导致党的文化领导权进村不畅

当前，农村文化自组织在农村文化市场广泛存在。调研发现，以满足农村家庭"大事"消费的农村演艺团队在全省多地均呈活跃之势，广安地区农民以各种形式自发结成的演艺团队不完全统计就有219支，地处甘孜县的也有6支，其中最大的达60多人。这些演艺团队在丰富农民的文化生活、宣传党的方针政策等方面起着特殊的积极作用。但从全省整体情况来看，由于管理路径不通畅，类似的演艺团队大多处于无"管家"的"自在"状态。一方面，"自在"生存与趋利动机相结合，农村文化市场难免存在乱象；另一方面，大多数演艺团队希望有"靠山"式的"管家"，课题组在调研中经常听到他们讲"真希望政府'管'我们"。让党的领导以合适的方式进入这类组织，是当前农村公共文化建设和服务必须解决的现实问题。

二、四川创新党的文化领导权在农村实现路径的探索

针对近年来部分农村基层文化站在管理、服务等方面存在的突出问题，宜宾、攀枝花等地开展了创新党的文化领导权在农村实现路径的探索。其中，宜宾珙县试点推行农民文化理事会机制建设，在完善农村文化组织体系、撬动农村农民文化自信、提升农村文化统筹能力等方面做了富有成效的探索。

（一）完善农村文化组织体系，夯实党的文化领导权的组织基础

在文化部和省文化厅的指导下，珙县于2014年6月在珙泉镇成立了全国第一个农民文化理事会（文化部第三批国家公共文化服务体系示范项目），随后"成熟一个建立一个"，在全县17个乡镇和部分村（社区）全面推广，现已建立"以村级分会为基础，乡镇理事会为骨干，县级理事会为引领"的文化组织体系，覆盖全县城乡所有常住人口。截至2017年年底，珙县组建县级农民文化理事会1个、乡镇农民文化理事会17个、村级农民文化理事分会116个。

调研发现，农民文化理事会不仅有效解决了农村和农民文化无"组织"的大问题，还有效解决了党的文化领导权在广大农村长期无坚实"着力点"的大问题。借助农民文化理事会这个组织平台，党委政府在管导向、抓投入、建阵地、给保障等领导权的实现上更切实、更精准，农民的文化权益、文化需求得到更好的保障和满足。农民文化理事会在有效推进农村文化自治的同时，还有效地促进了农村文化市场的规范。2014—2015年，为加强民间演艺团体的管理和民间演艺市场的规范，珙县利用农民文化理事会在全省率先组织700余名民间演艺

人员开展上岗培训，并分层分类进行持证上岗考试，为依法规范农村文化市场打下坚实的"自治"和"组织"基础。

（二）撬动农村农民文化自信，整合党的文化领导权的优势资源

2016 年以来，在"自愿、自主、自治、自强"原则主导下，珙县各级农民文化理事会不断挖掘和整合农村文化的优势资源，让农民"发现"自身的文化能力。农民文化理事会有效地增强了农民的文化自信，农民积极参与各类文化活动的文化自觉被"唤醒"，各类文化能手、文化精英不断涌现，玉和苗族乡挖掘的苗族古歌《亚罗卡德罗》代表四川参加全国首届传统民歌大赛获金奖，"珙桐花开"舞蹈队的《梨园梦》获 2017 年四川省"越舞越好看"广场舞总决赛冠军，广大农民"从来没想过自己还能上舞台"的自豪随处可见。

群众从"旁观者"变成"参与者"，成为基层公共文化真正的建设主体和参与主体，珙泉镇文化站每天进站人数达 300 多人次，现有的 600 平方米站舍已不能满足活动需求。面对日益高涨的参与需求，珙县以农民文化理事会为纽带，着眼于群众文化需求，依托农民文化理事会，开展"菜单式""订单式"公益文化服务，推动文化需求与文化供给有效对接。珙县以服务购买的方式发动农民演艺团体自导自演各种宣传十九大精神的文艺节目，零距离传播主流文化、传递党的声音，"送文化下乡"成功转变为"种文化在乡"，文化领导权也在公共文化服务的多元协同中向"服务"取向转变。

（三）提升农村文化统筹能力，创新党的文化领导权的实现路径

文化建设与文化服务如何扎根于农村社会？文化领导权的"刚性"与农村文化的"活性"如何辩证统一？这是各级党委政府在文化体制改革探索中面临的"硬骨头"式的问题。珙县农民文化理事会把农民组织起来，让他们去探索和发现适合自身区域社会特点的文化建设和文化服务方式，并以此推动党委政府由"专盯"文化领导权转向在统筹农村经济、社会、生态等工作中实现文化领导权。

调研发现，为了让理事会成为真正"长"在区域社会的文化组织，珙县在理事会运行上特别注重文化事业和产业的统筹、文化与区域发展全局的统筹。理事会不仅在保护、利用、开发、传承民间特色文化资源上发挥了独特作用，还在让本土文化自觉服务于本土经济、社会、生态等方面发挥了独特作用。珙桐之乡、珙玉之乡、书法之乡、蜡染之乡、鹿鸣贡茶、龙茶花海、篮球之乡建设初见成效，"民间演艺协会""珙县书法家协会""慧多麦秆画""苗寨人家"等文化团体和企业快速成长，160 多支各类民间演艺团队参与市场竞争，年创产值达 7 800 多万元。这些都是经济社会发展与文化阵地建设相互促进的典型，也是党的文化领导权在农村实现路径的拓展。

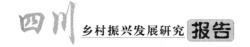

三、四川党的文化领导权在农村实现路径的启示

作为基层公共文化服务机制体制的创新探索,宜宾珙县的基层创新在牢牢把握党的文化领导权的前提下,坚持"党政主导、社会主办、群众主体"的原则,初步形成了县乡两级文化主管机构"导文化"、农民文化组织"办文化"、农民文化理事会"种文化"的"三位一体"文化领导权运行机制,但从经验的复制推广和机制的持续发展来看,还有不少环节需要进一步探索和完善。

(一)理顺关系,全面推广:以符合社团规范的农民文化协会总领农村文化要素

以符合农村区域文化特点的方式把农民组织起来,是四川创新党的文化领导权在农村实现路径上的主要经验。珙县利用文化理事会把农民组织起来,创新了党的文化领导权在农村的实现路径。攀枝花盐边红格镇以基层统战平台为载体把农民组织起来,部分实现了类似农民文化理事会的功能。但无论是理事会还是统战平台,从组织机制的长效性看,都需"正名"和"正位",课题组建议将现有"农民文化理事会"更名为"农民文化协会",以实现社团的规范化管理。

在"正名"和"正位"的前提下,进一步理顺各级协会、理事会和与各级文化主管部门的关系:一方面,农民文化协会是党政领导下的群众性文化组织,本质上姓"社"、姓"民"不姓"官",所以必须建立完善的社团组织机制。另一方面,借助农民文化协会,实现文化"管办分离",推进政府职能转变——政府向作为社团法人的协会购买公共文化服务,并进行评估、管理、考核;文化站代表党政行使文化阵地和设施设备的所有权,协会享有管理权和使用权。

(二)还权归位,强化枢纽:实现农民文化协会在文化自治与治理上的"双权并举"

"还"文化于社会,把农村文化要素组织化在文化建设和服务实践上,赋予农民文化协会文化自治权和文化治理权,是四川创新党的文化领导权在农村实现路径上的重要启示。科学有序地实现"还",首先要厘清乡镇文化站与农民文化协会之间的权、责、利清单,逐步规范文化领导权的微观运行,切实保障农民文化协会的自治性。一方面,各级文化主管部门要将向农民文化协会购买公共文化服务制度化,以支撑协会的日常运行;同时以购买的规范化引导协会的市场意识,促进协会的自治"自觉"。另一方面,要进一步完善群众文化参与机制,使文化需求反馈渠道畅通,引导群众投身协会建设、管理和监督,让文化协会的"自治"成为机制化的"共治"。

农民文化协会在提升农村文化自治水平的同时,还要充分发挥其治理功能。一方面,自治意味着自律——随着协会自治水平的提升,抵制"三俗"、遵纪守

法等自觉性不断提升，文化领域的治理效果随之显现。另一方面，在文化影响力的作用下，素质向上、乡风文明、村容整洁逐步显现。

（三）建章立制，夯实规范：以"法治"运行保障文化领导权在农村的实现路径

借助农民文化协会构建基层公共文化服务长效机制，通过"法治"运行保障文化领导权在农村实现路径的制度化，是四川创新党的文化领导权在农村实现路径上的发展取向。各地农民文化协会要在国家公共文化服务体系建设标准的指导下，进一步完善《农民文化协会建设创建规划》《农民文化协会机制建设实施方案》《农民文化协会建设标准及流程》《农民文化协会章程》《公共文化服务购买实施细则》等纲领性文件，系统推进基层公共文化服务的"服务功能综合化、设施建设标准化、内部管理规范化、活动开展常态化、群众监督公开化"。

同时，各地要进一步加强县、乡、村三级文化人才队伍建设，足额配齐乡镇文化专干；探索政府购买基层文化服务的途径和办法。要充分保障文化领导权在农村运行所需的经费、人员等要件配备，不断提升农民文化协会的规范化、制度化水平，牢牢掌握党对农村意识形态工作和文化工作的领导权。

乡村振兴背景下
农村基层文化建设的社会支撑体系研究

陈叙　肖尧中　周珣　张慧芳　毛燕

党的十九大提出了乡村振兴战略，2018 年中央一号文件做出了具体部署，乡村文化建设迎来了前所未有的大好机遇。随着脱贫攻坚战略的推进以及国家层面公共文化服务保障法的实施，农村公共文化服务设施有了极大的改善。目前，致力于挖掘乡村特色文化资源、培育特色农业、推动文化和旅游融合发展的乡村旅游产业和文化产业也在蓬勃发展中。以政府为主导的行政机制和以市场为主导的市场机制在乡村文化建设中发挥着重要的作用，但文化建设的特殊性在于其必须要在一定的物理空间和社会空间内，通过一定的主体来实施和承载。如果不能充分激发文化主体的活力，文化建设就成为无源之水、无本之木，文化建设的价值目标就很难有效实现。实践也证明文化建设成功的关键仍在于文化建设具有良好的社会基础，通过"还文化于民"充分激发人民群众的创新、创造活力。

经历了改革开放 40 多年的发展，现实中农村社会结构和文化生活发生了巨大的变迁。传统的熟人社会向半熟人社会、陌生化社会转型，过去单纯靠土地谋生的生计方式出现了转变，快速城镇化带来农村的空心化，人财物从农村流出，打破了传统稳定的村庄边界，也使保持了千年的村庄秩序和价值观发生了变化。当前农民的文化需求不足与农村文化市场潜在的活力之间呈现出矛盾并存的状况，这充分说明在乡村振兴背景下加强农村基层文化建设必须立足农村的社会现实，充分激发农民主体的活力，因地制宜进行文化建设。忽略农村基层文化建设的社会基础和社会活力，也会影响当前农村文化建设中行政机制和市场机制作用的有效发挥。现实中公共文化服务体系建设的供需不对接，以及乡村旅游缺乏长期的活力和文化特色支撑都是反映。故而当前农村基层文化建设的有效推进必须考虑其社会支撑体系建设。所谓社会支撑体系，是指基层文化建设需要在党和政府的领导下，依托多元文化主体，尤其是激发农民主体的文化活力和文化自觉，创新体制机制，有效整合农村的文化要素，实现"还文化于民""种文化在乡"，同时将培育与引导、管理有效结合，保障新形势下基层文化领导权的有效实施。

社会支撑体系是政府主导的公共文化发展模式得以有效实施的有力保障，是乡村产业得以发展的坚实社会基础。

基于这样的思考，课题组一行先后深入宜宾、达州、广安、雅安、眉山等市、县，通过与基层文化工作者、农民群众、宣传系统干部、乡镇领导座谈走访，对乡村振兴背景下全省农村基层文化建设的社会支撑体系进行了深入的调研，以期对下一步乡村文化振兴提出更具操作性和针对性的思考建议。

一、乡村振兴背景下农村基层文化建设的现状

在 20 世纪 80~90 年代，经济发展仍然是农村关注的重点，各项公共服务的投入不足。进入 21 世纪以来，"三农"问题得到了中央的高度关注。自 2004 年以来，中央连续多年颁布一号文件，2006 年《中共中央国务院关于推进社会主义新农村建设的若干意见》明确提出"按照'生产发展、生活宽裕、乡风文明、村容整洁、管理民主'的要求，协调推进农村经济建设、政治建设、文化建设、社会建设和党的建设"。党的十七大提出"统筹城乡发展，推进社会主义新农村建设"。党的十八大提出"推动城乡发展一体化"。党的十九大则提出了"乡村振兴"战略，这标志着农村的发展进入全面发展和融合发展的阶段。伴随着中央政策和工作重心的不断调整，农村各项事业得到了快速的发展。在文化领域，逐步建立起以政府为主导的公共文化发展模式，农村公共文化服务体系建设获得长足进步，农民的文化生活更加丰富，农民文化需求不断被激发，农村文化市场日渐繁荣，各类成长于农村、服务于农村的新文艺组织、个人和群体不断涌现。

（一）农村公共文化服务体系建设取得长足进步

首先，相关政策法规逐步完善，农村地区以及贫困落后地区都成为政策倾斜和关注的重点，农村基层公共文化服务体系建设有了制度性的保障。伴随着国家层面关于公共文化服务建设顶层设计的完善，四川省也完善了公共文化服务体系建设的相关政策法规体系，如 2016 年四川省《关于加快构建现代公共文化服务体系的实施意见》出台，要求"以人民为中心，以改革创新为动力，以基层为重点，以基层综合性文化服务中心为载体，构建体现时代发展要求、符合文化发展规律、适应四川省情、具有四川特色的现代公共文化服务体系，促进基本公共文化服务标准化、均等化"。此外，四川省"十三五"文化发展规划以及四川省"十三五"时期贫困地区公共文化服务体系建设实施方案特别强调了对基层公共文化从硬件配套、功能延伸和管理体制等方面进行全方位"升级"。钱由谁出、资金如何使用、人员如何配置都有了基本的制度设计。实施意见明确了公共文化设施建设指标，明确了公共文化服务机构运行经费由当地政府承担，"根据四川省在全国首创的农村公共文化经费'县管站用''绩效考核''据实拨付'的经

验，提出了免费开放补助经费'县管乡用'的新举措，要求乡镇综合文化站补助资金原则上由县级财政部门会同同级文化主管部门统筹管理，根据各乡镇综合文化站基本公共服务项目开展情况和资金申请情况核定下达。"此外，还明确了乡镇综合文化站每站配备有编制人员 1~2 人，规模较大的乡镇适当增加等。

其次，乡镇综合文化站阵地得到夯实，农村公共文化服务基础设施有了极大的改善。根据调研情况来看，随着相关政策法规的完善，同时结合灾后重建以及精准扶贫等相关措施，四川各地农村公共文化基础设施的条件都有了极大的改善和提升。如雅安市目前有 138 个乡镇综合文化站，1 017 个村级文化活动室。文化站一般有图书室、阅览室、多功能活动室、旗牌室、文化信息资源共享工程分中心等，室外有户外广场、健身路径、宣传栏等，能满足群众日常文化活动需要。经过"4·20"灾后重建，大部分乡镇综合文化站都从乡镇政府独立出来，能更好开展文化活动。部分地方整合资源，将闲置的中小学、文物保护点，修缮改造成乡镇综合文化站或村文化活动室，既盘活了资产、保护了文物，又体现了当地特色，同时加强了农村基层文化阵地建设。广安全市累计建成乡镇综合文化站 171 个（省级乡镇文化示范站 15 个），街道综合文化服务中心 4 个，乡镇小型文化活动广场 75 个，村文化室 2 213 个，农家（社区）书屋 2 969 个，农村公益电影固定放映点 54 个，乡镇文艺队 121 支。宜宾市珙县建成 34 个县、乡文化广场，262 个村文化活动室，16 个社区文化活动室，17 个室内公益电影放映点，总面积达 13.2 万平方米。形成了覆盖城乡、功能齐备、运行有序、服务高效、效果明显的县、乡、村三级公共文化服务网络。

最后，农村公共文化产品供给日益丰富，服务水平不断提升。四川各地积极探索，结合农村实际开展了形式多样、载体丰富的公共文化活动。如送文化下乡，开展形式多样的农民读书月活动，结合当地民俗、文化资源开展各类文化节庆和文化展演活动。如广安武胜县举办乡村文化节、乡村马拉松、"诗意中国·乡约武胜"乡村诗歌情景音乐朗诵会等节庆活动。成都蒲江县的明月村每年中秋节期间组织村民举办中秋诗歌音乐会。宜宾珙县各乡镇举办农民春晚、"红红火火过大年元宵晚会"以及文化巡游等特色文化活动，形成了"珙桐公社"公益讲座、"农耕文化传习馆"传习课堂、诗词楹联协会"全民阅读"等一批具有地域特色的乡村文化活动品牌。各地还整合乡镇综合文化站、村级文化室力量，开办农民夜校，对农民开展各种栽培技术培训，不断提高农民综合文化素质。针对落后地区、偏远地区的实际情况，开展文化扶贫以及流动文化服务。如实施民族文化"春雨工程"、牧民定居点和彝家新寨文化惠民工程等文化扶贫项目，扶持发展农民演艺团体、乌兰牧骑演出队及业余藏戏团。此外，还注重对城市农民工以及农村留守儿童等人群的文化服务工作，如建设了一批农民工文化驿站、留守学生（儿童）文化之家等。为了不断提高服务质量，弥补基层文化专干的不足，各地还积极探索推行文化管理和文化志愿者服务。

（二）不断探索激发农民主体性的各类新机制、新平台

农村文化建设的关键是激发农民的主体性。以国家级公共文化服务体系示范项目为抓手，以珙县农民文化理事会制度、达州市全国新农村文化艺术展演平台建设项目、泸县农民演艺网等为代表，四川积极探索各类激发农民文化主体性的新机制新平台。

泸县地处四川南部，这里的农村历来就有在婚丧嫁娶、红白喜事上请一些能歌善舞的人吹吹打打热闹一番的习俗，文化活动具有较好的社会基础和市场基础。2009 年，泸县文体广电局把当地 86 支农民演艺团体整合到一起，成立了全国首家农民演艺中心——四川龙城农民演艺中心。经过近两年的发展，逐步形成"县有演艺中心，镇有演艺站，村有服务点"的演艺服务网络。2011—2013 年，经过两年多时间的创建，泸县农民演艺网成功创建为首批国家公共文化服务体系建设示范项目。泸县农民演艺网项目通过载体形式创新、资源整合，将各自为政的农村基层文化人才、文艺队伍有效聚合起来，加强培训、引导和管理，实现了公益活动和商业演出两手抓，走出了一条以产业发展反哺公益文化事业的公共文化服务新路子，极大地激发了基层群众、农民主体的文化自觉和文化自信。

2017 年以来，达州市已经连续举办多届全国新农村文化艺术展演，通过这个国家第二批公共文化服务体系示范项目的建设，倒逼达州市各级政府加快现代公共文化服务体系的建设，在推动城乡文化一体化方面进行了积极的探索。一方面通过搭建展演平台，推动了农村文化题材作品的创作，深度打造"巴山作家群""巴渠诗群""巴山画派"和"巴山摄影人"，不断提高创作水平，培育了一批基层文化人才，目前达州参与展演的本地节目中基层群众占到整个演职人员的80% 以上。另一方面，通过建设展演平台完善了文化基础设施，推动了文化消费。通过各地参与展演，推动了区域文化间的交流。

如果说泸州、达州重在搭建平台，那么宜宾珙县通过创建国家第三批公共文化服务体系示范项目——农民文化理事会制度，着力解决了基层文化站管理缺人才、服务能力不足、设施设备闲置、群众主体地位不突出等问题，在充分激发基层社会活力方面进行了积极的探索。2014 年 6 月，珙泉镇成立了全国第一个农民文化理事会。按照自发成立、自治管理、自助服务、自觉监督的原则，在全县17 个乡镇和部分村（社区）全面推广，采取"成熟一个建立一个"的办法，建起了"以村级分会为基础、乡镇理事会为骨干、县级理事会为引领"的、覆盖全县城乡所有常住人口的文化组织体系。截至 2017 年年底，组建了县级农民文化理事会 1 个，乡镇农民文化理事会 17 个，村级农民文化理事分会 116 个；各级理事会汇聚各类文化人才 1 170 人，专业文艺协会会员 116 人，地方特色文化特约研究员 30 名，各类演艺人才 2 800 多人。通过农民文化理事会制度的创建，逐步探

索形成了公共文化机构"管文化"、农民文化协会"办文化"、农民文化理事会机制"种文化"的"三位一体"农村文化管理服务机制，实现了政府职能转换，激发了基层群众文化活力，有效实现了社会治理，地方特色文化魅力进一步彰显。

（三）农村文化市场日渐繁荣，基层各类新型文艺组织发展迅速

改革开放40多年来，农村生活水平极大改善，文化消费水平在一定程度上有所提高，加之在乡村振兴的背景下，各类文化人才下乡创业，大力发展乡村文化产业，各地大力推动乡村旅游的发展，也为文化演艺提供了更广阔的舞台。例如，川南地区的泸州、宜宾等市和县都有婚丧嫁娶请演艺团队吹拉弹唱进行表演的习俗，文化演艺市场有较好的发展基础，最为典型的是泸县。目前，泸县农民演艺团队已经壮大到97支，演员人数超过3 000人，年演出1.6万多场次，演出收入达8 000多万元，演出足迹遍及川、滇、黔、渝，观众达2 000多万人次。宜宾珙县的凤凰苗族乡最初为了发展乡村旅游而组织村民成立了演艺队，而后逐步开展商业化演出服务周边乡镇，旺季时凤凰苗族乡演艺队村民的收入可达3 000元左右。岳池县朝阳乡大屋村则通过组建演艺队，承接周边农村乡镇的演出，每演出一场向村集体上交300元，使村集体经济由无到有。参与文化活动，不仅愉悦了身心，同时还能带来一定的文化收益，极大地激发了农民参与的积极性和主动性。

与此同时，基层各类新型文艺组织发展也非常迅速。所谓新型文艺组织，就是指不依赖财政拨款，不占用行政编制，活跃于广阔的社会空间，通过自身的文化创作和服务来丰富人民精神生活的组织、群体及个体[①]。基层新型文艺组织在农村主要体现为以下几类：一是农村成立的各类文化演艺团队。这些学艺团队有的是在相关部门注册成立的，如泸县农民演艺协会，但更多的则是未注册的演出团队以及各类以健身和娱乐为目的业余表演团队。如岳池县全县43个乡镇共有民间职业演出团队54个，业余表演团队252个，川剧座唱组42个，宜宾市珙县有168支民间演艺团体，演艺从业人员近2 800人，年均演出约1.5万场，行业年产值7 800万元。二是在乡村振兴背景下各类下乡创业的文艺人士。他们或者是个体，或者形成群落，为乡村文化建设注入了新的活力。如成都市蒲江县明月村开展文创加旅游，形成以陶为主的手工创意聚落和文化创客聚落，引入宁远、李清等文创大咖，通过新老村民互动来带动乡村建设。此外也有回乡创业的农民个体，如青神县木言兰舍的创始人就是外出务工后回乡创业的木匠。又如珙县的农耕文化传习所，以及以传习书法和艺术为特色的珙桐公社创意空间就是当地热爱文化的民间人士自发筹资创办的。这些团队、群落和个体热爱乡土文化，为乡村文化建设贡献着自身的力量。

---

① 郑晓幸，李明泉. 用全新的眼光看待新文艺群体［N］. 光明日报，2018-05-19.

二、当前农村基层文化建设中社会支撑体系存在的问题

当前农村基层文化建设主要是以政府为主导的公共文化模式为主，这一模式尽管有利于文化资源的统一配置、调动和管理，但文化建设的特殊性在于只有激活文化主体的活力，建设才能落到实处，文化领导权的实现才不会空置。改革开放 40 多年，农村社会文化生活发展经历了巨大的变迁，传统礼俗逐步消失，乡村共同体逐步解体。一方面，农村的生活水平极大提高，农民的文化需求有所增长，但文化自信和文化自觉尚待培育；另一方面，着眼于个体利益的分散的农民难以抵御市场风险，也难以找到共有的价值和情感归宿以重建乡村共同体。在乡村振兴背景下农村基层文化建设的理念相对滞后，现行体制偏重于管文化和办文化，体制机制亟待进一步创新，对农民主体性的培育和激发还不够。

（一）乡村振兴背景下基层文化建设的观念亟待更新

改革开放 40 多年来农村巨大的变迁要求基层文化建设不能脱离农村社会变迁的大背景。当前农村基层文化建设理念存在以下几种偏差。

1. 对文化内涵的理解存在偏差

当前农村的文化建设更着眼于具体的事项和工具层面，而缺乏从社会价值层面对农村文化建设的高度重视。农村基层文化建设的"文化"具备多种意涵，一是指作为载体的文化形式和文化活动，二是强调其价值性，即通过文化建设实现主流文化价值观的生产和传播，推动农村社会的现代化转型。目前各地在乡村振兴战略的实施中仍然偏重于产业先行，要么将公共文化服务体系的建设视作民生改善的体现，要么将文化产业视为产业增收的途径，没有紧密结合当前农村变动不居的现实，在农村现代化转型的大背景下与农村社会的重构一起来思考。当前农村社会文化的巨大变迁使其由传统的熟人社会向半熟人社会转型，传统的村庄共同体和礼俗逐步消解。如何以文化的方式来激发社会活力，让农民有序地组织起来，让文化领导权的实现具备社会土壤和抓手，这是当前农村面临的重要问题。

2. 在文化建设工作的推进中更强调其专门性，忽略统筹推进

农村基层文化建设主要是以乡镇政府为主导，文化和宣传部门从行业和意识形态安全方面进行管理和指导，以保障基层文化领导权的实现。这种管理和运行模式更加注重文化建设工作的专门性，但在统筹方面却存在不足。一方面，没有有效统筹文化和区域经济、社会的发展。文化建设不只是文化部门的事，基层文化建设需要在考虑农村经济、社会、生态、历史文化现实的基础上进行统筹，将农村各项建设与文化重建整合推进，使文化在农村社会重建中发挥要素作用和整合功能。乡村振兴战略的实施追求的是融合发展，农村是中华文化的根，乡风文

明、文化复兴是乡村振兴的根本体现。但有的地方在乡村振兴战略的推进中简单地拆除农房将农民集中居住，集中连片引入资本大力推动乡村旅游产业的发展，打造整饬成片的乡村景观，忽略了乡村文化与乡村社会肌理之间的共生关系，忽略了乡村文化旅游的内涵之一正是欣赏传统乡村的生态和人文、体验农村的生活方式，没有将文化产业和文化事业的发展统筹推进。公益性文化事业发展得好的地方，群众参与度高，文化产业发展就具有了较好的社会基础和文化基础，文化氛围浓郁，富于特色，而文化产业的发展又更能激发农民的文化热情和文化自信，进一步推动文化事业的发展。但有的地方在推动乡村文化旅游发展的过程中，更注重资本的进入和产业的规模化快速推进，并没有意识到优质高效的乡村公共文化服务以及和谐活跃的农村文化生态对提升乡村旅游形象、丰富旅游体验的巨大作用。尽管农民有所收益，但整个产业从规划到启动农民都是置身事外的旁观者。有的地方召开乡村旅游文化节，请来专业演艺团队进行表演，但却没有一支本村的文艺队伍，没有一个本土的文化节目，这样的乡村旅游缺乏温度和活力。

3. 在文化建设的思路上仍然偏重于政府主办，对还文化于民并有效实现文化领导权的思路还缺乏深刻的认识

文化是主体的创造性活动，是主体力量的对象化。缺乏文化主体的参与，文化建设就无法落到实处。实践充分证明，社会基础好的地方，激发农民主体性工作做得好的地方，文化建设往往取得了很好的实效。还文化于民并有效实现文化领导权是基层文化建设应有的思路。当前乡村文化建设的实际是政府既不能撒手不管，也不能包办代替，而要做好培育和引导工作。但当前基层工作人员面对农村的变化，在文化工作思路上还存在着简单直接的情况。如在某地调研时谈到农村出现的大量草根演艺组织怎么管理时，基层领导提出让村里对演艺组织的内容进行审核把关。

（二）政府主导的农村公共文化服务体系活力不足，亟待进一步解放思想，在激发社会活力方面进一步推动体制机制创新

一直以来国家对农村的资源投入要么是发放到人头，要么是各项项目制，通过各个条条框框来惠民，在文化上也不例外。乡村文化建设主要依靠的是以政府为主导的四级公共文化服务体系建设。国家层面主导的公共文化服务体系建设主要是由文化局等职能部门牵头，由上而下地推动，主要以农家书屋、电影放映工程、乡镇文化站、农民夜校等基础设施建设为手段，辅以"送文化下乡"等公共文化活动。这一制度设计重在"统"和"管"，富于刚性的体制与富于活性的农村文化生态之间客观上存在着不一致。

1. 现行基层文化体制偏重于"管"和"办"，文化要素整合不足

首先，现行基层文化体制更偏重于政府办文化，决策体制倒挂，条块分割，导致活力不足。从中央、省、市、县、乡向基层延伸，公共文化服务体系建设的标准化、均等化等要求客观上能保障各地域之间的公平，但决策体制的倒挂难以充分照顾到各区域特殊的地理环境、经济发展状况和特殊的文化需求①。现阶段公共文化服务体系建设更偏重于基础设施完善，在服务能力和手段上难以兼顾区域之间的差异，客观上也存在着公共文化服务的标准化与文化生态多样化之间的平衡问题。依靠行政机制自上而下的"管"和"送"比较多，但对社会活力的激发不够。由于国家层面公共文化服务体系建设分散在宣传、文化、广电等多个部门，难免会出现部门分割。尽管党的十八届三中全会过后，综合性文化服务中心建设一定程度上缓解了部门项目之间的交叉、重叠甚至冲突问题，但服务效能不高这一问题客观上依然存在。绩效考核主要是自上而下针对各个事项而非文化服务的效果，缺乏服务对象的有效参与。乡镇文化部门开展文化活动的主要动因是完成上级任务，缺乏因地制宜开展公共文化服务为农村创造和谐秩序的内在动力。

2. 文化产品和服务供需不对接现象较为严重

尽管 21 世纪以来公共文化服务体系建设更强调城乡一体化，向偏远地区、贫困山区等倾斜，但客观上农村文化建设欠账较多。目前农村文化建设的投入还处于完善公共文化服务设施的阶段，不少偏远山区、民族地区和落后地区公共文化服务设施尚不完善。即便是措施已经完善的地方，也存在重建设轻管理使用的问题，活动经费不足。以雅安市为例，全市乡镇综合文化站和村文化活动室都不同程度存在经费不足问题。调研发现，凉山、甘孜、广安等地农村的文化活动室、农家书屋的使用率不足 20%。138 个乡镇综合文化站全部纳入政府民生工程，每个文化站每年有 5 万元免费开放资金（含中央补助资金 4 万元、省级补助资金 0.3 万元、县级配套 0.7 万元），但场馆运行、活动开展、队伍培训、设备维护补充等都在里面开支，经费保障方面存在一定不足。对广安市的调研也发现乡镇综合文化站普遍存在管理不规范，阵地、设施被挤占、挪用等情况。

与此同时，供需不对接的现象也客观存在。如不少农家书屋少有人问津，文化信息共享工程的电脑等布满灰尘。优秀文化产品总体供给不足，精致程度不高，时代气息不浓，形式单一、内容单调，对群众缺乏吸引力。农村电影放映工程在 20 世纪 80 年代曾受到农民群众的热烈欢迎，但随着电视、手机等新兴传播形态的迅速普及，观众越来越少。

---

① 陈叙. 优化四川藏区公共文化服务体系建设的路径思考 [J]. 行政管理改革，2018 (2)：43-47.

3. 在激发社会活力与掌握基层文化领导权上尚需要进一步解放思想，创新体制机制

为了进一步提高公共文化服务的效能，四川各地都有一些创新性的探索，尤其是在创建国家公共文化服务体系建设示范项目的带动下，各地搭起了激发农民主体性的新平台，如泸县农民文化演艺网、达州新农村文化艺术展演以及宜宾珙县的农民文化理事会。它们都是在立足当地实践基础上进行的创新，前二者仍重在以政府主导来搭建平台，后者重在将农民组织起来。如何使这些创新性探索具备可复制性，如何实现激发社会活力与有效实现文化领导权之间的平衡，这也是当前面临的问题。

以珙县农民文化理事会为例，它创立的初衷是解决乡镇文化站等设施空置、人员和服务能力不足等问题，通过理事会的形式把原本活跃的社会力量组织起来，让各种专业社团、草根文艺组织和农民个体加入理事会，构建政府主导、社会主办、群体主体的多元治理机制，也取得了很好的实效。政府主要管导向、抓投入、建阵地、给保障，政府通过向社会文化团体购买公益性文化服务来加强对社会文化团体的引导和培训，对各类社会化组织有偿向群众提供的文化服务进行规范化管理，引导各类草根文艺组织不断提高服务水平，引导群众积极参与各类专业社团的活动，形成了民间社团和群众积极参与、政府有效引导和管理的良好局面。但在运作中也面临以下几个问题：第一，由于理事会是治理单位，不能注册成为民间社团组织，这在一定程度影响着农民文化理事会功能的发挥。第二，为了解决理事会无法注册成为民间社团的问题，当地成立了农民文化协会，又面临了如何厘清农民文化协会、农民文化理事会以及文化站之间关系的问题。既要充分激发社会活力，有效整合农村文化要素，又要有效保障文化领导权的实施，这需要进一步解放思想、创新体制机制。

（三）乡村振兴背景下农民文化主体性培育不足，人才缺乏

农民是农村文化建设中重要的主体，如果缺失了这一主体，文化建设将成为无本之木，文化领导权的实现也将缺少重要的社会土壤和基石。当前农村文化建设中面临的最大问题便是农民的主体性不足，主要表现为参与公共文化活动的积极性不高，文化需求不足，整体质量不高。

1. 农民主体性不足，缺乏文化自觉意识和文化自信

农村的实际状况千差万别，仅就四川农村而言，差异就非常大。例如，四川东部和北部的农村外出务工人员较多，农村出现空心化的现象，文化活动无人参与，公共文化设施无人问津。在成都平原一带的产业生产条件相对较好的乡镇和村落，由于生产忙碌，人力价格偏高，参与文化活动会影响到人们务工的收益，因此农民的积极性也还没被充分激发。但在四川南部的一些农村和乡镇，当地婚丧嫁娶有请演艺队表演的习俗，于是出现了一些文化大户和专业户。总之，随着

生活水平的提高，农民有自己的文化需求，但总体而言农民的主体性不足，缺乏文化自觉和文化自信。其原因主要有以下几方面。

一是长期以来整个社会对农村文化认识的偏差导致农民缺少文化自信和文化自觉。党的十九大指出："文化自信是一个国家、一个民族发展中更基本、更深沉、更持久的力量。"中国的现代化百年进程中，中国传统文化一度被视为现代化的障碍和包袱而予以批判，而农村则是中国传统文化的根。长期以来的城乡分治使城市成为文明的象征，农村则意味着封闭和落后，这导致了农民弱势的文化心态。"在文化方面，就是农村传统文化资源的流失与农民的精神文化需求的极度短缺，以及全社会对乡村文化价值认识的偏差，导致了乡村文化的空心化和虚无感。"①

二是农村社会结构的深刻变迁使农民面临文化适应的问题。伴随着现代化进程的快速推进，当前农村面临的最主要的问题是稳定而封闭的农耕社会向着现代而开放的社会转变而出现的一系列不适应，传统的熟人社会向陌生化社会转型，过去单纯靠土地谋生的生计方式出现了转变，快速城镇化带来农村的空心化，人财物从农村流出，打破了传统稳定的村庄边界，也使保持了千年的村庄秩序和价值观发生了变化，乡村社会呈现出离婚率高、老年人自杀率高、道德滑坡、消费攀比甚至邪教和低俗文化流行等一系列现象，著名农村问题研究专家贺雪峰鲜明地指出乡村建设的重点是文化建设，存在的主要问题是文化的破坏。"当前农村存在的主要问题不是农民收入太低，劳动太重，而是消费不合理，闲暇无意义，是社会关系的失衡，是基本价值的失准，是文化的失调。"②

三是现行体制结构的限定性影响使农民安于被动的接受者的角色。现行体制改革着重于"管"和"给予"，更多从保障农民文化权益的立场，强调服务和供给。农民在很大意义上仅仅是被动的接受者。现阶段农民的文化需求还处于培育、引导、升级的阶段，农民也缺乏表达自身文化需求和意愿的自觉意识以及相应的通道。刚性的体制往往难以做到更为细致地了解当下农民的文化需求，需求的培育对制度的执行者来说并非必需。事实上，自上而下的文化建设只有与农民的自组织和主动参与结合起来，才能为农民提供增强文化适应能力、改善人际关系、提高生活质量的诸多手段。

2. 精英外流，基层文化人才匮乏

由于制度的刚性与农民主体性的不足，基层文化领导权的实现更离不开一支热爱农村、懂得农村的文化队伍。他们是主流文化与农村之间的中介，是现代文化与传统文化之间的嫁接师。但当前农村却面临精英外流、基层文化人才不足的困境。

① 刘忱. 乡村振兴战略与乡村文化复兴［J/OL］.［2018-04-20］. http://theory.peoplE.com.cn/n1/2018/0420/c40531-29939018.html.

② 贺雪峰. 乡村建设的重点是文化建设［J］. 广西大学学报，2017（4）：87-95.

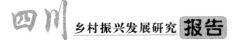

第一，乡镇文化站建设缺乏文化专业人才。20世纪80年代以来每个乡镇基本上都设置了文化站并配置了专业的工作人员，并对这些文化专干进行了培训，这批文化专干深入基层，热爱文化，是基层文化建设的一支生力军。直至今天，一些优秀的基层文化站站长仍然是80年代参加文化工作并成长于那个年代的工作人员。之后随着乡镇的机构改革，大多数文化站工作人员被并入其他机构，即便保留了文化站，工作人员往往也身兼数职。一方面文化专干的专业素养不足，另一方面身兼数职也难有足够精力做好基层的文化工作。

第二，由于外出务工人员不断增多，农村普遍出现空心化的现象，导致农村的精英外流。留在农村的主要是老人、妇女和儿童，客观上也降低了文化能人、文化专业户出现的概率。

（四）新型文艺组织亟待培育和引导，农村文化市场管理亟待加强

当前农村各种文艺自组织活跃在乡间的文化市场上。这些农村的新文艺组织来自农村，了解农村的文化需求，熟悉民间的文化趣味。它们的文化节目往往更受老百姓的欢迎，成为政府公共文化服务的有力补充。当前这类民间的文化自组织还存在散、小、弱等很多缺点，由于它们活动的空间广阔，在管理上存在一定的难度，目前基本上处于自发自为的状态。

1. 农村新文艺组织亟待培育和引导

目前农村新文艺组织主要是以草根性文艺组织为主，这些组织的出现和当地的文化习俗、传统以及经济发展水平有一定的关系，或者是以兴趣爱好为主自发组建，或者由农村需要所催生，在婚丧嫁娶期间提供表演服务。如广安市共有新文艺演出队伍219支，每支队伍5~100人，其节目形式以歌舞、曲艺、小品、杂技、器乐演奏等为主。这些队伍全年演出场次均在70场次以上，其中以营利为目的队伍每场收益至少为2000元。首先，新文艺团队总体规模不小，但单个组织普遍存在散、小、弱等特点。大部分草根性的文艺团体组织较为松散，各自为政，尤其是农民自组织、自娱乐的团队更是如此。由于缺乏专业人才以及活动经费支撑，加之农民参与文化活动还受到时间和观念的很大影响，这类组织更具脆弱性，但这些文艺团队激发了农民参与文化的积极性，活跃了乡间的文化氛围，由于表演者接地气儿，"农民演，演农民"，富于生活气息，在乡村文化旅游发展以及公共文化服务中能发挥积极作用，需要加强培育和引导。其次，节目质量和层次不高，原创性低，活动形式单一。一般而言，活动在农村的新文艺组织没有接受过系统正规的专业艺术指导和培训，节目往往模仿电视或其他载体上的综艺节目等，原创性低，比较粗糙。节目形式也多是唱歌、舞蹈、小品等，节目质量不高，甚至表演中出现庸俗、低俗化的现象。

2. 农村文化市场管理亟须探寻新的路径

活跃在农村的新文艺组织散落在各个乡间，按照民间社团登记的相关要求以及《营业性演出管理条例》的规定，它们中的大多数不具备相应的资金、器材以及专业演职人员，还不符合文艺社团登记的相关资格要求，因而基本上处于无组织、无管理的状态，也谈不上演出申报、内容审核等。按照相关法规，县级以上地方人民政府文化主管部门负责本级行政区域内营业性演出的监督管理工作，但活跃在农村的营业类文艺组织活动空间广阔，主要服务于农村的婚丧嫁娶，演出规模不大，形式灵活，相关部门也难以有效实施监管，它们处于监管的盲区。这些活跃在农村文化市场中的文艺组织满足了农村群众多元的文化需求，其存在有一定的合理性，但也亟待引导和管理。目前新文艺组织活跃的农村文化市场主要存在两种较突出的情况：一是婚丧娶嫁的文化消费存在一定的攀比现象，已经成为乡镇农村群众的负担，必须引导合理消费和合理的市场定价。二是由于存在一定的市场竞争，各表演团队为了吸引眼球而哗众取宠，迎合低级趣味。在表演中打擦边球、着装暴露等现象时有发生。

三、夯实农村基层文化建设社会支撑体系的思考

农村基层文化建设已取得长足进步，但也面临着社会支撑体系不足、社会机制未能充分发挥作用的问题。当前基层文化建设中存在着多元主体：作为责任主体的政府，作为文化主体的农民以及活跃于农村的新型文艺组织。由于改革开放40多年来农村社会生活发生了巨大的变迁，农村社会整合乏力，文化要素分散，农民的文化自觉和文化自信不足，农村基层文化建设既不能缺失了政府的主导力量，又必须充分调动作为文化主体的农民的主动性和创造性，政府既不能不管也不能全盘操办，问题的关键是如何赋权，既能激发农民主体的自觉性，科学有序地还文化于社会，"种文化在乡"，又能有效保障基层文化领导权的实现。这需要作为主导者的政府在思想理念上进一步解放，在体制机制上进一步创新，做到有所为有所不为。

（一）进一步解放思想，更新农村基层文化建设的理念和思路

随着农村社会的进一步变迁，单纯以行政主导的农村基层文化建设和管理模式也需要及时做出调整，要让政府、社会、市场三种力量各司其职。要充分认识到文化建设在乡村振兴战略中的重要地位，统筹推进文化建设，要充分认识到社会支撑体系建设对于文化建设的重要性。

1. 充分认识乡村文化的价值及其在乡村振兴战略中的重要性

整个社会在一定程度上对乡村文化价值的认识存在偏差。自中国向现代化转型以来，农村的文化自信逐渐减弱，城市成为文明的象征，乡村则意味着贫穷和落后，往往成为被批评和被改造的对象。农民作为乡村文化最直接的承载人也缺乏文化自觉和文化自信。"传统文化资源的流失与农民精神文化需求的极度短缺，

以及全社会对乡村文化价值认识的偏差，导致了乡村文化的空心化、虚无感和缺少与现代文化的对接能力。"①

乡村是中华传统文化生长的土壤，凝结着中华传统的生活方式、价值情感和审美意蕴。从陶渊明"久在樊笼中，复得返自然"，到近代乡土文学中沈从文笔下与世无争、充满人性美的"边城"，乡村有着丰富的文化内涵，沉积在民族的集体记忆中。如果没有对乡村文化价值的清醒认识，那么无论是乡村文化旅游产业的开发还是公共文化服务体系的建设都可能抓不到重点。对于公共文化服务体系建设而言，不能唤起农民的文化主体性意识，农耕文明与现代文明的融合发展以及乡风文明就难以实现。对于文化产业而言，没有充分认识乡村文化价值，也就无法突出其特色。例如，乡村文化旅游重要的不仅仅是青山绿水，还有精神意蕴，即乡村的生活方式及其承载的天人合一、崇德尚善、和谐宁静的价值取向。因而乡村文化旅游中的文化不仅仅是作为资源的文化，不仅仅是工具意义上的文化，更是价值取向和生活方式层面的文化。只有站在更深远的意义上去审视乡村的文化意蕴，才能避免在旅游产业开发中的短视和急功近利。文化是社会经济发展的重要因素。乡村振兴战略提出"产业兴旺、生态宜居、乡风文明、治理有效、生活富裕"的内涵中，"乡风文明"不仅是实现经济振兴的辅助工具，而且是乡村建设的方向和重要内容。

2. 从文化建设的专门性转向统筹协调推进

传统文化体制的设计是为了保障人民群众的基本权益，保障基层文化领导权的实施，因而主要由专业的部门来负责。随着经济发展水平的不断提高，文化对于经济社会发展的重要性不断彰显。同时，文化具有渗透性和弥散性，它也是经济社会和生态文明发展中重要的因素，因而基层文化建设需要在考虑农村经济、社会、生态、历史文化现实的基础上进行统筹，统筹文化产业与文化事业的发展。

如成都市蒲江县明月村在发展思路的探索中，就是先试图发展乡村文化旅游，继而引入文创，继而发现如果没有整体社区的参与和风貌的改变，旅游产业的发展也将受到深刻的制约，于是引入社区营造。在明月村的入口处，一座别具特色的建筑集聚了明月讲堂、图书馆等多项设施，既承载了乡镇综合文化站的功能，也成为明月村旅游接待和综合展示的中心。明月村一方面致力于开展明月讲堂、中秋晚会等各种公共文化活动，营造文化氛围，另一方面积极开展乡村旅游服务，统筹发展文化事业和产业。明月村的发展充分说明了统筹推进文化建设的重要性。被农业部确立为全国美丽乡村首批创建试点的河南省郝堂村，便是政府

---

① 刘忱. 乡村振兴战略与乡村文化复兴 [J/OL]. 中国领导科学. [2018-04-20]. http://theory. peoplE.com.cn/n1/2018/0420/c40531-29939018.html.

完善公共服务、社会力量参与、以村民为主体、统筹发展的典范。郝堂村通过内置金融统筹进行合作探索，使村民得以组织起来，继而在生态恢复、村庄改造、搭建产业平台、发展文化旅游等多方面统筹推进。

3. 充分认识还文化于社会的重要性

文化建设需要政府主导，更需要社会和群众参与。首先，从文化建设的主体性出发，我们要建设面向现代化、面向世界、面向未来的，民族的、科学的、大众的社会主义文化，这是以人民为主体并为人民所共享的文化，因此大众的文化参与和文化接受是我们考察文化建设实效的一个重要尺度。我们是一个有着教化传统的民族，社会大众既是文化的接受者也是文化建设的参与者。主流文化建设的领导者、倡建者与接受者之间的边界并不是凝固的、一成不变的。主流文化的接受者，随时可转变为该文化的倡导者。大众既是文化的创造者也是接受者。在基层文化建设的多元主体中，政府是主导，负责基层文化建设的制度设计以保障人民群众的权益和文化领导权的实现。但如果没有广大农民群众的参与，没有将农民群众组织起来的社会平台，那么政府主导的制度设计在落地过程中将缺乏具体的承载对象。

从文化建设的实效来看，文化建设是一个庞大的社会系统工程。文化渗透于人们的社会关系、社会交往、社会行为之中，因而文化建设必须在一定的社会空间中来推进，需要在人们的广泛参与和互动中实现。农村基层文化建设的公共文化模式在乡镇、村一级遭遇梗阻，出现供需不对接、设施使用率低等现象，正是由于忽视了农村变动不居的社会现实，没有充分考虑社会主体的意愿，充分激发其参与活力，让其在一定的社会空间中因地制宜寻找恰当的文化建设方式。由于缺乏有效的社会动员和整合，政府提供的文化设施、文化服务与基层自身的文化要素之间难以有效整合，基层文化领导权的实现缺乏有效的平台。因而需要充分认识到基层文化建设中社会支撑体系建设的重要性。它是有效实现文化要素整合的平台和机制，通过政府赋权，让政府、社会、农民等多元主体各司其职，也使行政机制、社会机制和市场机制在不同领域充分发挥作用，提高基层文化建设的成效和活力。

（二）充分发挥好政府的主导作用，为引导和激发基层群众文化活力提供好的政策环境和制度基础

在农村基层社会力量发育还不充分、各项公共服务还不太完善的情况下，政府主导功能的发挥有着十分重要的作用，也在一定程度上决定着基层社会力量培育的环境和制度基础。

1. 进一步推进农村公共文化服务体系建设，充实乡镇文化站，探索乡镇文化站机制改革

尽管当前文化投入不足与文化设施闲置、服务能力不足并存，但仍然不能因

噎废食，忽视农村公共文化服务体系的建设，而是需要不断探索改进的路径。农村的发展具有不平衡性，有的偏远山区、落后地区和民族地区的农村还面临基础设施不完备的情况，同时公共文化活动经费不足也是普遍现象。乡镇文化站、村文化活动室、农家书屋等是公共文化服务体系建设中的重要阵地。事实证明布局合理、运转高效的文化站仍然受到基层群众的极大欢迎。如宜宾珙县珙泉镇文化站每天进站达 300 多人次，现有的 600 平方米站舍已不能满足活动需求。又如河南省郝堂村建设了 300 多平方米的村图书馆独立建筑，一度受到舆论的批评，但在乡村建设的过程中，图书馆逐渐成为村里年轻人最爱去的地方，也成为村里人公认的最有文化的地方，成为村庄的文化地标。值得思考的是农村公共文化服务设施的建设和布局如何才能更贴近群众的需要和习惯。乡镇文化站、村文化活动室总是与乡镇政府办公所在地或村委会所在地打捆建设，这种公共文化服务设施天然和群众拉开了距离。如蒲江明月村的村文化活动室建立在村委会的二楼，但农民来使用的概率极低，反之，设在村落中心位置的明月书屋由社会各界人士捐赠图书，却成为明月村新老村民茶余饭后去消遣的地方。目前乡镇文化站不具备独立的事业法人资格，因而面临文化专干不专、服务能力不足等一系列问题。可以在坚持乡镇文化站公益性事业单位性质的基础上探索乡镇文化站体制改革，在条件成熟的地区先进行试点，让乡镇文化站机构独立设置并进行事业单位法人登记，真正让乡镇综合文化站"活"起来，"忙"起来。此外，还要落实国家公共文化服务保障法，有效保障农村公共文化服务体系建设中设施设备、人员和活动经费的投入。

2. 完善各项政策，搭建平台，以多种途径激发农民的文化自信

当前政府依然是农村基层文化建设的主心骨。要激发社会的活力，并科学有序地还文化于社会，需要政府做好基础性的工作和制度设计，在条件合适的时候予以推行。

首先，政府需要通过多种途径去培育社会文化，激发社会活力，增强农民的文化自信。例如，通过完善公共文化服务体系，满足群众基本的文化需求，通过搭建展示平台，不断激发农民的文化需求，激发其参与的积极性和创造性。如宜宾珙县抓住农闲时间派出文化专干去农村普及广场舞，受到群众的欢迎。其中"珙桐花开"舞蹈队的《梨园梦》获 2017 年四川省"越舞越好看"广场舞总决赛冠军，极大地激发了农民的文化自信。又如蒲江县明月村政府在基础设施和公共服务方面搭建了很好的平台。明月村在文创+旅游+社区营造的不断拓展中，也着力激发当地农民的文化自觉和积极参与，如组建了"明月之花歌舞团"，8 位女性团员全部由当地村民组成。同时通过组织联谊以及开展公益活动等，让有文艺才华的新村民对老村民进行培训，通过新老村民的融合来不断提升农民的文化自觉意识。此外，雅安的名山通过特色农业以及乡村旅游业的发展，不断激

发茶农自觉传承茶文化的意识。

其次，在拥有较好社会文化基础的地区，政府要逐步建立和完善向社会力量购买文化服务的相关政策、措施和管理制度，通过资金扶持、平台提供，不断激发社会力量和广大群众参与文化活动的热情，同时加强培训和辅导，不断提高群众的文化素养和专业水平。政府购买社会力量的文化服务，既有资金上的扶持，同时还有荣誉上的激励，对于草根群众和社团而言，能够参与县上重要的演出，能够承接政府关于十九大精神宣讲的节目订单，对自身无疑是极大的鼓励，可以构建出政社互动的良好局面。只有在做好基础性工作的情况下，"还社会于民"才具有良好的基础，才具备这种可能性。

（三）进一步推动机制创新，总结推广农民文化理事会在构建社会支撑体系方面的成功经验

在持续激发社会活力的同时，还需要一定的制度创新，搭建群众、社会组织等多元力量参与农村基层文化建设的平台和机制，科学有序地"还文化于社会"，同时为基层文化领导权的"落地"提供抓手。

1. 搭建"政府主导、社会主办、群众主体"的参与平台和机制

农村基层文化建设的社会支撑体系最终需要落实到具体的制度设计上，为社会力量和群众参与文化建设提供机会和可能，全省各地也因地制宜积极进行了探索。如达州市创办新农村文化艺术展演、泸县建立农民文化演艺网，又如成都市因为财政实力较强，社会组织较多，城镇化程度较高，因而在农村推动社区建设，购买专业性社会组织的文化服务如举办大地民谣音乐节等。但也存在社区营造组织提供的专业服务与乡村实践脱节、仍然不能有效把握农民文化需求的状况。在诸多的创新实践中珙县农民文化理事会的运作具有一定的推广价值。首先，珙县农民文化理事会提供了多元力量整合的有效平台，有效整合了文化要素，为基层文化领导权的运行提供了组织基础。农民文化理事会有团体会员，也有个体会员，有专业性文艺组织，也有草根性组织，有营利性的，也有非营利性的，还有基层文化站的负责人参与其间，由文化理事会来承接政府公共文化服务，有效调动多方资源，盘活文化设施，整合文化要素。政府部门转换职能，从过去的"全包干"转向负责管导向、抓投入、建阵地、给保障。政府由"办文化"转向"管文化"和"导文化"，客观上也倒逼政府站在区域发展的实践上统筹经济、文化、社会、生态建设，统筹文化产业和事业的发展。有了文化理事会这一组织平台，也使政府能有效施策，对不同类型的文化活动和团体进行分类管理，使基层文化领导权的落实有了具体的抓手。农民文化理事会极大地激发了农民的文化自觉和文化自信，完善了群众参与、评价和反馈机制，实现了由社会和群众办文化、种文化。以农民文化理事会为纽带，整合各类文化队伍，着眼群众的文化需求，由乡镇综合文化站牵头，以农民文化协会、民间演艺团体作为送文

化下乡的主体，开展巡演以及文艺技能培训、文艺作品创作、文化活动交流、乡风文明讲座等方面的文化服务，"送文化"转化为"种文化"，实现了文化活动人人参与、文化成果群众共享。

2. 进一步规范农民文化理事会运作并予以推广

作为基层公共文化服务机制体制的创新探索，宜宾珙县的基层创新在牢牢把握党的文化领导权的前提下，坚持"党政主导、社会主办、群众主体"的原则，初步形成了县乡两级文化主管机构"导文化"、农民文化组织"办文化"、农民文化理事会"种文化"的"三位一体"文化领导权运行机制，但从经验的复制推广和机制的持续发展来看，还有不少环节需要进一步探索和完善。

同时，各地要进一步加强县、乡、村三级文化人才队伍建设，足额配齐乡镇文化专干；探索政府购买基层文化服务的途径和办法。要充分保障文化领导权在农村运行所需的经费、人员等要件配备，不断提升农民文化协会的规范化制度化水平，牢牢掌握党对农村意识形态工作和文化工作的领导权。

（四）加强基层文化人才的培育，加强对农村新文艺组织的引导和管理

加强农村基层文化建设除了要有好的平台和机制，更为重要的是要有一支了解农村、热爱农村的文化队伍。因而要加强对基层文化人才的挖掘和培养，加强对农村新文艺组织的引导和管理。

1. 加强基层文化建设的人才培育

一支热爱农村、懂得农村的文化专业队伍是基层文化领导权得以实现的中坚力量。尽管不少农村面临空心化的困境，但随着乡村振兴战略的实施，必将有更多的人才回到乡村。当前要夯实基层文化队伍的建设，形成挖掘、培育、孵化乡村文化人才的相关机制。

首先，夯实基层文化专干这支重要的队伍。县文化馆、乡镇文化站的专业人才队伍是一支扎根基层、熟悉农村和农民的不可多得的文化队伍。要按照相关机构要求，配齐乡镇文化专干。要充分调动文化专干的积极性，有针对性地加强对文化专业队伍的业务培训。对贡献突出的文化专干，可以通过成立文化工作室等方式来充分发挥其影响和带动作用。让文化工作不再是边角余料，增强基层文化专干对文化工作的认同感和自豪感。

其次，注重挖掘和培养农村各类文化领军人物、文化专业户、土专家等，加强培训，不断提高其能力和素养，使他们在农村文化建设中发挥引领和带动作用。如珙县高度重视文化工作，由县到乡开展形式多样的文化活动。在这些农民群众自组织、自参与的文化活动中，不断涌现出一些文化人才，有的擅长写两对半，有的成为民间的高音歌唱家。通过培训，可以不断提升他们的水平。如今他们已经成为活跃在农村文化舞台上的骨干力量。

最后，通过筑巢引凤引智引才。随着乡村振兴战略的实施，农村将成为创业

的热土，也将吸引大量热爱农村的人士来到乡村居住和创业。如蒲江县明月村就通过文旅结合，开发乡村旅游，引进了各类文创人才和社会组织入驻明月村，通过组建乡村文化演艺队、举办"明月诗会"等发动本村农民广泛参与，给乡村文化建设带来新的气象。此外，充分发掘返乡大学生、返乡创业农民工中的文化人才，培育在民间文化保护和传承中发挥积极作用的新乡贤力量，使他们成为农村传统文化创造性转化和创新性发展的重要力量。如青神县返乡农民工创建了木言兰舍民宿，突出乡村民宿和文化的融合，受到游客的热捧，创业者也受到了当地政府的高度重视。通过培训提升等一系列帮扶措施，可以推动其在当地文旅产业发展中发挥更大的带动作用。

2. 加强对农村新文艺组织的引导和管理

农村各类新文艺组织、群落和个体是当前农村基层文化建设中一支重要的力量。他们来自乡间，富于民间气息，机制灵活，在党的政策宣传和群众文化活动中发挥着重要的作用，也是农村文化产业发展重要的力量。

首先，对农村新文艺组织要分类施策，因势利导。对以娱乐为主的自组织型的民间文艺队伍要加强培育，在场地提供和能力提升方面给予帮助，让他们成为活跃群众文化活动的代表。尤其是对以传承非物质文化遗产为主的文艺团体更要给予更多展示的机会，给予一定的补贴。对以营利为目的的新文艺组织则要加强市场管理，避免无序竞争和低俗、庸俗化现象。在营利性演艺团体较多的地方可引导成立演艺联盟，将行业自律与政府监管有机结合起来。根据演出市场管理的相关规定，从事营业性演出活动的演员须凭中专以上院校文艺表演类专业毕业证书、专业职称证书或演出行业协会出具的演出能力证明，向文化部门申领个体演员备案证明，取得证明后方能依法从事经营活动。但大多数农村的演艺团体不具备这些条件，也不具备这样的自觉，因而需要政府部门加强管理和引导，搭建平台，开展演员资质认定。如泸县、珙县等都开展了这项工作。泸县于2012年请四川省演出行业协会组织专家对演员的表演能力进行考核，通过考试的演员将依法获得从业资格，使基层文化市场的规范化有了保障。对一些专业化的文艺组织，则要充分发挥其专业性，通过政府采购其服务的形式，使之在群众文化活动中发挥传、帮、带的作用。

其次，搭建平台，加强培训，提升能力和水平，激发文化自信和自觉。活跃在农村的新文艺组织散、小、弱，草根性特点明显，水平参差不齐，但他们在活跃农村文化市场、丰富群众文化生活方面具有积极的作用，因而需要政府加强服务和管理。一方面，可以通过提供展示平台来倒逼农村的新文艺组织和群体不断提高演艺水平，激发文化自信和自觉。如泸县通过开展"泸县政府文艺奖""泸县优秀演艺团队""泸县十强演艺团队"评比活动来不断提升民间团体的演艺水平。珙县每年举办红红火火过大年元宵文艺晚会，为各文艺团体提供展演机会，只有评选出的优秀节目才能上元宵晚会，极大地激发了各文艺团体的热情，不断提高节目质量。另一方面，也通过引导成立组织联盟类的平台，把各种文艺团体、群落和个人结合起来，让他们积极参与公共文化服务。如珙县农民文化理事会的成立使各类松散的组织有了平台，也让基层文化领导权的实现有了落脚点。泸县成立农民文化演艺网，通过这一平台从资金管理、业务培训、营销推广、业务承接等方面有效实现了服务和管理。此外，还要在组织平台和展示平台的保障下加大对新文艺组织的培训。通过市场机制和政府公共服务机制倒逼新文艺组织不断提升演艺水平。

民间新型文化组织
参与乡村文化建设的困境及对策

中共广安市委党校课题组①

党的十九大报告提出，全面实施乡村振兴战略，"乡风文明是保障"，要求"完善文化发展政策，培育新兴文化业态"。近年来，川东北地区民间新型文化组织发展迅速，成为推动乡村文化建设、实现文化振兴的重要力量。但在目前乡村文化振兴背景下，就未来长足发展来看，川东北地区民间新型文化组织就也面临诸多困境。

一、当前川东北地区民间新型文化组织面临的困境

（一）农村"空心化"与乡村文化建设"格式化"

一是农村"空心化"，导致文化主体缺失。民间新型文化组织的发展壮大需要专业人才的加入和相关配套措施的实践。调研发现，当前川东北地区农村劳动力大量转移，特别是有知识技能的青壮年劳动力和文化能人大量外出，农村文化精英过度流失已成为当前制约民间新型文化组织发展的关键因素。同时，民间新型文化组织作为一个现代意义上的组织，必须拥有对现代非营利组织管理较为熟悉的人才和宣传人员，但现阶段民间新型文化组织各方面的专业人才数量还远远不够，极大地限制了其发展。二是乡村文化建设"格式化"导致民间新型文化组织发展动力不足。政府长期对乡村文化建设进行"格式化"管理，使乡村文化建设呈现"格式化"特征。一方面，乡村公共文化式微导致农村文化活动越来越少，需要政府在乡村文化建设中承担更多义务；另一方面，由政府所主导的乡村文化建设工程没有激发农村基层的内生力量，未能让这些民间新型文化组织成长为区域社会文化建设的重要力量。

---

① 课题组成员：张慧芳，女，博士，邓小平城乡发展学院院长助理，中共四川省委党校讲师；蒙焱雄，男，中共广安市委党校常务副校长，讲师；袁琳，女，中共广安市委党校讲师；李晓刚，男，中共广安市委党校讲师；张丽丽，女，中共广安市委党校讲师。

（二）外部供给与内部承接能力不匹配

乡村文化建设是政府外部文化供给与乡村内部承接相互作用的过程，两者缺一不可。乡村文化建设缺少外部供给，势必会因缺乏必要的制度和资金支持而失去动力；但如果乡村内部承接能力不足，外部供给总量再多，终会因载体的缺失而事倍功半。

调研发现，一方面，现阶段政府对民间新型文化组织了解程度不够，没能充分认识到它在基层尤其是当前乡村振兴中发挥的作用，在无法构成信任的前提下没有给予相应的扶持；同时当前的基层文化供给和服务组织（乡镇文化站或文化服务中心以及村级组织）乏力，行政任务、脱贫攻坚任务占用了绝大部分时间和精力，没有精力听取和反映农民文化诉求，更无力组织开展村庄文化建设，极大降低了文化供给的效益。另一方面，民间新型文化组织本身存在内部结构缺乏有机整合、功能运转不畅等问题，造成其对外部文化供给的高需求和高依赖。课题组调研发现，川东北地区民间新型文化组织成员普遍呈高龄化趋势，以45～50岁者居多，占82%，且女性居多，占70%，导致民间新型文化组织内部管理不成体系，无法找到适应当前文化建设内容与方向的可靠抓手，成果的内容和形式创新不足，无法承接更多、更高层次的政府购买服务项目。

（三）管理、引导机制滞后，缺乏有效监管平台

一是缺乏对组织形式上的规范。调研发现，截至2017年11月，广安市民间新型文化组织有219个，达州市有2 300多支乡村文艺表演队。事实上各地有更多自发性的社会组织是尚未被记录在册的，尤其是很多乡村的新型文化组织、文艺团体，普遍较为零散。相关职能部门无法掌握这一类群体的组织信息、活动内容及动向，存在制度管理上的盲区。二是缺乏对表演内容的正确引导。市县级相关职能部门的政治引领能力较弱，对民间新型文化组织缺乏具体的指导细则和工作规范，对当地的文化阵地不能进行及时有效跟踪，出现了监管不到位的问题。三是缺乏对民间新型文化组织正规运行的保障。调研发现，目前大多数民间新型文化组织均由在当地有一定声望的人员组织并不断扩大影响范围，以吸引农民加入。但在此过程中，家长制作风时时出现，不利于组织的正规管理与发展。

二、对策建议

（一）加强外推力：建章立制，完善制度设计，建立长效机制

一要充分认识到合理的制度规范对民间新型文化组织健康发展的积极影响。作为建设乡村文化、实现乡村文化振兴的重要力量，民间新型文化组织须在四川省《社会组织登记档案管理办法》及公共文化服务体系建设标准的指导下登记备案。相关职能部门需进一步出台完善《民间新型文化组织建设标准及流程》

《民间新型文化组织章程》等导向性文件。同时，各民间新型文化组织要明确章程的主导地位，严格按照章程规定的宗旨和业务范围开展活动，实现"服务功能综合化、内部管理规范化、活动开展常态化"的转变。

二要搭建平台，健全评估机制，为乡村文化发展提供监管保障。对民间新型文化组织的监管应以法律为依据，着力于规范民间新型文化组织的各种行为。为了保证民间新型文化组织之间开展适度而有效的竞争，应改变同一行政区内不允许设立业务范围相同或相似的文艺团体的做法。引入第三方评估机制是加强对民间新型文化组织监管的现实选择。通过积极培育发展专业评估机构，建立科学的评估指标体系以及评估结果的运用制度，可以指导民间新型文化组织对照标准查找自身差距与不足。

（二）激活原动力：建设农村文化市场，充分激活民间新型文化组织力量

一是建立农村文化的市场化运作机制。政府通过财政对农村自发组织的文艺比赛活动、体育比赛活动、文艺自乐班等传统的文艺活动进行资助，激发、夯实民间新型文化组织竞争力，并通过宣传、包装等手段，拓展其演艺市场。依照"谁投资、谁获利"的原则吸引民间资本投资民间新型文化组织，让市场为乡村民间新型文化组织生存和发展助力。同时借助政策激励建立农村文化的市场化运作机制，引导更多的市场力量投入农村基础设施建设、文化资源开发、文化产业经营等领域。

二是建立多元化的文化投入融资机制，鼓励文化产业跨界融合发展，鼓励和支持民营资本投资文化产业发展。培育形成优势文化资源，对基础好、实力强、发展空间大的民间新型文化组织予以大力支持。

三是通过"以钱养事"机制，促进民间新型文化组织建立健康伙伴关系。通过民间文艺大赛等活动形式搭建平台，加强不同组织之间的交流与沟通，并以多种形式规范民间新型文化组织之间的市场竞争关系。

（三）提升内促力：整合既有文化资源，打造农村新型公共文化活动空间

一是对节目内容进行提档升级。围绕文化需求，民间新型文化组织应集中开展创作攻关和节目提档活动，不断增强其节目的市场认同度和竞争力。同时，民间新型文化组织应主动对接党委、政府的宣传需求和购买服务计划，将各种政策要求以基层群众喜闻乐见的方式呈现出来，针对群众普遍困惑的政策关键点以通俗易懂的语言说好讲透，充分剖析政策内涵，着力讲好乡村振兴故事。民间新型文化组织还应积极挖掘当地潜在文化资源，做优本土节目，扩大本土文化知名度和影响力。

二是进一步提升组织内部的管理水平。提升管理水平首先要明确组织内部的层次分级和职责分工，懂管理者负责规划协调、懂创作者专司创作、让善于沟通者负责宣传推广，在内部形成一套科学严密的分工体系。同时建立一套奖勤罚

懒、奖优罚劣、奖新罚旧的绩效考核制度，让组织内成员有创新前进的动力、追求超越的压力和坚守岗位的毅力。民间新型文化组织应将节目管理制度作为组织章程的一部分予以具体落实，包括节目创作制度、节目更新制度、节目审查制度、节目质量反馈制度以及节目叫停制度等。要通过建立专家顾问制度，增强自我发展水平。

三是进一步提升本地文艺人才的整合水平。鼓励引导城市各类文艺组织和文艺人才在城乡之间开展双向交流。各类民间新型文化组织还应注意挖掘共享民间各类文艺特长人才。党委政府应建立特长人才信息库，并从政策上为各类特长人才提供发展支持和学习交流机会，打造畅通高效的文艺人才和民间各类文艺团体整合平台，将散落在民间的"珍珠"有机地串在一起，克服"各自为政""单打独斗"的弱点，实现"抱团发展"。

非遗艺术介入乡村振兴机制思考

——以崇州竹里为例

江燕　何慧明

近年来，我国农村的老龄化和空心化趋势愈发严重，如何破除乡村的凋敝，开发乡村的资源，唤醒乡村可持续发展的内生动力，成为亟须解决的难题。在"乡村振兴"的大背景下，崇州市结合成都"西控"战略和全域旅游示范区建设，打造具有川西味、国际范、慢生活的川西新林盘，开启"景田修竹、共营共享"田园生活。在竹艺村的治理打造中，崇州通过社会资本将艺术引入乡村，以设计为媒介，以文创为特色，将非遗竹编变为可利用的资源，促进竹编产业提档升级，为提高乡村经济增长点和价值链延伸提供了一种新途径，从而实现了乡村建设的转型，带动了区域发展，留住了田野，守住了乡愁，探索出了一条非遗艺术介入乡村振兴的"新路径"。

一、非遗艺术介入乡村振兴的竹里实践

竹里位于"中国民间文化艺术（竹编）之乡"道明镇，因国家非物质文化遗产——道明竹编，取陆游《太平时》诗句而得名。同国内大多数非遗艺术一样，竹里存在着保护力度不够、逐步边缘化、不能与市场对接产生新的经济效益、非遗传承人难以维持生计等问题。为破解这一难题，近年来崇州市致力于"用文化延续未来、让艺术点亮乡村"的系统性研究和实践，努力探索通过非遗艺术介入乡村振兴，激活乡村民俗文化和传统文化的新路径。

（一）建筑点亮乡村

竹里项目处于道明镇无根山丘陵区与坝区交接地带，背山面田，山上有大片的竹林、稻田、河沟等自然景观，自然环境优美，人文历史深厚，村里住着 5 位非遗传人。这里的村民代代依竹而居、以竹为器，但随着工业化的冲击，竹编产业逐渐式微。崇州市一直在做推广，但效果不显著，最后决定把艺术与设计融于小镇，向全球招募建筑设计团队，要求还原陆游在此地任通判时写下的一首诗

《太平时》中所描绘的景象："竹里房栊一径深，静悄悄。乱红飞尽绿成阴，有鸣禽。临罢兰亭无一事，自修琴。铜炉袅袅海南沉，洗尘襟。"在村落间搭建非传统的建筑，传承传统，从一个院落到一个聚落，以建筑的语言叙述乡野未来，竹里由此而来。

通过 35 天的全球设计招募，一个"无限（∞）形"乡野建筑设计方案从 28 个方案中脱颖而出，设计构思融入原有场地、周围村落以及自然生态资源，最大限度地保留了一草一木，在自然的空间缝隙中建立起当代建筑与自然乡村的对话。非遗保护不是静态的保护，发展的保护才是有生命力的保护，村落的传统竹编技艺是一方的人文与韵律，竹里通过和道明竹编非遗传承人的交流和打样，通过模数化的控制以及传统的纹理设计，将道明竹编与竹里建筑立面的设计与建造有效结合起来，通过 580 平方米的道明传统手工竹编，80%建筑预制应用，52 天高效率施工，探索城市与新乡村建设的互动，实践新建造技术与道明竹编手工艺的紧密结合，将传统营造技艺与预制工业化等不同层面的问题融合。"竹里∞建筑"将道明竹编与竹里建筑立面的设计与建造有效结合起来，不仅在没有改变位置、没有改变其他形态的情况下让原来乡村的功能和内容实现了更新升级，同时依托竹里这一乡野建筑，凝聚川西林盘文化、"道明竹编"文化和农耕文化，促进文化创意、精品民宿、乡村旅游等矩阵式跨界融合，打造农商文旅体融合发展平台。以艺术介入乡村，以文创促"非遗"走向市场，以文创促原生态发展、非遗竹编工艺良性发展。新天府林盘建设村庄规划先行，通过合理的村庄设计规划保证前两项目标的实现并健康循环。

（二）旅规统筹建设新林盘

竹里二期项目竹艺村以竹编保护为出发点，盘活现有的存量建设用地，在整个打造过程中保护和传承川西林盘的建筑形态和文化底蕴，根据它的本性与本土材料，将乡土人文与自然环境巧妙融合，严格遵守"少拆多改"原则，遵循"社会治理与社区运营标准化"和"艺术审美与空间设计标准化"的"两个标准"原则，坚持"先共识后共建、先生态后项目、先公建后产业"的"三先三后"理念，遵循"清、理、补、改、拆、通"的"六字诀"和"四不五原"规则，不大拆大建、不挖山填塘、不过度设计、不冒进求洋，最大限度地保护原生态、留下原住民、保留原住房、尊重原产权、使用原材料。邀请国内外知名设计机构设计旅游景观，建设"国际范、天府味、竹编韵"的新中式川西林盘。

（三）"外引""内培"招募新村民

乡村振兴的根本是人才的振兴，竹里采取"产业+人才+文化+生态+乡村组织"的形式及"天府文化+设计师联盟+集体经济组织"模式，通过"外引""内培"人才招募新村民。这些新村民为乡村振兴提供了智力支撑和技术带动作用。竹里通过招募一批拥有"艺术家的眼睛、人文者的心、经营者的脑"的新村民，鼓励艺术家进入乡村，与当地的自然、人文环境产生互动，将艺术巧妙融入乡间和自然，推动非遗文化挖掘和地域再生，吸引更多人来感受大地艺术之美，找寻关于土地和自然的原生记忆。外引"新村民"主要集中引进建筑规划、文创旅游、艺术设计等领域的高端人才、专家学者。他们将为乡村发展提供智力支撑，同时也为新农村建设需要培育农业的专业技术人才。招募的新村民带来了新的发展理念和视角，他们用自己的知识、素养潜移默化地影响原住民，提升村民的生活水平，拓展了竹编产业生态，改善了村容村貌，还促进了文创产业集群的形成。而原住民依然生活在村里，用他们温情脉脉的邻里关系感染所有人，营造出既平和闲适又知人情冷暖的乡村美学新空间。迄今为止，竹里项目已经引进同济大学建筑与城市规划学院教授袁烽，法国利摩日国立美术学院老师、当代艺术家刘伟福，中国青年诗人、巴金文学院签约作家马嘶，传统生活美学践行者冯玮，艺术策划人韩冷，外国艺术家 Schmidt Carola 以及国外建筑大师、美学大师和书法家等 100 余名新村民入驻。新老村民的优势相互结合，老村民葆有着乡村原有的气质，新村民的驻入带来新鲜的艺术气息，新老村民相互交融，传统与创新相互接纳。

（四）创新机制促发展

竹里项目不仅盘活了闲置的川西民居，同时借力文化创意，构建了"竹编艺术文创集聚区+四大文创产业板块+N 个特色文创产业发展平台"的"1+4+N"文创产业发展格局，建成了"竹艺村道明竹编"创客基地、竹艺工坊、竹编博物馆、丁知竹非物质文化研习所、见外美术馆。此外，还发起了竹艺村艺术季、建筑＆设计沙龙、海外艺术驻留计划、儿童艺术节、驻留艺术展等持续落地。以非遗竹编为经纬，竹里既最大限度保留原生态村舍，又将国际现代的独特美学元素带入其中，新的形态使村落之美在点、线、面连接、贯通，让艺术成为身处自然乡野之中的全身心感受和全方位的体验。

二、治理结构视角下竹里非遗艺术振兴机制剖析

（一）塑形态：重构生活美学空间

非遗艺术介入乡村建设，最重要的就是让乡村回归乡村，发挥乡村应有的经济、文化和生态价值，重建人和土地的关系，赋予乡村在生态宜居、文化传承、产业兴旺等方面的多重作用，挖掘乡村多元价值，再造乡村生活新空间。艺术介入可以直观地带来传统村落的视觉提升，在乡村文化的"在地性"基础上，挖掘被村民忽略的文化遗产，将其变为可利用的资源，推动乡村形态的空间多样性和景观多样性。竹里打造围绕空间、交通、环保、服务、景观、生态、人文、旅游、农业、慢生活十大系统，做到总体规划"不破坏生态"、公建配套"不大兴

土木"、原有房屋"不推倒重来"、现存庭院"不改变原貌"。竹里被划分为"野奢酒店·禅院食府"区、民俗民宿区、竹艺工坊区、大地艺术区四个区域，项目一期已完成竹艺村28户风貌整治，建成"竹艺村道明竹编"创客基地、来去酒馆、三径书院、遵生小院、民宿等。改建了社区中心，新建了第五空间洗手间、大田景观污水处理系统和国际工作营地等，重塑了有生态的环境、有传统的历史、有现代化的生活，承载天府文化记忆的生活美学新空间。

艺术与乡村的融合，使空间场域的艺术设计和老林盘、老房子产生碰撞，川西林盘在延续传统风貌的前提下，焕发出了一种前卫而时尚的新魅力，不仅突出了"竹编"这一特色，也促进了当地产业升级，形成了新的文化地标——竹里，让艺术在乡村生发。竹里以艺术振兴乡村的途径不是简单的植入，而是在充分尊重竹艺村的独特性和乡风民俗的基础上，通过调研、观察、参与、融合、共生的方式，重新修复村容村貌，重新修复乡村审美价值，把乡村价值放在文化多样性和社会共生的视野中，充分发挥艺术所具有的强烈的激活性、生态性、在地性和生长性。如第五空间等新的公共艺术设施，不仅具有厕所、上网、充电等实用性功能，同时充分融入了竹编特色，表现出了独特的艺术审美气息；竹编博物馆的建立，不仅是对传统文化物质载体进行复活，也是对特色川西民俗文化与传统竹编手工技艺等进行艺术化呈现。

艺术改造村落，熔铸传统与现代，外在表现为与空间的和谐，内在表现为与人、生态、非遗技艺等的契合。新村民以保护开发道明非遗竹编文化资源为前提，传承延续传统乡村精神，有机融入当地的环境与居民的生活，意在在美化与改善乡村环境的同时，引导原住民以艺术的视角来审视自身的日常生活与乡土文化，从"扶美"到"扶智"。新村民对老旧院落的成功改造，向原住民传递一种新的审美取向，带动原住民重拾自己的竹编手艺，改造自己的旧院落，重新认识乡村发展的多样性和可能性。正如梁漱溟先生所言："以乡村，以老道理为根，另开创出一个新文化来。"

（二）兴业态：重振非遗技艺活力

非遗艺术介入乡村建设不仅要和村庄产生关系，还要与人产生关系，这样才能富有生命力——以传承历史传统、解决实际困难为前提，通过新村民的眼睛发现原住民忽视的文化、遗产的价值，也通过新村民启发原住民的发展思路，为乡村振兴蓄积厚重的力量。新村民通过思考村落的非遗文化和地域文化，用专业、艺术的眼光和创意手段升级经验和理念、更新技术，再现非遗文化的独特内涵，吸引社会资本和市场，实现乡村农商文旅体融合发展。新村民在尊重本地的自然生态环境、历史遗存、本地文化基础上，用多元的手段挖掘村落的潜在文化价值并将其转化为新型生产力而带来直接效益。例如：竹编手艺跨界，竹子+陶瓷，融合出雅致的茶具；竹子+时尚品牌，碰撞出别具一格的包袋，与景德镇一家陶瓷厂合作推出的瓷胎竹编花瓶，每个售价从几百元到一千元不等。艺术设计让竹编产品的价值得到大幅提升，实现了非遗产业优势化转型。

在非遗艺术与乡村结合的实践中，竹里特别关注原住民自身在其中发挥的作用。新村民不是以孤独的艺术创作者身份来"借鸡生蛋"，而是长居于此进行在地性创作，号召当地竹编手艺人、村民等共同参与创作、共同完成作品。用艺术的力量帮助村民提升艺术素质、重树工匠精神，激活村民的文化自觉和文明意识。新村民的创造不回避竹编艺术的实用性，让艺术重回生活现场，与日常生活紧密连接在一起，重建村民新的"生活的样式"，而这种新的"生活的样式"是成长在传统竹编文化的基础之上的。竹里还与中央美院、清华美院等美术院校的合作，探索传统的手工竹编技艺和传统的文化资源与现代化审美嫁接产生的新的乡村时尚文化。

在竹艺村打造的竹编博物馆里，竹编匠人们可以潜心创作，游客们可以从取材到制作深度体验竹编艺术。当地还成立了竹编产业协会，通过提高竹编的产品附加值，增加当地村民的收入，振兴竹编产业。同时，以"造商"代替"招商"，孵化式培养创客人才，再以创客人才为起点发展竹艺村文创产业，探索乡村建设与社区营造的各种可能性。同时，利用海外艺术家驻留计划，引发国内外媒体对道明非遗竹编小镇的关注，实现竹艺村的可持续发展。此外，艺术家和当地竹编非遗传承人携手开发瓷胎竹编花瓶等特色竹编产品 3 000 多种，远销 40 多个国家，2017 年竹艺村文创总收入超 8 000 万元，吸引游客近百万次，带动全村人均增收 4 000 元。

（三）显文态：重拾乡土文化自信

乡村文化、乡村精神是乡村的根和原生动力，要实现乡村的可持续发展，就必须重拾乡土文化自信、复兴乡村精神。对于活化川西农耕文明和乡村的历史记忆，竹里探索的路径是：从诗意栖居到艺术实践，从乡土创造到社区营造。非遗艺术介入乡村建设不仅仅为了改善居住环境和完善相关产业，更重要的是传递和植入一种新的乡村发展观念，用乡村的独特文化精神，去理解当地人的需求与愿望，引发情感的共鸣，最终用当地的文化和智慧孵化出一种文化认同感和归属感。新村民招募计划、海外艺术家驻留计划打破了村落原本空心化、老龄化的封闭状态：新鲜的创意和互动营销一方面有助于闲置宅基地、竹编资源的挖掘和转化利用，重新发现传统材料、工艺的美和魅力，重估乡村文化的现代价值；另一方面，有助于带动村落和城市之间的互动交流。而这种开放性与流动性，有利于道明竹编文化的展示与传播，有利于乡村文化活力的激发与恢复，在吸引城里人参观进驻的同时，可以增强本地人的文化自信，留住本土人才，吸引外流人才返乡，从而为乡村振兴积聚更多的社会资源和建设力量。

竹里倡导艺术社区营造，让艺术与村民形成一种互动、分享且非强制性的关系，以竹编为触媒，以艺术为媒介，提升村民的审美趣味，促发原住民合作意识与公共精神的生成。艺术介入社区营造，通过公共的艺术设施、文化墙等传递乡村历史、传统、风土人情，让村民在艺术环境氛围中认识到乡村文化的价值，共同构建起村落的文化认同，形成强烈的凝聚力和社区归属感，便于村民共同致力于乡村的振兴。如竹里乡村社区服务中心，既可以承载讲座、活动、展览、休闲等多元的功能，又是青年创客基地、文化创意平台、商品交易平台。这使乡村社区将不再有界限，是一种能面向未来的、具有公共性的、能代表当地文化特质的平台。

（四）保生态：重赋地方特色机理

艺术与乡野、艺术与水系、艺术与乡村的在地性对话，建设成了一种相得益彰的生态文化谱系。竹里的规划注重三方面理念。一是本地特色农业、竹编产业、休闲体验、文化创意及美丽新村建设的有机融合，保留原有林盘院落的空间肌理和体量，空间设计体现川西林盘亲近自然、融合自然的特性。二是鼓励艺术家进入社区，与当地自然、人文环境产生互动，将艺术巧妙融入乡间和自然，推动文化挖掘和地域再生。三是依托林盘打造民宿酒店和休闲农田，形成独特的乡村文化旅游产业。如游客中心建在原宅基地上，尽量少占地，但挑高层设计，照样满足员工办公需要。高低起伏的房顶，与建筑背后依偎的绵延起伏的无根山山脉相呼应。将游客中心旁的一片杂林地开发成湿地，变成村污水处理的重要一环，为全村 86 户人实现了严格的雨污分流。停车场既没有新占耕地，也没有过多砍伐树木，而是通过整理杂林地形成新的空间。这片杂林地里还设有看台区、休息区。

整个竹里项目的规划设计充分体现了人与自然和谐统一，所有建筑充分尊重道明"竹编之乡"现状场地的自然本底，最大限度地让树木与建筑融为一体。在竹形内墙纹理，竹编外立面、吊顶、吊梁、竹灯等地方，随处可以见当地竹编技艺的创造性应用。

三、非遗艺术介入乡村振兴机制的思考

剖析竹里乡村治理项目中非遗艺术介入的实践，可以总结出一些经验和启示，为我们在乡村振兴实践中进一步结合并创造性运用、传承当地非遗文化艺术提供了借鉴和思考。

（一）统筹规划，深化艺术介入乡村新机制

政府应树立"总规统揽、旅规统筹、旅标实施"的理念，把村落当作景区规划、把乡道当作景观设计、把林盘当作景点打造，提升乡村规划的创意设计、功能统筹、产业融合能力。政府在项目中的关键作用在于形成政策、土地以及统

一的协同，协助社会资本解决土地等问题，安置原有居民。因此政府要进一步完善集体建设用地产权制度和要素市场化配置，激活主体、激活要素、激活市场。一方面，通过"三权分置"，令宅基地等成为一种市场意义上的资产，并使这些资产产权明晰；另一方面，通过产业布局，激活非遗技艺、土地等资产，同时引导"社会资本下乡，实现乡村艺术化"，实现田园本地、非遗产业与艺术创意的和谐发展。

（二）跨界融合，打造农商文旅体融合发展平台

遵照"政府主导、市场主体、商业化逻辑"，注重挖掘乡村的多元价值，立足林盘特色、产业定位，深化"天府文化+设计师联盟+集体经济组织"模式，充分发挥艺术家、文化创客的文化带动和风尚引领作用。引导艺术文化资本招募艺术家，发起艺术季，增加了乡村的吸引力。鼓励艺术家通过艺术介入盘活闲置宅基地、改造旧院落，以乡村为背景、以竹编为依托，与村民共创共建艺术作品吸引游客，促使艺术力量与非遗技艺跨界融合，走出工艺美术范畴，重回生活，催生出更多新型产品和特色旅游服务，打造好农商文旅体融合发展服务平台。

（三）以优促建，打造乡村艺术化品牌

一是集聚人才。加大艺术家、文化创客、设计师和创意工作者等新村民招募力度，用可持续发展的理念经营"乡村重塑"，为乡村发展和非遗产业升级转型提供基础。利用艺术的柔性介入推动非遗手工艺保护传承、创新与传播，重构乡村传统文化，引领乡村文化新风尚。二是帮管结合。研究出台相应政策，划拨专项资金，大力导入和扶持非遗艺术介入乡村振兴。鼓励支持艺术产业"返乡"、入驻，重点培育创新能力强的艺术产业及项目，建设非遗产业发展展示交流平台，促进艺术家和非遗产业间的相互交流与发展。打通渠道，支持乡村艺术季，并将重点文创产品开发项目和产业纳入专项资金扶持范围，形成乡村振兴新的发展点。三是深挖内涵，打造"一村一品"。深入挖掘乡村文化特色内涵，依托乡村传统文化、非遗项目，实现传统文化的创造性转化和创新性发展，以特色传统文化反哺乡村，形成有基础、有特色、有潜力的乡村艺术化品牌。

总之，在竹里项目的实践中，崇州市探索出了以非遗艺术介入乡村治理的乡村振兴模式——以"竹里"为载体，将整个竹里建筑作为竹编艺术展示平台，通过非遗艺术媒介挖掘乡村价值，进而扩展到乡村产业、资本、文化和治理等深层领域，实现乡村多元发展与全面振兴。"竹里"不仅是一道乡村的"景点"，还是竹编文化传承与复兴的载体。"竹里"的创新经验，为乡村振兴战略背景下挖掘运用非遗艺术介入乡村治理，助推乡村文化、产业振兴探索了一条新路径。

生 态 篇

四川省农村"厕所革命" 面临的问题及建议

袁威　车华武　许彦　郭险峰　徐林　李英子　杨志华

2017年9月,四川省人民政府办公厅印发《四川省"厕所革命"实施方案(2017—2020年)》,将全省"厕所革命"进一步推向纵深。2018年6~9月,省委党校课题组赴眉山、达州、自贡、绵阳等地,就农村户用卫生厕所建设和改造、乡村公厕的建设与维护等情况进行了调研。调研发现,尽管"厕所革命"总体上改善了乡村人居环境,但在具体推进过程中仍面临着诸多问题。

一、四川省推进农村"厕所革命"面临的问题

(一)从农村改厕的情况来看,"三缺"现象成为"肠梗阻"

一是农村改厕缺资金且补贴滞后,致使意愿农户"有心无力"。调研发现,目前推行的农村改厕方式主要以三格式化粪池和三联式沼气池为主,但是改建成本很高。以绵阳盐亭为例,当地对需要改厨、改厕、改圈的贫困户,按照自建或代建方式,采取先建后补办法,在乡镇、村验收及县级部门抽查合格后,县财政按照改厨1 000元、改厕600元、改圈400元的"三改"项目财政资金补助标准通过"一折通"直付给农户。但当地农户反映,600元的改厕费无异于杯水车薪,即便为了降低工程成本基本保留原来结构,但购买一套厕具(包括一个大桶、双蹲位便池、两个高压水冲装置)最少也得750元,这还不包括人力成本。还有的农户反映,"先建后补,走程序需要很长时间,等拿到钱,新改的厕所都旧了,效率实在不高"。

二是人力紧缺导致农户改厕被迫"排队"。课题组在达州万源调研发现,由于当地农村"空心化"严重,存在找人代建厕所的现象。当地政府秉持"群众愿意找谁就找谁"的原则,可是泥水匠等"能人"大多数已进城务工,导致"排队"现象甚至"无人可找"。此外,由于改厕工作量不大,企业化的施工队"也不太愿意挣这个小钱"。

121

三是缺观念导致推进阻力较大。在课题组关于"你认为厕所问题对你家的生活品质有影响吗?"的调查中,认为"没有和基本没有影响的"达到了57%,而在关于"你家需要新技术助力'厕所革命'吗?"的调查中,表示需要的只占35%,觉得无所谓、与己无关的占46%。课题组在眉山市调研时,当地村民给课题组算了一笔账,即使换成了水厕,等储粪池满后,还得靠自己挑着粪便倒入地里。如果请人清掏的话,平均4个月1次,每次要50元,增加了生活成本。因此,村民们对厕所革命的参与意愿不高。

(二)从农村新建卫生厕所的情况来看,"中看不中用"现象较为突出

一是不按标准建卫生厕所。调研发现,很多农户在自建新房时,并没有遵照《农村户厕卫生标准》的规定。有将近30%的农户新建的厕所,除了污水与日用废水混合排放外,化粪池建设不按标准、不按规定于盖板上方留取粪口等问题也大量存在。甚至有一些农民嫌定期清理麻烦,又担心污水溢出,便在建设化粪池时有意对三化池不做防渗处理,甚至有的直接将化粪池建在地基底下,导致污水下渗土壤成为较普遍的现象。

二是排污后端处理能力不足。无论是三格化粪池,还是沼气池,其污水或沉渣都需要在后端定期处理,通常有还田施肥、分散净化后排放、集中处理、湿地净化后排放4种处理方式。在课题组走访的将近30个村庄当中,有过半数的村庄都没有建设污水管网、污水净化池或者湿地的能力,有60%都采取第一种处理方式。农民自己动手清理的主动性不强、积极性不高,下渗土壤的污水也污染了环境。

三是设计不科学,选址不合理。由于缺乏统一的规划和专业的指导,很多农户房屋没有预留适当的改厕建厕空间。即便预留了改厕建厕空间,周围也无地建化粪池或沼气池,导致一旦集中修建化粪池、管网或沼气池等基础设施时,需要二次、三次开挖,"费时""费力"现象较为突出,农户意见极大。

(三)从农村公厕的建设情况来看,数量总体不足、管理水平不高、"邻避效应"凸显等问题亟待解决

一是农村公厕数量总体不足、历史欠账较多、缺口很大。课题组在绵阳平武县调研的21个乡镇中,有近40%的乡镇没有可用的公厕,有60%有可用公厕,有88%的厕所不是无害化生态卫生厕所。近200多个行政村也大都没有村公厕。

二是农村公厕的管理维护水平不高。课题组在绵阳平武县龙安镇调研时发现,全镇共10个公厕,其中8个为水冲厕所,2个为旱厕,有一家招标的保洁公司仅派1名保洁人员进行管理、维护,设施坏了也不能及时维修。而其他乡镇的公厕更是无人管护。在自贡市荣县,农村公厕保洁人员与课题组交流时表示,她一天要打扫7个公厕,但一个月的收入只有1 000多元,微薄的收入无法调动积极性,厕所脏、臭、差问题突出。

三是"邻避效应"十分突出。农村公厕设置的重要性不言而喻，被调研的农户也希望多建这样的便民基础设施。但是，85%的农户都不希望公厕建立在自己房屋 20 米范围之内，40%的农户甚至不希望公厕建立在自己房屋 50 米范围之内，担心对自己身体健康、居住环境有影响。此外，即使有的地方采用了脚踩式高压水冲装置，但一次冲水用水量控制在 300~500 毫升，水量少，冲洗效果不好，污渍累积，影响厕所美观及使用。

二、对策建议

（一）加大对农村改厕的资金投入与政策支持力度

一是加大资金投入。提高改厕补助资金标准，视情况允许加快补助在建设验收后的发放速效，强化建设质量，特别是结合精准扶贫工作，提高贫困村和贫困户的改厕补助标准。拓宽资金筹集渠道，鼓励多方资金共同参与，解决资金短缺瓶颈。

二是提供农村改厕专业化支持。成立由省级改厕专家组成的检验鉴定团队，能够在改厕设备招投标环节进行专业的检验鉴定，严格把好卫生设施材料的质量关，让质量合格的卫生洁具、管道材料进入改厕工程。建立无害化厕所合格企业名录，通过邀请招标的方式在名录中选择参加竞标的企业，切实保障工程质量。

三是推广现代文明厕所新理念。以厕所革命为契机，破除如厕陋习，培植厕所文明，推广文明厕所新理念。多途径开展宣传，更新农村对厕所的原有认知，改变农村"厕所有个地方就行"的传统陋习，帮助农民更新观念，强化卫生意识和文明习惯，让新厕所文明深入民心、深得民意。

（二）坚持农村新建卫生厕所标准，改变千篇一律做法，树立超前思维，统筹污水治理

一是坚持标准引领，健全工作机制。将以生态无害化厕所改造为主的农村污水治理纳入经济社会发展综合考核，推行领导干部包县区、包村镇乃至承包到户，进行评分排名，以成果论成绩，以成绩论政绩。

二是灵活有效处理排污后端问题。因地制宜，改变千篇一律推行一种改厕模式、一户一池等做法，根据实际情况采取灵活多变的工作方式。建议因地制宜设计化粪池、沼气池的大小，对于人口少的家庭鼓励两户或多户联建，对补助资金根据出地面积大小分配；畜禽养殖规模大的地方主推三联通沼气池，可一并有效解决畜禽粪便污染问题。同时，根据地理位置、人口、财力、农业种植面积等实际，对污水后端处理采取不同建设模式，如将城市污水管网向农村延伸敷设、建设村级小型污水处理厂集中处理、建设多户污水集中储存池以统一取肥为循环农业服务。

三是树立超前思维，统筹规划建设。统筹推进农村污水治理的方式，力争将畜禽粪便、厕所污水、庭院洗涤废水、厨房洗涤废水和小宾馆、小餐馆、农家乐等经预处理后的废水纳入各类农村生活污水处理范畴。充分落实"四统一"工作模式，规范施工标准，统一公开招标，选择过硬的施工队伍，保障工程达到技术规范。有效避免二次、三次重复开挖、重复建设。

（三）优化农村公厕规划布局，建立常态化管理机制，提升公厕建设品质

一是优化农村公厕规划布局。组织开展普查或大样本抽查，全面掌握全省农村公厕基本情况。加强专项规划引导和刚性约束，加强新建农村公厕的规划方案审查。明确配建农村公共厕所的数量和建筑面积，并与项目主体同步规划、同步设计、同步建设、同步验收。

二是建立常态化管理机制。坚持高标准引领，制订相应的公厕精细化管理办法，完善制度管理、工具配置、操作流程、现场服务、监督管理、应急处置等。经常组织公厕管护人员参加业务培训，提高其综合素质。探索厕所管理新模式，落实"属地管理，分片包干"责任制，提高管理实效。

三是提升农村公厕建设品质。应用富有地方特色的设计元素，结合选址实景精心设计，确保农村公共厕所建筑造型既美观大方又与农村文化机理相协调。在设计上融入当地人文、景观和环境，力争把乡村公厕建设成乡村休闲景点，实现农村公厕人性化、生态化、特色化、景观化。

生态经济视角下
阿坝州区域经济发展的情况调查
——以东南片区为例

王东林　杨松美　秦木初　王阳

四川省阿坝藏族羌族自治州东南经济区（以下简称东南片区）是阿坝藏族羌族自治州的四大经济区之一。作为川西生态保护与建设的主战场，它在生态功能区中的定位是岷江上游水源涵养与土壤保持生态功能区。从区位来看，东南片区居阿坝州东南缘，形如展翅的飞鸟，包括汶（川）理（县）茂（县）三县，占地 12 476 平方千米，占全州总面积的 14.81%。以 2013 年为分水岭，东南片区经济发展从高速增长向中高速转变。灾后重建促进了基础设施产生跃升性变化，助推了片区经济振兴，但非常态的高速增长已成过去。当下，东南片区正在经历四个转变：一是经济发展目标从仅仅追求地区生产总值向寻求质量效益转变；二是经济发展重点从以第二产业主导向三次产业协调发展转变；三是经济增长仍以投资拉动为主，但力量正在减弱；四是旅游业逐步升温，发展前景可观。

一、东南片区发展的基本情况

建设生态经济是指在生态系统承载能力范围内，运用生态经济学原理和系统工程方法改变生产与消费方式，挖掘可以利用的资源潜力，发展一些经济发达、生态高效的产业，建设体制合理、社会和谐的文化以及生态健康、景观适宜的环境，实现生态效益、经济效益和社会效益高度统一的可持续发展经济。在生态经济的轨道上求发展，既考虑了人类的需要，也考虑了自然生态的承载力，还考虑了代际关系以及不同区域人们的共同需求，是区域经济提质增效的必然选择。东南片区在生态功能区中的定位是岷江上游水源涵养与土壤保持生态功能区。一水一土的珍贵凸显了东南片区取道生态经济的重要性。但事物往往具有两面性，走生态之路与发展经济存在或多或少的冲突。保护生态资源意味着老百姓必须放弃对这些资源的一些开发权和使用权。下游居民需求的好水质需要上游居民"呵护"，此种权责不对等的状态，也考验着上游地区政府的智慧与居民的良知。

（一）东南片区的基本情况及资源优势

1. 基本情况

阿坝州东南经济区是阿坝藏族羌族自治州的四大经济区之一，居阿坝州东南缘，毗邻都江堰、彭州、什邡、绵竹、北川和安县，是阿坝州连接成都、绵阳、德阳的交通枢纽地，位于成都两小时经济圈内。2013 年，东南片区年末总人口25.24 万人，占全州总人口的 28.14%。从民族构成来看，羌族是人口最多的少数民族（占片区总人口的 60.27%），藏族人口其次（占总人口的 17.62%）。从全州角度看，东南片区是羌族的集聚区，有羌族人口 15.6 万人，占全州羌族总人口的 91.29%。从城镇化来看，东南片区城镇化率为 36.68%，略高于全州平均水平（34.59%）。

2. 资源优势

相较于其他地区，东南片区在气候、生态农业、旅游、清洁能源等方面占据相对优势。一是气候养生资源。受副热带高压气候影响，东南片区全年呈现冬季干冷、夏季温暖湿润多雨的东亚季风气候特征，年均气温在 7℃～14℃，与周边地区如成都、重庆等大城市存在明显的温差，是夏季养生避暑的优选地。二是生态农业资源。东南片区地处岷江上游地区，无工业污染源，农业生态环境优越。不仅适宜生长的农产品种类多，而且是川西北地区很多经济作物的最适宜分布区。三是旅游文化资源。东南片区是藏羌彝文化产业走廊（四川区域）核心区，旅游文化资源独特且丰富，有全国最大的羌族聚居区，是羌族文化传统保留最为完整的地区之一。既有茂县羌城、黑虎羌寨、桃坪羌寨、龙溪羌人谷、甘堡藏寨等民族文化风土人情，又有风景秀丽的自然生态景观（如米亚罗红叶、毕棚沟自然风光），还有九顶山滑雪场、古尔沟温泉、三江生态风景名胜区等集休闲、度假、疗养、保健于一体的养生、康疗度假胜地。四是清洁能源。东南片区域内有丰富的水能资源，可开发的水能资源总量为 418.38 千瓦，现已开发 301.58 千瓦，占可开发量的 72%。同时，由于东南片区独特的高原气候，太阳能、风能等资源也较为丰富。

（二）县域经济的比较分析

1. 与四川经济发展水平比较

东南片区人均地区生产总值高于全省平均水平，城镇居民收入指标与全省基本持平，农村居民收入略偏低（是全省平均水平的 84%）。考虑人口因素，东南片区地区生产总值占全省地区生产总值的比重较为合理，达到了 0.36%（东南片区人口占全省总人口的比重为 0.32%）；固定资产投资表现良好（占全省的0.70%），但社会消费品零售总额则表现不理想（占全省的 0.13%）。

2. 与周边地区经济发展比较

通过产业结构相似度、关键经济指标比较可以发现，东南片区具有如下特点。①三次产业同构现象严重，但行业细分不同。东南片区与周边的都江堰市、彭州市、郫都区、崇州市的三次产业相似度偏高；与郫都区的产业相似度最高，与都江堰的产业相似度最低。但是行业细分差异大。例如：同是第三产业，东南片区三县以旅游业为主，而周边地区的第三产业更为多元化；同是第二产业，东南片区三县以高载能工业为主，而都江堰第二产业则以机械、电力、建筑建材、冶金、轻纺、医药等为支柱。②人口数量少，农业人口比重高。2018 年，郫都区、都江堰、彭州和崇州年末户籍人口在 50 万人以上，彭州则高达 80 万人；汶理茂三县人口最多的茂县，年末户籍人口仅有 11 万人；同时，汶理茂三县的农业人口比重偏高，分别达 61.4%、76.1%、74.8%，而同期郫都区、都江堰、彭州、崇州分别为 57.2%、35.3%、67.1%、70.2%。③经济规模小，但人均水平并不低。与周边地区比较，东南片区三县的经济规模明显偏小。如郫都区经济体量是汶川的 7 倍、理县的 21 倍、茂县的 13 倍。但是东南片区人均地区生产总值并不低。汶川人均地区生产总值超过郫都，理县人均地区生产总值超过都江堰，茂县人均地区生产总值接近崇州。④消费水平偏低。与周边地区相较，汶理茂三县的全社会消费品零售总额明显偏弱。周边地区该指标是汶理茂三县 10~39 倍，但人口指标仅是汶理茂三县的 5~18 倍。⑤经济外向型不足。除汶川有少量出口外，理县和茂县都是零起点。⑥工业企业亟待转型。从数据来看，汶川和理县规模以上企业经济效益较好，利税总额占主营业务收入的比重大，茂县规模以上工业企业利税总额指标则明显低于其他六个地区。此外，东南片区工业效益多是建立在高载能企业基础上的，生态功能区定位正在倒逼东南片区现有工业发展方式向技改扩能、生态环保、提质增效转变。

3. 三县经济竞争力比较

将区域经济竞争力分解为四个要素，即发展水平、经济成长性、发展潜力和投资环境。其中，发展水平反映经济及社会发展的总水平和所处的阶段性特征，说明区域在经济竞争格局中已有的地位和基本面貌；经济成长性反映行政区域内经济成长及获取效益的状况。发展潜力从要素角度反映竞争力形成、提高的基础和前景，表明地区为经济发展而储备的条件，反映地区聚集资源的能力。投资环境是指为竞争力的形成和提高提供的基本保障能力。

①三县经济竞争力差距逐渐缩小。2010—2013 年，作为经济竞争力最强的地区，汶川的经济竞争力有所下降，综合得分从 0.620 6 下降到 0.551 6。与之相反，理县和茂县经济竞争力则有所提升。②发展水平是理县和茂县经济竞争力提升的主要来源。③经济成长性和发展潜力不够是三县经济竞争力下降的主要原因。从数据上看，三县都在下降，但汶川的降幅更大，也更明显。④投资环境改

善成为三县经济竞争力的集中表现。

综上，灾后重建对东南片区经济有很大的带动作用，三县在经受"5·12"特大地震灾害后，抓住对口援建的机遇，使经济竞争力表现良好。然而，高速增长在提升发展水平的同时，也压缩了经济成长性和发展潜力。2012年，东南片区灾后重建任务基本完成，以投资拉动的县域经济开始出现滑坡。考虑到投资拉动乏力、水能资源利用达到峰值、承接企业条件受限，以及汶川、理县国土空间对产业的支撑力明显不足等因素，东南片区经济回落的态势仍将在一段时间内持续。

二、东南片区发展存在的主要问题

与阿坝州其他三个经济区相较，东南片区在经济体量、产业发展、居民收入、基础设施等方面处于领先地位，但未来发展不容乐观。

（一）投资拉力衰减，内生动力不足

伴随着国际、国内经济下行压力的加大以及灾后重建项目的完成，国家和省级层面的政策性资金必然减少，投资拉动后续乏力。东南片区不仅人口数量少、消费水平低、总体消费能力不足，且消费外流现象十分突出。以拉动内需、刺激消费来促进区域经济增长的做法需要较长时间的等待。

（二）承载空间受限，循环经济难"循环"

资源环境容量和生态环境保护抑制了东南片区的工业规模性延展。除茂县有部分预留土地用于工业发展外，理县和汶川可用的工业用地数量少且形态分散。三县依靠电价优势引进的多是高载能工业企业，现存的留州电量距离上限不远，无法继续引进高载能企业。作为重要的生态功能区，东南片区原有的工业发展模式不受政策支持，走循环经济之路是必然的选择。但循环经济是物质闭环经济，产业链企业及产品的选择面很窄，持续推进的难度很大。

（三）旅游业体量有限，文旅融合不足

红原机场、九黄机场通航，以及下一阶段汶马、汶九等高速公路通车，为东南片区扩大对外开放、提高交通流速流量奠定了基础。但一些快速通道也对东南片区部分区域形成"屏蔽"，造成"真"通道、"假"经济的状况，让东南片区陷入区位边缘化的风险。而东南片区虽是成都到九寨的必经之地，但未形成对游客的截流之势，过境游是常态。长此以往，东南片区旅游业可能会产生"睡美人"现象，即风景够美但缺乏生机。另外，东南片区旅游业规模较小，游客过境游居多，旅游"六要素"的整合不够，以旅游业辐射带动农业、工业和商业从而促进县域经济整体发展的能量还比较薄弱。以"文化包装"打造旅游品牌的设想实施不到位，旅游缺乏有特色、有差异的文化支撑。此外，地质灾害问题带来的交通隐患，以及旅游景点小、散、弱和无序竞争都是东南片区旅游业发展的致命伤。

（四）河谷地区与高半山地区发展差距仍有加大趋势

东南片区域内居民主要分布在河谷地区和高半山地区。河谷地区交通便利，基础设施条件好，居民生活水平较高。高半山地区基础设施落后、交通不便，农牧民因灾返贫的现象较为普遍。从马太效应看，河谷地区将继续发展优势，以滚雪球的方式越来越好；高半山地区则会因自然条件差、基础设施滞后、抵御自然灾害能力弱、农产品销售成本高等问题延续发展缓慢的特征。

（五）区内同质化特征突出，三县竞争多于合作

从产业结构、工业产品、农产品和旅游产品来看，三县经济的同质化现象较为明显，竞争十分普遍。无序竞争已对县域合作及东南片区经济竞争力培育造成不良影响。现在的问题是，三县抱团发展的想法难以推进，行政割据、考核单飞是现状，缺乏利益分享和分担机制的保障。

（六）交通等基础设施仍是制约发展的瓶颈

灾后重建对东南片区的道路交通状况有很大程度的改善，但该地区仍旧存在不同程度的交通瓶颈。一是交通网络格局形成的时间点在"十三五"末期或更长时间。二是农村公路建设及道路维护还需强化。三是东南片区地质灾害不断，导致部分已建成的基础设施再次损毁，基础设施在建与重建反反复复。四是农村水、电等基础配套设施落后，高半山地区土地整理、饮水安全、提灌设施改造等建设滞后。

（七）各县存在的具体问题分析

①汶川存在的问题。农业方面：农业生产要素主要集中在高半山及以上地区，道路、农田水利、生活污水垃圾处理等基础设施缺乏；主要作物品种（大白菜、甜樱桃）种植时间过长，导致地力下降，但缺乏必要的储备品种；专业合作社带动能力不强、辐射能力不够。工业方面：生态环境保护任务和资源环境容量限制了全县工业的规模性延展；水能、矿产资源开发潜力小，工业用地少限制了全县重大产业项目的招引；泥石流等次生地质灾害频发，对企业生产造成严重影响；漩口、桃关工业园区基础设施重建资金匮乏。服务业方面：金融、信息和中介服务、现代物流、现代商贸等现代服务业十分薄弱；旅游道路隐患严重，旅游公路网未形成，配套设施不完善；旅游企业小、散、弱，无序竞争乱象较为普遍。基础设施方面：公路等级低、质量差，缺少安全防护设施；路网结构不完善，服务水平不高，建设及管理人才缺乏；通组及入户道路的建设标准不够，坡度严重超标；道路损毁严重，缺乏恢复建设和养护的资金；站点分布不合理，农村客运市场混乱；公路网抗灾能力差，地质灾害隐患严重。农村水、电等基础配套设施落后，高半山地区土地整理、饮水安全保护、提灌设施改造、设施农业发

展等工作严重滞后。管理方面：管理职能边界不清，景区管理出现市政管理与旅游管理职能交叉、模糊的现象，不仅增加了乡镇政府的工作难度，也超出了上级政府赋予其的财权、事权。

②理县存在的问题。农业方面：受地形限制，特色农业小、散的特征比较突出；农业龙头企业带动力较弱，农业产业化水平较低。工业方面：工业企业发展遭遇资金瓶颈，严重制约了园区循环工业内生机制的健全和完善。工业发展缺乏空间载体，土地要素制约现象尤其明显。基础设施方面：高半山地区水利基础设施和电力基础设施保障尚需强化。电力基础设施建设滞后，居民用电保障需强化。关系旅游产业发展的旅游环线道路未列入国家规划，旅游发展的交通瓶颈仍需破解。人才方面：民族地区引才和留才十分困难，特别是销售、医生、教师、农技师等领域专业人才匮乏，导致第三产业发展滞后于所需。创新方面：创新驱动对县域经济发展的支撑作用很弱。

③茂县存在的问题。农业方面：土地资源多分布在高半山地区，但田间配套基础设施薄弱，有效灌溉面积少，抵御自然灾害能力差；农村公路的安全性、通畅性不足，农产品销售受道路交通影响大；农产品专业化，抗风险能力低，市场价格波动大，降低农民的收入预期；农民生产专业技能低，种地积极性不高。工业方面：全县规模以上工业企业绝大部分是"两高一资"企业，节能降耗、生态环保和加快转变经济发展方式任务艰巨。工业企业"两头在外"，生产成本、运输成本偏高；丰水期电价下调政策导致电价优势有所下降；工业产品以初级产品为主，没有形成上下游一体的产业链；缺乏高附加值的工业产品。旅游业方面：文化与旅游的融合不足，旅游业缺乏新的亮点和热点。旅游和文化产业规模小，尚不具备带动农业、工业和商业的能量。旅游产品不能满足游客所需，如松坪沟、九鼎山景区、中国古羌城，以绿色生态观光、餐饮为主，游客参与、体验和康体娱乐的项目太少。部分企业因资金断链，开发停滞，存在开发业主观望等待的现象。地质灾害方面：茂县是地质灾害易发区，泥石流、滑坡、崩塌等地质灾害发生频繁，对茂县经济持续发展、人民生命财产安全构成了严重的潜在性威胁。

此外，必须提及的是，阿坝州不再考核地区生产总值，发展生态经济成为东南片区的主攻方向。但我国生态补偿机制尚在探索期，生态保护与民生改善的矛盾会较为突出。作为民族地区，经济发展如何与传统文化、生活方式相融并进？诸如此类的问题也深深地困扰着东南片区的未来发展。

三、对策建议

（一）进一步改善片区基础设施，提高发展保障能力

基础设施建设必须服务于阿坝州生态经济建设，把交通与信息平台建设摆在改善发展条件的首要位置，全面推动能源、水利、市政等基础设施建设，提高保障能力。

首先，应着力打造川西北立体交通网络和枢纽。大力推进成兰铁路、九黄机场改扩建以及汶九高速公路等区域性交通基础设施建设，着力提高县域内道路等级和通达能力，打造铁路、航空、公路立体交通枢纽。配合推进成兰、成格铁路建设，着力形成对外快捷大通道。扩大九黄机场吞吐能力，更好地实现与全国更多的重要城市、重要旅游目的地的直航。加强同红原机场的互动和协作发展。稳步推进干线公路建设，使区域交通动脉畅通。加强旅游交通服务体系建设，提高配套服务水平。其次，构建并完善能源供应体系。加强城乡电网建设和改造，加快太阳能等新型能源的建设步伐，改善能源结构，构筑生态、经济的能源体系。探索民族地区民生用电优惠机制，提升供电能力和质量，着力改善生产生活用能条件。提高城乡水利设施保障能力。最后，大力提升片区信息化水平。强化信息网络建设，改善城乡信息设施。加强城乡信息网络和设施建设，重点支持通信村村通工程、宽带通信工程、新一代信息基础设施建设，以及州到县、县到乡的光纤工程、广播电视覆盖工程、寺庙覆盖工程，实现县、乡、村三级互联互通，信息资源共享。加强网络信息安全、无线电监测系统和应急通信系统建设，提高信息安全保障能力和应急通信保障能力。实施"智能阿坝"数字建设工程，提高信息服务水平。

（二）推进产业融合发展，加快构建现代产业体系

按照《全国主体功能区规划》和《四川省主体功能区规划》的功能定位和建设要求，以增强川滇森林生物多样性保护的重点生态功能为目标，生态优先，民生为本，充分发挥特色生态资源优势，创新资源开发和经济发展模式，加强生态监管，构建长江和黄河上游生态安全屏障，促进农牧民脱贫致富，推动生态保护与生态经济协同发展，努力实现人口、经济与资源、环境的全面协调可持续发展，建设全国人与自然和谐相处的示范区。

打造高原生态农产品品牌。打造片区生态农产品品牌，强化市场营销。在成、渝等中心城市，以"三品一标"的运营保护为品质基础，以政府信誉背书为品质保障，以现代高新技术为质量追踪溯源手段，推动片区特色农牧业实施跨越发展。积极推动农旅互动战略。依托片区丰富的农牧资源及成熟的旅游产业，推动

农业和旅游业有机结合，打造高原乡村生态旅游产业链、中国个性化旅游服务精品示范区，满足游客的多种需求。依托城郊以及各乡镇，以特色林果种植、花卉苗木培育等为重点，建设一批独具特色的农业观光园和休闲农庄，发展绿色观光休闲农业，促进农业向第三产业延伸。积极发展乡村生态休闲旅游及乡村生态深度体验游。加快工业转型升级。以绿色、低碳、循环、节能、环保为原则，以推进工业转型升级为主线，面向市场，立足资源和现有产业基础，实现有序、集约、集群发展，形成以绿色有机农产品加工业为主导，以水电为支撑，以新能源和汉藏药材加工等战略性新兴产业为引领，以旅游产品加工和绿色矿冶产业等为重要补充的生态工业体系。加快清洁能源产业建设。依托阿坝东北片区富集的水、阳光和风等资源优势，依托黑水县清洁能源产业集中发展区，大力发展水能、太阳能、风能等清洁能源产业，延长、拉升清洁能源产业链，发展与清洁能源产业配套的相关产业，建立水能、太阳能、风能等资源开发利用与促进地方经济发展、生态环境保护、群众增收的联动新机制。

（三）加强流域综合治理，构建生态治理体系和治理能力现代化试验区

第一，建立和完善生态保护建设机制。坚持自然恢复与人工治理相结合，加快大熊猫栖息地修复、森林植被恢复、林地生态监测、水土流失监测、自然保护区重建、岷江流域污染治理、饮用水源地保护等生态恢复重建项目建设，继续实施天然林保护、退耕还林、小流域水保综合治理等工程。结合阿坝州规划，制定具有可行性和可操作性的地质灾害治理和水土治理中长期规划。坚持并完善退耕还林、退牧还草、天然林保护、草原生态、湿地保护及恢复等重大生态工程的建设机制，加强地质灾害及次生灾害的预报预测和房屋选址等地质评估工作，强化自然灾害多发地段的有效监控。加快产业结构调整，积极转移高半山地区不宜农耕和放牧地区的农牧民。第二，规划实施一批流域生态综合治理项目。针对东南片区流域和生态环境的状况，规划实施一批流域生态综合治理项目，如杂谷脑河流域及岷江上游流域生态治理工程、水利供水网络工程，中小河流乡镇所在地河段防洪工程、小型和微型水利基础设施建设工程等，合理配套渠系工程体系，提高生态系统的承载力。第三，推进生态治理能力现代化。加快培育生态文化，引导本地和外来旅游者的生活方式向绿色低碳、文明节约转变，把节约能源资源、保护生态环境变成每个人的自觉行动。创新生态治理方式，突出源头治理、综合治理、协同治理。完善社会监督机制，强化环境信息公开。构建多元参与的社会行动体系，促进环保社会组织健康发展。加强高科技手段在生态环保领域的应用，提高生态环境管理的智能化、精细化水平。

建立和完善职能有机统一、运转协调高效的生态环保综合管理体制，实现生态环境治理制度化、规范化、程序化。

（四）抓生态突绿色，打造川西北最大的生态农业发展高地

以生态环境保护为前提，以农业增效、农民增收为目标，以农业特色化、标准化、绿色化、品牌化、高端化为主要方向，有效增强东南片区农产品的市场竞争能力。使农业产业结构更加优化，区域布局更加合理，第一产业与第二、三产业协调发展。

一是以效益为目标优化农业区域布局和产品结构。按照有机、特色、高端、生态的发展思路，选择基础好、关联程度高、辐射能力强、增收潜力大的优质蔬菜、特色水果等特色效益农业为主导产业，注重产业结构在开发时空分布上的有序性和地域分布上的科学性，在最适宜的生态区域和季节内生产最优质的产品。引导土地、资金、技术、劳动力等生产要素合理流动，在产业结构调整和产品结构优化基础上，促进东南片区优化联动和合理布局，实现整体效益的提升。

二是以整合为手段打造羌山特色农产品区域品牌。依托生态、特色、文化优势，在对原有特色品牌特性与羌族文化特性进行挖掘和保护的基础上，强化区域品牌利益相关群体的分工协作，实现品牌整合和区域联动，打造羌山特色农产品品牌。梳理地方特色商标品牌，制定区域特色品牌的战略部署与策略安排，以商标品牌孵化区域品牌。对三县樱桃进行品牌整合，将其统一在一个品牌下。鼓励与引导农户和农村经济合作组织积极申请注册农产品商标，指导农产品集中生产区域的农业经营主体申报地理标志证明商标。完善区域品牌协作机制。建立政府、企业、部门协作机制，形成企业自主实施品牌战略，政府及职能部门创造环境、提供平台，形成三位一体联动的品牌建设新局面。加快农产品驰名、著名商标，绿色食品、有机食品认证和农产品基地的培育建设。通过引进、制定、完善有关品牌农产品的生产和加工标准，建立一整套与品牌农产品相适应的质量管理制度和办法，为品牌整合提供相应的技术支撑。

三是以生态和品质为核心强化特色农业科技支撑。构建生态农业科技创新平台和推广体系。联合各县科技局、农业局、畜牧兽医局、林业局、水务局、州科研院、州中职校、各涉农部门业务站等的科技人员组建"东南片区生态农业科技创新团队"，切实开展生态农业科技规划、科技创新、科技培训、科技服务等工作。围绕提高产品附加值，深入推广农产品储存保鲜、精深加工、分级包装等技术。建立健全农产品质量标准体系。加大东南片区有机农产品、绿色食品认证的工作力度，大力推行产地准出制度。依靠现代数字化信息技术，使"产地准出"和"市场准入"有机结合，做到源头可追溯、过程可监管、信息可查询、产品可召回。完善农产品质量安全检测体系，构建以县农产品质量检验测试站为中心，乡镇、基地和市场检测点为补充的农产品质量安全检验检测体系。

四是以利益为纽带促进新型农业经营主体联合发展。进一步完善利益分配机

制，改变龙头企业与农牧民之间的简单买卖关系，引导专业合作社、龙头企业、农民等多种市场主体开展多渠道、多领域的联合与合作，形成利益共享、风险共担的利益共同体。

五是以政策为导向探索庄园经济等新型经济模式。探索政府引导、企业建设、群众参与，集"绿色生态、立体农业、休闲观光、旅游度假、民族风情"为一体的新型庄园经济发展模式。因地制宜，引导家庭农场发展适度规模经营。引导农民向家庭农场流转土地，鼓励专业农户流入其他农户土地。

组织篇

乡村振兴战略下基层组织建设再认识

——基于苍溪县基层党组织建设的研究

周建　祖茂祥　赵小蓉　王星月　余桂芳

《中共中央国务院关于实施乡村振兴战略的意见》指出，要"加强农村基层党组织建设，扎实推进抓党建促乡村振兴，突出政治功能，提升组织力，抓乡促村，把农村基层党组织建成坚强战斗堡垒，强化农村基层党组织领导核心地位"①。基层党组织在这一新的历史时期有所作为，真正发挥、履行好在乡村振兴战略过程中的领导者、组织者和实践者的功能与职责，应是当前基层党组织建设的首要任务与核心目标。基于此，课题组立足于新时代乡村振兴战略的目标任务，调研苍溪县基层党组织建设的情况，以期寻求若干有效策略，推动基层党组织在乡村振兴过程中更好地发挥作用。

一、苍溪县基层党组织建设的主要做法

苍溪地处广元南部、嘉陵江中游，全县辖区面积 2 330 平方千米，人口 80 万，辖 39 个乡镇，804 个村（社区），1 400 多个党组织，3.4 万名党员，其中党员干部 8 000 多人。着眼于"脱贫奔康乡村振兴"的重要目标，苍溪县基层党组织以党的十九大精神为指引，始终把乡村振兴作为组织工作围绕中心、服务大局的政治责任，形成了一些经验做法。

（一）开展组织优化行动，打造乡村振兴一线"尖刀连"

苍溪县坚持把建优组织、配强班子、规范机制作为抓手，充分发挥基层党组织的组织优势、组织力量、组织功能，强力打造决战决胜乡村振兴的指挥部和战斗队。

一是优化党组织设置，构建战斗堡垒。首先，围绕提升乡村振兴战略整体水平，整合乡镇部门站所功能，在各乡镇成立党政综合办公室、产业发展中心、综

---

① 中共中央国务院关于实施乡村振兴战略的意见［EB/OL］.［2018-01-02］. https://baijiahao.baidu.com/.

治工作中心、便民服务中心"一办三中心"，对应设置乡镇机关党支部，成立机关党组织123个，打破了"一个机关党支部打天下，统领服务难到位"的局面，破解了乡镇机关推进乡村振兴服务不优的问题。其次，大力实施村级党组织合建，针对村党组织软、弱、小、散，引领乡村振兴致富奔小康乏力问题，打破按行政区域设置党组织的现状，坚持按照产业相邻、地域相邻、资源互补的原则，采取强带弱、富带穷、大带小的方式，对辖区面积少于3平方千米或总人口少于1 000人的村（社区），实行村（社区）党组织合建，全县村（社区）党组织联建率达68.9%，净减少309个，实现资源力量统筹，促进各村抱团发展。最后，还把基层党组织建在产业链上，以强带弱，村社相融，形成"村党组织+产业党支部+庭院党小组"组织体系，建立园区党委17个，产业党支部345个，庭院党小组446个，实现乡村振兴战场在哪里，产业就发展到哪里，党的组织就建立在哪里，党的工作就跟进到哪里。

二是精准选配班子，建强核心领导团队。大力选优配强乡村振兴重点部门班子，优化乡镇和县级乡村振兴重点部门班子功能结构模型，选拔93名素质好、能力强、实绩佳的干部担任党政正职，调整扶贫移民局、岳东镇等重点部门和乡镇班子成员27名，择优选任乡镇专职乡村振兴副书记39名、贫困村"第一书记"214名，夯实乡村振兴中坚力量。大力推进班子专业化改造升级，采取"六个一批"选拔乡村振兴专业素养干部142名，推行紧缺专业领导职位弹性管理和聘任制，实行企业高管、地方干部"双联双挂"，争取49名省市机关专业干部前往乡镇挂任副职，遴选16名优秀"第一书记"、村党组织书记进入乡镇镇党委班子，增强乡村振兴专业力量。大力培养选拔年轻干部，实施"墩苗工程"、优秀年轻干部人才递进培养计划、"好书记"选育计划、"能人"进班子计划、村干部学历提升计划和返乡农民工"四项培养"计划，储备县乡村后备干部人才1 400多名，选拔45名"85后"干部和273名"能人"进入乡村领导班子，村党组织书记平均年龄较上届减少11岁，大专及以上学历较上届增加20%，储备起乡村振兴后备力量。除此之外，苍溪县基层党组织还大力推进干部交流，实行政策性、锻炼式、提拔式、关爱式和惩戒式交流干部，开展村（社区）党组织书记全覆盖提能培训，推动小乡镇向大乡镇、边远乡镇向县城近郊乡镇和部门向乡镇交流干部104名，实现干部资源力量向乡村振兴重点岗位倾斜。

三是规范运行机制，强化制度保障。建立健全乡村振兴事务决策机制，通过建立健全乡村振兴工作联席会议制度，每月定期研究乡村振兴重要事项，推行第一书记列席乡镇党委会议制度，参与乡村振兴事务决策。建立清单管理制度，坚持"谋大事、周碰头、月清单、严督查"责任清单运行机制，实行月初定单、月底评单、次月公示，全覆盖建立县级领导干部、科级领导干部、一般公务员、事业干部、村两委负责人责任清单，每月邀请普通群众代表民主评单，对履单情况进行量化打分，全面公示，对推进不力的 5 个单位提出整改意见 17 条、单位"一把手"被诫勉谈话。除此之外，苍溪县基层党组织还完善了乡村振兴奖惩激励机制，出台乡村振兴实绩考核和问责办法，强化正反激励，严管厚爱，提拔实绩突出干部 97 名，评选乡村振兴先进典型 100 名；问责 19 名干部和 1 个乡镇党委，有效激发了党员干部引领乡村振兴的激情。

（二）开展带富示范行动，培育乡村振兴一线"先锋队"

一是深化"头雁"领航带富计划。实行村党组织及书记、党员业主大户领办创办专业合作社，通过资金或土地入股方式，吸收 3.2 万多户农户入社，抱团发展产业、脱贫致富。以白鹤村村民谢静为例，他从华中理工大学毕业后返乡创业，成立西南首家 8 个系列、"6+1"金蛋工艺品制作工厂，产品销往成都、重庆、上海、北京等地，年产金蛋 40 万枚，总产值 200 余万元，解决了 15 名本地村民就近就业，盘活了村级集体经济。大力开展红色帮困，通过开展"爱心扶贫""红色信贷""结对认亲"和城镇困难居民十项帮扶等活动，采取"1+1""1+N"等形式，组织党员干部、在外成功人士和党员致富能手与 2.6 万户农村贫困户、城镇生活困难户结成帮扶对子，帮助落实增收项目 1 300 多个。此外，围绕整体脱贫、全面奔康、乡村振兴的目标，统筹技术、信息、市场等资源，建立技术服务、信息咨询、市场营销等经纪人团队，开展组团服务，带动群众增收致富。

二是创新构建党群利益链接机制。引领推进土地流转，在支部引领下，分村建立土地流转服务平台，流转土地 20.2 万亩，通过收取土地租金，实现农户每年有稳定收入。引领推行股权量化，将财政支农资金折算成股份，按比例分配给村、组和农户，将生产经营主体利润的 20%实行按股分红，实现群众人均纯收入增长 14.8%。引领开展以购代捐，着眼解决农产品难销问题，分村成立以购代捐联络站，由党组织对接帮扶单位联系大型超市、龙头企业订购销售和开展网络销售，实现收入 1.1 亿元。引领发展集体经济，由支部统筹，加大对荒山、荒坡、荒地、撂荒"四荒"资源开发力度，充分利用闲置校舍、厂房等集体资产发展物业经济，增加集体经济收入，消除"空壳村"227 个。

（三）开展引才聚智行动，汇集乡村振兴一线"生力军"

创新推进人才工作，多措施引才，多渠道留才，多方式育才，引导干部人才到乡村振兴一线建功立业。

一是县校合作引才聚才。采取选派挂职、联合办校、建立基地、引进人才、培训人才和科研合作六种方式，加强县校合作，通过开展"苍溪引才高校行"活动，引进硕博研究生等紧缺人才 153 名，通过争取省内知名高校选派 13 名副教授到苍溪挂职，特聘各类专家（顾问）56 名。此外，还借智借力建基地，依托高校资源，建立远程教育站点、改革实验基地校、建立中高职衔接班等高校站点和实训实习基地等 23 个。

二是分层分类培训提能。及时开展重大决策专题培训，以习总书记系列重要讲话精神、《中共中央国务院关于实施乡村振兴战略的意见》、中央一号文件等中央、省、市、县委重大决策部署为重点，充分利用红军渡干部学院、"梨乡干部大讲堂"、苍溪党建 App 等培训资源，分层分类培训干部人才 2.8 万人次。围绕"两个率先"目标分类开展专业能力精准培训，举办乡村旅游、镇村规划、农村电商等专题培训班 35 期，培训干部人才 4 600 人次。分批组织县乡班子、乡村振兴重点部门班子成员及"第一书记"、大学生村干部、村党组织书记到同济大学、浙江大学等院校和上海、浙江、成都等先进地区开展异地实战实践体验培训，择优选派递进培养对象、后备干部到省市部门跟班学习，切实帮助党员群众提升乡村振兴的实效。

（四）开展作风惠民行动，锤炼乡村振兴一线"贴心人"

一是强化带头示范转作风。从严落实领导干部双重组织生活制度，定期上党课，深入工厂车间、田间地头和基层群众，在一线听民声、访民意、办实事，解决群众实际困难。同时苍溪县基层党组织还创新开展"万名干部进千村帮万户"以及"五讲一议"等活动，促进干部进村入户帮定规划、帮抓项目、帮建产业，全县 1 100 多个基层党组织、3.1 万多名党员带头规划发展"四个百亿"产业，深入群众化解难题 1.2 万余件，党组织引领力和党员带动力明显增强。组建干部作风监督督导组，对全县干部作风开展常态化监督，推动干部真情为民、亲力助民，强力推进乡村振兴各项任务落实落地。除此之外，苍溪县基层党组织还深入开展"五亮五促""八带八争"等党员示范行动，促进党员干部在乡村振兴中发挥先锋模范作用，做给群众看，带着群众干，凝心聚力助推乡村振兴。

二是常态走基层真帮实扶。建立民生诉求、困难群众、稳定工作"三本台账"，落实以"农村党组织结对共建、党员干部结对帮扶"为内容的"双结对"制度和以"机关单位党组织和在职党员干部到社区报到"为内容的"双报到"制度，大力推行党员志愿服务、民生热线服务和信访首办责任服务，帮助群众解决生产生活困难，形成"干部经常走基层，群众长期得实惠"的新常态。除此之外，苍溪县基层党组织还开展"走亲连心""结对认亲""暖心帮扶"等活动，党员干部对有不满情绪、有突发事件、有矛盾纠纷、有红白喜事的群众坚持"四必到"，对困难家庭、危病重人、空巢老人及留守儿童、信访户坚持"四必访"，围绕群众需求开展服务，切实拉近了干群距离，增强了党群干群血肉联系。

三是创新服务方式提升实效。创新推行"红条"工作法，通过制作办事"红条"有效解决了干部办事拖沓，能力不足，服务群众说空话、打白条的现象。在调查过程中研究了解到各级干部打红条 2 万多张，群众满意度达 99% 以上。创新推行"串门"工作法，大力推进党员干部进村入户，开展以看群众生活状况、听真实呼声、讲政策法规、算收支理财、找致富门路、建民情档案、解民生难题为主要内容的串门活动。截至 2018 年，7 800 多名机关党员定期入户了解群众诉求 4 100 余件，收集意见、建议 1 800 余件，指导规划和发展产业 1 200 余项，协调解决就医、子女上学、技术服务、农产品销售、就业创业困难和问题 3 600 余个，建立民情档案 1.2 万余份。创新推行"711"服务模式，在每村设置"711 需要式"服务平台，安装尾号为"711"的热线电话，了解群众需求，根据群众反映建立民生需求、发展需求、应急需求"三本台账"，县乡村分别建立便民服务中心、产业引导中心、综治工作中心和服务民生、服务发展、抢险应急三支服务队，依据台账信息实行服务人员与服务项目对接开展服务，切实改变了服务不应需、干部不作为问题，避免了服务盲目性和低效率，全年完成信息咨询 13 697 件，提供技术服务 6 921 人次，接到需求电话 1.4 万人次，协调派出党员干部上门服务 8 000 多人次，帮助群众解决问题 9 万多件。

（五）开展治理引领行动，激发乡村振兴一线"内生力"

一是引领推进村民自治。以实施乡村振兴战略为抓手，强化村党组织领导核心，由村民会议或村民代表会议决策，村民委员会执行，村务监督委员会监督，专业合作社、产业协会等社会群团组织协同配合，形成一核多元、合作共治新格局。积极推进民主协商议事，坚持"依法立约、以约治村"原则，由村党组织引导村民共同参与讨论、修订和遵守村规民约、院落规章。健全民主恳谈会、听证会、民情沟通日等制度，组织党员干部、群众对四好村创建、产业发展进行协商议定，保证了群众的参与权和自主权。创新"一会六员"自治模式，村党组织引领建立农村治理协会，推选产业引领员、文化辅导员、经济发展员、卫生监督员、民俗引导员和纠纷调解员，强化群众自管自治，切实提高了群众自我管理、教育和服务的能力水平。

二是增进价值认同聚合力。通过开办"党群大讲堂""农民夜校"，丰富"乡村大喇叭""党员 e 家"教育内容，扎实开展"三讲一议"，深化思想、法制、政策三项教育，引导党员群众增强"乡村振兴路上无懒汉，不等不靠加紧干"的思想认识，主动兴家立业，致富奔康。组织倡导全民修身树新风，由农村党员带头，大力弘扬社会主义核心价值观、红军精神和优良传统美德，村党组织常态开展"致富好能手""和谐好家庭"等评选，设立百姓好人榜，强化典型引领，在全县形成践行核心价值观、对照先进学典型的浓厚氛围，汇聚向上向善正能量。广泛开展"传递正能量、齐心奔小康"活动，回引 3 000 多名苍溪籍在外成功人士返乡创业，带动 2 万余人创业致富。

三是引领推进依法治理。坚持把加强基层组织建设作为"村霸"问题治本之策，动真碰硬开展软弱涣散党组织整治，村村公开举报电话，设置民情直报员，坚决查处不作为、乱作为等违纪违规组干部，及时消除苗头隐患，使"村霸"失去滋生蔓延的气候与土壤，营造了乡村振兴脱贫奔康良好社会环境。深入开展法律进乡村、进农户等活动，通过发放法制资料、举办法制讲座、开展法制演出等方式引导群众遇事找法、化解矛盾靠法、解决问题用法，从实开展"法制细胞"建设，切实提升农民群众的法治思维、法治意识。

二、当前推动乡村组织振兴面临的挑战

一是新型组织形式多样考验着基层党组织引领和协调发展的能力。随着农村改革的推进、市场经济体制的建立以及乡村振兴战略的实施，农村的经济社会生态发生了巨大变化，新型组织形式日益多样，新型农民合作组织、集体经济组织、农业企业以及各类社会组织、服务组织大量涌现，有效做好引领和协调发展的工作是对基层党组织提出的更高的要求、更为严峻的考验。课题组在调查过程中了解到部分新型组织在农村、农业以及农民的生活中发挥着重要作用。伴随着新型组织自主性的不断增强，其中的一些新型组织逐渐转成为农村的主导力量，进行村务管理并且领导村民，使产业协会、龙头企业、基地和农户建立了紧密联系，农民对基层（村级）党组织的依赖程度降低，基层（村级）党组织的领导力受到挑战，凝聚力下降、执行力减弱、管理难度增加。除此之外，课题组还了解到部分基层党组织忽视在新的经济和社会组织中开展党的工作，使得一些新型组织中党的基层组织覆盖率低、党员数量偏少且流动性较强，多数成员对党的执政理念缺少了解，对党的组织建设、管理和运作方式不适应，这无疑对我们党凝聚新型组织的新生力量、扩大执政基础、引领乡村振兴形成了挑战。

二是资源要素活力不足考验着基层党组织推动产业兴旺的能力。乡村振兴战略实施推进成效如何，关键在于是否真正盘活了各类资源要素。课题组在调查过程中了解到部分乡村资源要素活力不足考验着基层党组织推动产业兴旺、实现乡村振兴的能力。就苍溪而言，不仅农村优质人才流失严重，而且城市人才、技术、资本要素等流入农村还存在一些障碍。苍溪县乡村振兴普遍面临技术、人才和新型经营主体严重不足的问题。从土地要素方面来看，苍溪土地细碎化较为严重，人均耕地面积有限且坡耕地面积比重高，土地整理成本高，集体经营性建设用地十分稀缺。从资本要素来看，相对于我国中东部地区以及四川省其他地区而言，苍溪整体财政实力不强，政府财力投入农村有限，同时激发社会资本进入乡村的渠道还不畅通，乡村振兴面临的金融制约较大。除此之外，红色旅游资源和文化资源也面临着挖掘不充分、活力不足的问题。

三是"三留守"人员问题滞留考验着基层党组织的服务公信力。乡村振兴不仅仅是农村、农业的振兴，更重要的是农民的振兴，以农民为核心才是乡村振兴战略实施的本质，解决好农民的问题是推进乡村振兴战略实施的关键。伴随着

我国工业化、城镇化的发展，越来越多的富余劳动力走出了农村，部分农村"空心化"、家庭离散化态势显现，"三留守"人员问题滞留考验着基层党组织的服务公信力。在调查过程中，课题组发现苍溪县部分农村留守人员数量大、分布广，在生活、生产、教育、安全、情感等方面存在不少困难和问题。以留守儿童为例，由于和父母聚少离多，缺乏监护和关爱，很多留守儿童在心理、性格等方面出现偏差，学习受到影响。同时，留守在农村的老年人大部分还承担着承包地的农业生产工作，他们精神空虚、老无所依、无人照顾。而农村留守妇女问题更是涉及子女教育、老人养老、家庭和谐、婚姻稳定、社会安定及农业生产、生活等方面。服务群众、凝聚人心是基层党组织的重要功能，如何让进城务工的农民工进得放心、让留在农村的人留得安心，如何增强农民群众的归属感，激发农民群众在乡村振兴中的主体作用；如何不断提高基层党组织在农民群众中的威信与影响力等，成为乡村振兴战略下基层党组织面临的重要考验。

四是优质乡村文化的逐渐衰落制约着基层党组织的活力和吸引力。优质乡村文化的衰败是乡村衰败的最大体现。文化是乡村振兴之魂，独特的乡村文化作为乡村共同体内的一个"精神家园"，蕴含着历代人们的精神原点并规范着人、自然与社会的基本关系结构，维系着人们正常的生产秩序和生活秩序。改革开放、工业化、城镇化以及市场化的发展在给乡村带来先进和富裕的同时，也以强势力量改造和解构着乡村社会的文化价值，对优质传统乡村文化形成了强烈的冲击与消解，而优质乡村文化的逐渐衰落则制约着基层党组织的活力和吸引力。在调查过程中，课题组了解到大量人口的流出尤其是传统生产生活方式的转变，使得优质乡村传统文化的凋敝越来越严重。一方面，大量人口的外出使得传统的节庆、风俗、饮食、手艺等失去了传承的土壤；另一方面，在市场经济利益至上原则的支配下，很多乡村文化出现了异化，建构在熟人关系上的亲切与温情瓦解了，取而代之的则是功利主义的泛滥。如何将时代优质文化、时代建筑、时代文明让后人知晓、传承，让"魂"与"根"实现对接，让乡土的温度得到延续，让农民心中沉寂已久的信仰和价值标准得到复苏，是对基层党组织提出的严峻的考验。

三、乡村振兴战略下苍溪县基层党组织建设的对策建议

对于在乡村振兴战略推进实施过程中苍溪县基层党组织建设所面临的一系列新挑战，我们不仅要正视，更要重视，要通过不断探索新途径、新方法，促使基层党组织真正发挥、履行好在乡村振兴战略实施推进过程中的领导者、组织者和实践者的功能与职责，真正成为推进乡村振兴战略的核心力量。

（一）高度重视新型组织基层党建工作，巩固扩大党的执政根基

习近平总书记在党的十九大报告中明确提出，要"注重从产业工人、青年农

民、高知识群体中和在非公有制经济组织、社会组织中发展党员"。针对乡村振兴战略下新型组织基层党建工作薄弱，部分基层（村级）党组织领导力受到挑战，凝聚力下降、执行力减弱、管理难度增加等情况，要增强开拓性和探索性，高度重视农村新型组织的基层党建工作，提高党在乡村振兴战略中的执政能力、利益协调能力、共识凝聚能力、矛盾化解能力等。具体来说，首先要增强紧迫感，强化组织建设，有效覆盖各种新型组织，各级党委和组织部门要把加强新型组织的基层党建工作纳入总体党建工作的议程和体系，加强调研，制订实施方案，探索可行的方法，落实新型组织基层党建工作责任。其次，要把在新知识、新技术、新经济领域中发展、吸收优秀分子入党作为加强党的基层组织建设、扩大党的执政基础的源头性工作，依据"坚持标准、保证质量、改善结构、慎重发展"的方针，在新型组织的先进分子中发现、培养积极分子，按组织程序做好发展党员的工作，不断扩大和深化党在新型组织中的影响，进一步提高党员的知识、技能、文化和思想水平，真正带领乡村实现振兴。

（二）盘活资源要素，激发基层党组织引领乡村振兴的驱动力

党的十九大报告提出"农业农村优先发展"。乡村振兴的关键是产业振兴，产业兴旺是经济发展的前提，乡村的繁荣离不开农业和农村产业的蓬勃发展。针对乡村振兴战略推进过程中苍溪县部分乡村资源要素活力不足的情况，基层党组织要注重盘活资源要素，加快建设现代农业产业体系，调整农村产业结构，不断激发乡村振兴的内在驱动力。首先，基层党组织要着重盘活人才要素，把人力资源开发摆在首要位置，鼓励外出能人返乡创业，鼓励大学生村官扎根基层，加强农村专业人才队伍建设，积极培育新型职业农民，推动农民从身份向职业的转换，为乡村振兴提供人才保障；其次，基层党组织要注重盘活土地要素，在确权颁证的基础上健全农村土地产权流转市场体系，以放活土地经营权为核心积极探索农村土地"三权分置"的实现形式，形成适合苍溪的多种适度规模经营；再次，基层党组织要注重盘活资本要素，建立有效的激励机制，引导和撬动社会资本投向农业农村。与此同时，基层党组织还应遵循"绿水青山就是金山银山"的科学理念，不仅要发展好农业，还要将第一、第二、第三产业融合发展，尤其是要加快现代农业和农村建设，将调整农业和农村产业结构与生态建设紧密结合起来，因地制宜选择本地区农业和农村的主导产业，大力发展有机农业、生态农业、观光农业、健康养生产业以及农村生产生活服务业等农村新型产业，构建现代乡村产业体系。特别是要通过优化农村产业结构，吸纳农村劳动力就近就业，推动生态农业规模化、产业化经营，将生态变为生产力，推动开创农业强、农民富、农村美的新局面。

（三）坚持问题导向，明确功能定位，建设服务型基层党组织

在乡村振兴战略推进实施过程中，"三留守"人员问题归根结底归属于民生

问题。民生是人民幸福之基、社会和谐之本，让人民过上幸福生活是社会主义社会的本质要求，增进民生福祉是我们党立党为公、执政为民的使命所在。习近平总书记在党的十九大报告中明确指出，永远把人民对美好生活的向往作为奋斗的目标。针对乡村振兴战略推进实施过程中农村"三留守"问题，基层党组织应坚持以问题为导向，要将功能定位从管理向服务转变，多谋民生之利，多解民生之忧，通过建立健全农村留守儿童、妇女、老年人关爱服务体系，努力打造服务型基层党组织。首先，基层党组织不仅需要帮助解决农村"三留守"人员吃饭、看病问题，而且还要为他们提供娱乐文化、教育培训等服务，丰富其精神生活。其次，基层党组织要了解"三留守"人员日益多元化的需求，创新服务载体，推广建立农村社区"一站式"服务中心，积极发挥服务功能。最后，基层党组织要建立健全党代表联系党员服务群众制度，广泛开展以党员为骨干到"三留守"家庭中的各类志愿服务活动。除此之外，基层党组织还应该制定完善相关政策，在大力发展现代农业的同时，积极发展发展二、三产业，提高当地的工业和企业的规模和效益，吸引进城务工的农民工返乡就业，从而减少农村剩余劳动力外出务工，从根源上消除"三留守"现象，真正实现少有所学，中有所为，老有所托，保障农民群众在乡村振兴共建共享发展中有更多获得感。

（四）积极传承复兴优质乡村文化，夯实基层党组织的文化根基

《中共中央国务院关于实施乡村振兴战略的意见》指出，要"立足乡村文明，吸取城市文明及外来文化优秀成果，在保护传承的基础上，创造性转化、创新性发展，不断赋予时代内涵、丰富表现形式。切实保护好优秀农耕文化遗产，推动优秀农耕文化遗产合理适度利用。深入挖掘农耕文化蕴含的优秀思想观念、人文精神、道德规范，充分发挥其在凝聚人心、教化群众、淳化民风中的重要作用"。因此在乡村振兴战略实施推进过程中，针对优质乡村文化逐渐衰落的现象，基层党组织要立足于乡村文化的实际问题和乡村文化发展的实际需求，通过激发乡村文化的内生动力，促进乡村文化的创造性转化和创新性发展，筑牢乡村振兴之魂。在这一过程中基层党组织要坚持正确的发展方向，顺势而为、主动担当，从乡村文化的发展实际出发进行统筹规划，随时关注乡村文化振兴过程中出现的新情况、新问题以及农民对文化的新期待。同时基层党组织还要善于激发群众的集体智慧，提高党对文化发展的引领能力。为确保基层党组织具有足够的文化引领能力，党员干部应自觉加强自我修养，大力建设学习型基层党组织，提升领导广大农民群众开展农村文化建设的能力，不断自我完善、自我革新与自我提高。

健全自治、法治、德治相结合的乡村治理体系

——基于乐山市部分乡村的调查研究

沈建军　王京星　李雯瑶

　　党的十九大报告提出，要加强农村基层基础工作，健全自治、法治、德治相结合的乡村治理体系。乡村治理既是国家治理体系的重要组成部分，也是实现乡村振兴战略的重要环节。课题组深入乐山峨眉山市胜利镇红星村、月南村，桂花桥镇燕岗村、前进村，峨边县白杨乡瓦洛村，对当前乡村治理体系建设情况进行了调查。

一、乐山市乡村治理体系建设的主要成效

　　（一）村民自治实践形式多样

　　村规民约和组规民约成为村民的基本行为规范，村民大会制度、村民代表会议制度、村务公开制度、民主理财制度、村务监督制度相继建立。例如，峨边县白杨乡瓦洛村创建了"村两委提议、村民议事会审议、村民代表会议或村民大会决议"的"三议"工作法，多层次吸引村民参与公共事务，使村组自治能力有效提升。2018 年，该村化解项目实施矛盾隐患 34 个，群众认同感不断增强，村民的民主选举、民主决策、民主管理、民主监督等民主权利得到进一步深化。

　　（二）法治型乡村秩序逐渐形成

　　以《中华人民共和国村民自治法》为代表的"国法"和"村规民约""组规民约"同时并存，对乡村的和谐稳定、大小事件的处置发挥着重要作用。县、乡、村三级法律服务团的触角从机关延伸到了乡村学校、农贸市场、村组田间。村级调解员利用村规民约、乡俗民情、法理道义排查化解邻里纠纷矛盾，乡村矛盾调解机制不断完善。法治文化长廊、法治文化广场、法治文化视频、法治文化短信、法治文化交通、法治媒体、法治文化娱乐扑克、法治夜话"龙门阵"、学校法治校长和法院巡回审判等多种形式的普法活动，使自觉守法、办事依法、遇事找法、解决问题用法、化解矛盾靠法的法治氛围逐渐形成。峨眉山市胜利镇红

星村、月南村、桂花桥镇燕岗村、前进村，针对群众最关心的财务问题，从根源上、制度上进行规范。完善《村级党务村务公开方案》《村级财务管理办法》《村务监督方案》，实施每季度村财流水账公示上墙，防堵了廉政风险点。白杨乡瓦洛村建立"群众+德古+纪检"三方监督体系，鼓励三方参与对村两委行权的监督，赢得了群众的认可。

（三）乡村德治厚植文明乡风

村规民约和组规民约厚植社会主义核心价值观，倡导个人品德、家庭美德和乡村公德，规范和约束村民行为；注重道德人物宣扬，加强典型示范，强化标杆引领，推动行为自觉，用榜样的力量带动村民奋发向上，用美德的感召带动村民和睦相处，实现村民自我向善和自我管理。白杨乡瓦洛村成立了"红白"理事会，发动群众讨论修订村规民约，将培育卫生文明、勤俭创业、遵法守约三大新风纳入其中，规定婚嫁聘礼金控制在7万元以内，丧事禁止随处燃放烟花爆竹，倡导现金赶礼，不牵猪赶羊杀牛；建立了"红白"喜事上报、备案、公示制度，并由村两委、"德古"小组和村民三方共同监督。活用"德古工作法"，践行"亲情工作法"。瓦洛村杜绝了因婚、因丧致贫，实现了"从席地而坐到上桌就餐、从无序宰杀到节俭办宴、从牵猪赶羊到礼金慰问"的三个转变。

二、当前乡村治理面临的现实困境

（一）乡村党支部"战斗堡垒"尚须夯实

村党组织弱化、虚化、边缘化问题依然存在，党支部的凝聚力、战斗力、向心力受到影响。在带领村民脱贫致富，为村民办实事、好事方面作用不明显。在引导村民改水、改厕、改厨、改圈，建污水处理体系等风貌改造中，尊重群众的主体地位不够充分。在乡风文明宣传、乡村教育发展和村民文化生活丰富方面发挥的作用有限。一些党支部组织召开党员大会相当困难。个别村党支部和村委会分工不明，村委会难以发挥作用。部分党员村组干部还存在党性意识弱化、宗旨观念淡薄、组织纪律涣散等问题，在惠农补贴、集体资产管理、土地征收等方面存在侵害农民利益的不正之风和腐败问题，致使村民对村组干部信任度下滑。

（二）乡村治理主体自治能力不足

一是村"两委"行政化倾向明显。根据《中华人民共和国村民自治法》规定，乡镇人民政府与村民委员会的关系只是工作指导、支持和帮助关系，乡镇人民政府不干预依法属于村民自治范围内的事项。但调研发现，乡镇政府往往把村委会当成下级分派各项工作，对乡村过度行政控制，对公共产品资源调配的权力是其管理村委会的重要手段之一。村委会干部受制于乡镇政府，即使有想法、有意见，也要配合乡镇工作。村民委员会是村民自我管理、自我教育、自我服务的基层群众性自治组织，但同时，又是国家路线方针政策在乡村的具体贯彻落实者。这种双重代理人身份，导致村委会并不能始终都维护普通村民的权益，甚至导致"村民自治"演化为"村官自治"的现象。普通村民在乡村治理中的意见或者利益诉求，往往得不到彰显，损伤了村民参与乡村治理的热情。

二是村民自治能力不足。乡村大量精壮劳动力外流，稍有能力的"农村明白人"纷纷"离土又离乡"，留下来的多是"老、妇、幼"群体。他们受教育程度较低、文化素养不高，缺乏民主监督和民主管理的能力，在农村事务中参与度较低、"话语权"较弱；即使有意见和诉求，往往也是心有余而力不足。此外，农村公共服务供给数量不足、质量不高，教育、文化、就业、社保、医疗等社会公共事业发展滞后，村民在乡村的获得感、幸福感、自豪感和归属感不足。

三是乡村社会组织发育程度低。各类乡村社会组织作为农民利益的代表，能为农民参与政治生活、表达利益诉求等提供制度化的参与平台和渠道。但由于社会组织的经费、项目资源要依靠自身解决，乡村社会组织的主体性、自治性、自主性并未得到充分彰显，加之乡镇政府给予的扶持力度有限，导致乡村社会组织发育不足，参与治理的能力较弱。

（三）村民自治面临发展困境

一是村民会议"有名无实"。村民缺乏参与村中重大事务决策的积极性。一些村民认为上面的方针政策以及公共事务跟自己没有关系，对参加村民会议兴趣不高，加之参与能力不足等原因，在很多乡村，村民会议实质上"有名无实"。村组大事、小事，往往演变为由村"两委"决定，或由村"两委"组织召开村民代表会议、村民户长会议决定，甚至个别村组演化为少数几个人说了就算，民主决策几成摆设。

二是民主选举存在"乱象"。乡村组织召开选举会议较难，一些村民对谁当选村干部漠不关心，参与选举的热情不高，不给参会补贴不参会。登记参加选举的村民，若选举期间外出务工，则既不能参加投票，又无书面委托，相当于自动放弃选举权；选举中存在送钱送物、请吃请喝、伪造选票、虚报选票数等现象，"贿选"问题复杂多样且更为隐蔽；一些势力较大的宗族、家族操纵选举，个别竞选人甚至雇用黑恶势力、社会闲散人员制造紧张气氛，村民敢怒不敢言；村民选举权缺乏制度性保障，《中华人民共和国村委会组织法》（以下简称《村委会组织法》）只是笼统地规定了一些义务性规范，没有规定违反义务性规范行为的法律后果，只规定了村民拥有选举权，没有对干扰村民正常行使选举权的行为设定相应惩罚；《村委会组织法》规定，村民会议有权罢免村委会干部，但该法同时规定，村民会议的组织者是村委会，村委会自己组织会议罢免自己，仅程序启动就相当困难，村民的罢免权难以真正落实。

三是民主监督"不到位"。对于每月、每季度的村务公开，村民大多只做形式了解或根本不了解；而对涉及村民利益、村民普遍关心的事项进行民主议事时，村民大量缺席或无从参与，村民意愿不能正常反映，村务公开的真实性、时效性和程序性是否符合法定要求值得考量。

四是村规民约存在"困境"。村规民约的产生缺乏民主程序，普遍存在主体内容原则化的问题，部分内容的合法性也值得商榷。例如，一些村组通过村规民约或者组规民约规定，"凡村民死亡者，均由集体收回土地，凡家庭新增婚姻人口或者婚生子女者，可依顺序排队获得土地"，明显与《中华人民共和国农村土地承包法》规定的"增人不增地，减人不减地"原则相悖。凡此种种，这些村规民约或组规民约的规定，与国家法治逻辑和法律精神相悖，难以发挥其对国家法律的辅助作用，也不利于现代乡村治理体系的构建。

（四）乡村法治化治理未成常态

一是乡村法规体系不完善。涉农立法总量不足，有的领域还是法律空白，一些急需的法律尚未制定出来。立法、修法质量不高，涉及农业农村的立法反映"三农"客观规律不够，不少还停留在行政法规、地方法规和部门规章的层次上，缺乏较高的法律效力。

二是农村群众法治观念淡薄。多数村民认为，只要自己没有干违法犯罪的事情，法律就跟自己没有任何关系。一些乡村干部连扶贫、涉农、医保、低保资金都敢贪敢挪，还拿这些钱来行贿买官，群众的"保命钱"成了干部的"买官钱"。当村民自身利益受到侵害时，"上访"是他们常用的维权手段，很少有人通过法律渠道去捍卫自身合法权益。

三是乡村法治环境尚未形成。多数村民对"自觉守法、办事依法、遇事找法、解决问题用法、化解矛盾靠法"还相当陌生，乡村普法工作仍需努力。个别乡村"两委"干部以言代法、以权压法，村民看在眼里、记在心里，认为"法不责众"是理所当然，因此出现抗法现象就不足为奇。"执法难、执行难"的背后，是法律权威的消减。个别乡村别出心裁、五花八门的管理手段以及息事宁人、花钱买平安的乡村治理方式，不但没有带来乡村社会的稳定，反而助长了黑恶势力的嚣张气焰。一些乡村监管机制失效，权力公开与民主监督流于形式，村民的知情权、监督权难以保障。

（五）乡村治理缺乏厚实德治基础

乡贤作为乡村社会的"内部精英"，其作用在乡村治理中还有待进一步挖掘。邪教乘虚而入、赌博屡禁不止、拜金主义流行、邻里纠纷频发等在乡村一定程度上存在，"敬老爱幼、和睦相处、邻里守望"等优秀传统文化和文明风尚有所淡化。

三、构建乡村治理体系的路径思考

实施乡村振兴战略的一个重要支点，就是加强农村基层基础工作，构建以党建为引领、自治为基础、法治为保障、德治为支撑的现代化乡村治理体系，确保农村稳定、农业发展、农民幸福。

（一）抓"党建"引领，发挥基层党组织战斗堡垒作用

一是夯实"堡垒"，强组织力。"给钱给物，不如给个好支部。"好支部的一个重要判断标准，就是党员和群众在哪里，阵地就延伸到哪里，工作就开展到哪里。要扩大基层党组织的覆盖面，提升组织力。特别要抓好思想建党，搞好"两学一做"学习教育，落实"三会一课"制度，解决党员党性意识弱化、宗旨观念淡薄、组织纪律涣散问题，解决党员教育管理失之宽松软、不严不实问题。要实现党内政治生态良性发展，使基层战斗堡垒更加坚固。白杨乡乡村两级党组织均把"两学一做"作为农民夜校的核心内容，加强党员干部教育管理。要把常态化、制度化通过"三会一课"、党员固定活动日、学习日等制度落实，结合"大走访、大宣讲"系列走访活动、精准扶贫入户帮扶等日常工作，每月至少2次入户宣传党风廉政建设工作及成效，开展党员义务服务，发挥基层党组织战斗堡垒作用。

二是培育"带头人"，强"火车头"。"火车跑得快、全靠车头带。"能否把组织信任、群众公认的基层党组织"带头人"选出来、用起来至关重要。今日之乡村，人口流动、能人外流、利益多元，懂农业、爱农村、爱农民的"三农"人才数量日益减少。培育乡村"带头人"刻不容缓。要在制度规定、政策措施、激励机制、乡村建设、舆论引导上多管齐下，营造农村大有可为、有为有位、建功立业的舆论氛围，以政策强力引导，健全乡村干部待遇增长、个人成长激励机制，切实激发广大乡村干部干事创业热情。用制度、机制、措施、人文关怀使"三农"人才流向基层、扎根农村，以达发展农村、繁荣农村之目的。

三是壮大乡村经济，强组织"话语权"。"巧妇难为无米之炊。"只有村里有了集体经济收入，村民发家致富了，村支部这个"家长"才能腰杆伸直。乡村党组织一定要结合实际、因地制宜、从实际出发，发动群众、转变观念，不断拓宽集体经济发展的新路径，探索集体经济发展的新形式，开创集体经济发展的新局面，实现村级集体经济从无到有、从弱变强的突破，以增强支部的说服力。同时，要旗帜鲜明地为群众办实事、解难题。"群众生活要变好，党员干部要舍得跑。"要帮助群众跑项目、跑资金、跑技术，把事情做到百姓心里去，这样才能增强"话语权"。与此同时，还要加大基层小微权力腐败惩处力度，推行村级小微权力清单制度，严整惠农补贴、集体资产管理、土地征收等领域侵害农民利益的不正之风和腐败问题。唯如此，群众才服你、信你、跟你，你才真正拥有"话语权"。

（二）扎牢村民自治基础，催生乡村内生动力

对乡村治理体系的有效构建，扎牢、完善村民自治制度是根本性举措。村民参与自治既是权利，也是义务。自治要以"自我管理、自我教育、自我服务"为基本原则，以"民主选举、民主决策、民主管理、民主监督"为基本内容，在法治框架下由乡村群众依法管理自己的事务。

一是转变"乡镇职能"，促"乡政""村治"良性互动。现代化的乡村治理，是乡镇政府与乡村社会各治理主体的合作共治、优势互补。需要乡镇人民政府与村民委员会的关系回归工作指导、支持和帮助关系，乡镇政府不干预依法属于村民自治范围内的事项。"乡政"与"村治"良性互动，乡镇政府需转变职能，提升公共服务水平，完善公共服务机构的配置，指导、支持和帮助村支部和村委会搞好农村治理，加强对村民选举的监督，建立健全村务监督委员会，推行村级事务阳光工程，进一步做好大学生村官等人才引进工作，使村"两委"能够更好地开展工作。白杨乡建立"群众+德古+纪检"的三方监督体系，"德古"是党委的纽带、眼线、传声筒，代表第三方民间组织定期走村入户收集意见信息，加强了对基层党员干部、村民自治组织的监督，赢得了群众的认可。

二是突出"村民主体地位"，促"村官"与村民良性互动。乡村自治，村民居于主体地位。理想的乡村治理，需要乡村各类主体的共同参与和良性互动，特别是村民作为主体的积极参与。村"两委"成员天然来自村民，都是村民意志和利益的代表人。村党支部负责对村委会的政治领导，在思想上和工作上进行引导与辅助；村委会负责本村日常事务性工作，进行公共事务管理。村"两委"成员是村民的"村官"，一切为了村民，一切依靠村民是其分内之责；与村民良性互动、实现乡村善治是其基本的工作方法。因此，健全村民大会和村民代表大会制度尤为重要。要为村民参与治理搭建平台、拓展渠道，确保普通村民充分参与自治过程，尊重村民主体地位。要做到治理为了村民、治理依靠村民、治理成果由村民共享、治理得失由村民评判；把服务村民、造福村民作为出发点和落脚点。要培育和发展乡村社会组织，激发社会组织活力，鼓励、引导和支持乡村社会组织在乡村治理中发挥作用。

三是加强"教育培养"，促乡村治理能力提升。增强干部群众的法治观念和依法办事能力。村党组织、村民委员会要依据党的方针政策和国家的法律法规，组织全体村民结合实际讨论、制定和完善村民自治章程、村规民约、村民会议和村民代表会议议事规则、财务管理制度等，明确规定村干部的职责，村民的权利和义务，村级各类组织的职责、工作程序及相互关系，明确提出对经济管理、社会治安、移风易俗、计划生育等方面的要求。用制度规范村干部和村民的行为，增强村民自我管理、自我教育、自我服务的能力，增强干部群众的法治观念和依法办事能力。

四是抓好"四民主",促村民自治内容完善。在民主选举中，要尽可能选出奉公守法、品行良好、公道正派、热心公益的村民担任"村官"，要健全村民委员会候选人提名制度、直选制度，扩大海选比例，严格规范委托投票，杜绝贿选和操纵选举。在民主决策中，要确保决策制度科学、程序正当、过程公开、责任明确，要进一步明确村民代表的职责、权利和义务，规范村民会议和村民代表会议的议事程序，要使公众参与村务重大决策成为常态，在大家沟通、交流、表达、妥协的基础上，使决策达成共识，从而形成有理性的、有质量的决策。在民主管理中，要把财务公开作为村务公开的重点，所有收支必须逐项、逐笔公布明细账目，让群众了解、监督村集体资产和财务收支情况。要统一村务公开目录、时间、程序等，严格落实村务公开制度，要将土地征用补偿及分配、农村机动地和"四荒地"发包、村集体债权债务、村内"一事一议"筹资筹劳、新型农村合作医疗、种粮直接补贴、退耕还林还草款物兑现，以及国家其他补贴农民、资助村集体的政策落实情况及时纳入村务公开的内容。在民主监督上，要确保群众对村级事务的知情权、表达权和监督权，进一步发挥村务监督机构的作用，支持其在财务公开、村务决策、"三资"管理、新农村建设、村干部述职述廉等方面充分履行监督职责，促进村务阳光透明，规范村级权力运行，解决事关群众利益的热点、难点问题，从而调动村民参与乡村治理的积极性。

五是推动"机制完善"，促乡村治理现活力。乡村治理，需要多元化主体的共同参与，需要完善村民群众参与乡村治理的多重机制，实现乡村治理体系的现代化。一是完善乡村公共服务供给机制。乡镇政府和村"两委"公共财政预算体制和审计制度需要进一步完善，要保证用于服务乡村的资金不"断流"且专款专用，公共产品充足；要转变供给方式，实现由"政府单一式"向"政府、社会、市场"的多元转变；要使农村的基础设施和各类公共服务逐步接近或达到城镇水平，解决乡村教育难、看病难问题，增强村民的获得感、自豪感和归属感。二是完善群众利益表达回应机制。要大力推行村务公开、办事公开，减少因信息不对称、判读不正确而引发的上访，引导群众合理、合法、有序表达诉求并保证渠道畅通；要完善村民大会制度，为治理主体通过法定途径表达自身利益提供良性互动平台；要特别重视并充分利用网络、电子报刊、移动设备等新媒体的信息表达作用，关注舆情、及时回应，并采取合法有效措施予以引导。三是健全资本下乡机制。引导更多社会资本，带着温度和感情下乡，助力乡村发展。以乡村振兴项目和精准扶贫项目为纽带，推动金融和社会资本更多投向乡村振兴，完善信贷投入机制，助力乡村振兴的繁荣发展。四是完善乡村人才回流机制。鼓励"农村明白人"回乡创业，完善"第一书记"、大学生村官等人才的培养计划，创新乡村人才培育引进使用机制，培育新型职业农民，加强农村专业人才队伍建设，发挥科技人才的支撑作用，为乡村注入先进的生产要素，增强乡村产业活力，实现依靠优秀人才治村，助推乡村振兴。

（三）加强乡村法治保障，推进乡村治理法治化

乡村治理法治化是乡村治理现代化的前提。乡村自治只有在法律的框架下进行，才能有法可依、有条不紊。面对日益多元、复杂的乡村利益格局，唯有法治才是凝聚共识、保证乡村社会可持续发展的法宝。

一是加大涉农立法、修法力度。要从农村发展需要和发展实际出发，加快涉农法律法规的修订工作，并从立法层面进一步强化对农民的土地承包权、宅基地使用权、集体收益分配权等合法权益的保护，完善党领导下的村民自治制度，切实保障村民民主权利。巩固和完善农村基本经营制度，健全农村集体产权法律制度，依法保障以土地为核心的农民财产权益。

二是加大普法力度，培育村民法治信仰。对于乡村治理法治化而言，起决定作用的是村民自身。要通过普法宣传，增强村民尊法、学法、守法、用法的法治意识和行为自觉，使他们养成运用法治思维思考问题，运用法治方式解决问题、化解矛盾的行为习惯。在具体操作中，要抓阵地，增强法治工作渗透力；抓载体，增强普法教育吸引力；抓重点，增强青少年法律意识；抓难点，增强普法的针对性。强化权利义务相一致的法治观念，宣传有权利就有义务，享权利就应行义务。要营造自觉守法、办事依法、遇事找法、解决问题用法、化解矛盾靠法的法治氛围，正确定位"情、理、法"，引导乡村群众依法行使权利、表达诉求、解决纠纷。

三是加强依法办事，以上率下。乡镇政府能否依法行政、村"两委"能否依法依规管理村民自治事务具有示范、引领效应。村民群众不但要看你怎么说，更要看你怎么做。随时处在群众身边的乡镇、"两委"干部只有处处依法办事，文明执法、规范执法、科学执法，以法治思维思考问题，以法治方式解决问题，并自觉接受村民依法监督，才能以上率下，带动村民信法、守法习惯的养成。

四是健全乡村法律服务体系。加强农村司法所、法律服务所、人民调解组织建设；优化人民调解、行政调解、司法调解有机结合的大调解工作格局；推进法律援助进村、法律顾问进村全覆盖，利用村规民约、乡俗民情、法理道义排查、化解邻里矛盾纠纷；降低群众用法成本，让法律的服务功能、保障功能得到充分发挥，最大限度地满足农村法律服务的基本需求，确保让群众"找得到法""用得起法""信得过法"，确保实现"小事不出组、大事不出村"。同时，加大乡村"扫黑除恶"力度，依法惩治"村霸"和宗族恶势力的刑事犯罪，重点打击为"村霸"和宗族恶势力充当"保护伞"的职务犯罪，为乡村治理营造良好的法治环境。

（四）抓乡村德治，铸乡村治理体系之情感支撑

"国无德不兴，人无德不立。"乡村治理融入德治，意味着乡村和谐有了润滑剂，能够为乡村自治和乡村法治赢得情感支撑。

一是用传统文化厚植核心价值观。继续弘扬优秀传统美德，注重个人品德、家庭美德、乡村公德的培养，让村民在接受优秀传统文化过程中实现心灵净化。同时，把社会主义核心价值观作为乡村道德建设的灵魂，将核心价值观写入村规民约或者组规民约，用以规范、约束村民行为，引导村民重义守信、孝老爱亲、勤俭持家，推动形成向善向好的乡风民风。

二是树典型，立机制。注重树立、宣传乡村道德模范和村民身边的好人典型事迹，用榜样的力量带动村民奋发向上，用美德的感召带动村民和睦相处。每个村、组都可以建立一个道德评判团，成员由村民推举，再由村民代表大会公开选举产生。要使道德模范的评选常态化，以评立德，推送群众自己选的典型，弘扬真善美，传播正能量。要建立道德激励约束机制，对村民群众身边的道德正面典型要给予精神奖励和适当的物质奖励，对村民身边的不良道德行为要加以惩治、约束。调研发现，一些村、组每季度评选"洁美、和谐、守法、致富、孝爱"五星示范户，每年重点推选励志奋进典型、卫生洁美户和移风易俗进步户三类人员，并在群众聚集点设"光荣榜"进行表扬；每家每户设置"评分栏"，将考评和授奖情况公示上墙，流动管理，群众"荣誉感"不断增强。同时也设置了移风易俗红黑榜，评比卫生环境最差、"等、靠、要"思想最重的农户，进行照相曝光，点到人头让大家看，唤起懒人的"羞耻感"。这样可以引导村民自我管理、自我教育、自我服务、自我提高，实现家庭和睦、邻里和谐、干群融洽。同时，要大力提倡移风易俗，营造风清气正的淳朴乡风。

三是重"乡贤"，振"崇德"之风。"乡贤"作为村民信任和尊重的贤能人士，有德行，有才能，有声望。他们是连接故土、维系乡情、探寻文化脉络的精神纽带。乡贤"反哺"家乡，有助于塑造当代乡村治理的建设主体，有助于解决乡村治理内生力量不足的问题。在今日乡村精英人才大量流失的当下，发现和塑造有见识、有担当、有威望又自愿扎根乡土的乡村能人显得尤为迫切。这就需要乡村出台鼓励发展乡贤文化的政策措施，完善乡贤回乡的配套政策，搭建新乡贤参与乡村建设和回乡创业的平台，形成政府主导、多方合作、共促发展的格局。调研发现，一些乡村通过组建乡贤参事会、联谊会，利用"村支两委+乡贤会"等形式，充分发挥乡贤带动作用，盘活凝聚了乡贤资源，实现了乡村治理的良性发展。

四是推动"三治合一"，实现乡村善治。自治、法治与德治，既相互独立，又紧密联系。自治重点解决治理的具体形式和载体，德治重点解决治理主体的素质修养，法治重点解决治理的依据和手段，三者共同构成了乡村治理的有机整体，都是为了激发村民的责任感和参与感，促进村民之间和谐相处、农村社会安定有序。只有以法治保障自治，以德治支撑自治，在自治中体现法治，信守德治，用德治促进法治，在法治中体现德治，最终才能实现乡村社会的善治。

基层实践篇

四川藏族聚居区乡村振兴战略
实施路径研究

陈昌荣　周琼　赵文辉　杜萍

四川藏族聚居区被列为国家"三区三州"深度贫困区，已经成为全国全省打赢脱贫攻坚战和全面建成小康社会的"硬骨头"。党的十九大报告提出实施乡村振兴战略，既提出了乡村振兴的奋斗目标和衡量标准，也指明了乡村振兴的努力方向和实施路径。就四川藏族聚居区而言，乡村振兴战略不仅是化解发展不平衡不充分矛盾的有效手段，也是推进脱贫攻坚战略的重要抓手。

一、四川藏族聚居区乡村振兴的先行实践

党的十九大之前，四川藏族聚居区主要围绕新农村建设整体推进乡村物质文明、政治文明、精神文明和社会文明建设，为藏族聚居区乡村振兴奠定了坚实的基础。

（一）四川藏族聚居区乡村产业振兴的先行实践

四川藏族聚居区立足生态资源优势，逐渐将生态产业作为产业发展的主攻方向。

一是立足生物资源和植物资源发展生态农牧产业。各地将生物和植物资源作为发展生态农牧业的突破口，更加重视生态农牧业、生态旅游业和生态工业等融合发展，更加重视构建农牧业科技服务体系和现代农牧业生产经营服务体系，更加重视通过"互联网+"和"生态+"推动传统农牧业提档升级。

二是立足生态资源和文化资源发展乡村旅游产业。各地积极探索产业融合发展、文旅互促互动、社会共建共享的旅游模式，农牧群众参与乡村旅游发展的积极性不断提升。例如，阿坝州金川县通过"农家乐"让小村庄连接大世界、小经营开拓大市场、小投入获得大回报，通过打造"梨花红叶走廊"推动"农家乐"乡村旅游升级到观光农业。

三是立足自然优势和区位优势创建藏族聚居区特色品牌。各地努力把资源优

势转化为产业优势、把产业优势转化为产品优势、把产品优势转化为市场优势，藏族聚居区自驾成为广大游客的热门选择，冬虫夏草成为藏族聚居区高原的"软黄金"，雅江松茸成为盒马鲜生的抢手货。各地着力完善农牧产品产地认证制度和地理标志产品监管机制，不断提升生态产品的品牌知晓度和市场占有率。

（二）四川藏族聚居区乡村人才振兴的先行实践

藏族聚居区乡村振兴人才队伍普遍存在年龄老化、结构失衡、能力偏低等问题，各地在强化政府职能、加强队伍建设、提升能力素质等方面进行了一些探索。

一是强化乡村振兴政府职能作用。各地成立了县、乡、村"三级联动"乡村振兴战略责任体系，加强了对乡村振兴工作的统筹协调。各地不断完善从优秀村党支部书记中选拔乡镇领导干部、考录乡镇机关公务员、招聘乡镇事业单位人员制度，拓宽了县乡"三农"干部的来源渠道。

二是加强乡村振兴三支队伍建设。加强农村专业人才队伍建设，不断充实农技推广、畜牧兽医、环境整治等方面的专业人才；加强新型职业农民队伍建设，探索建立教育培训、规范管理和政策扶持"三位一体"的新型职业农民培育体系；加强农村乡土人才队伍建设，分类建立乡土人才台账，在创业、资金、技术等方面进行优先帮扶。

三是充实乡村振兴农牧科技人才。优化公务员和事业人员、紧缺型人才和"三支一扶"人才的招录工作，充实乡村振兴一线队伍。探索藏族聚居区与高校之间的校地合作，实施"订单式培养"和"定点式服务"计划，引进各类急需紧缺人才，共同研发和打造藏族聚居区特色品牌。

（三）四川藏族聚居区乡村文化振兴的先行实践

近年来，藏族聚居区各地大力挖掘文化资源，以此为抓手"撬动"乡村振兴，推动藏族聚居区经济社会全面发展。

一是加强基层文化阵地建设。各地通过实施广播电视村村通、农家书屋、电影放映等文化惠民工程，基本形成了以县文化馆、图书馆为重点，以乡镇综合文化站为基础的社会文化活动网络。各地通过"走基层""文化下乡""挂帮包"等活动，使"送下乡"变为"常下乡"，让"走基层"成为"在基层"。

二是挖掘藏族聚居区民俗文化资源。藏族聚居区具有丰富的民俗文化资源，各地都将其作为推进乡村振兴的重要抓手。例如，阿坝州理县桃坪羌寨通过保护传统古村落发展乡村旅游。桃坪羌寨地下水网四通八达，集生活、消防、降暑等功能于一体，羌碉历经叠溪、松潘、汶川三次大地震而不倒，被誉为"神秘的东方古堡""羌族建筑艺术的活化石"。

三是打造红色文化教育基地。红军在藏族聚居区留下了丰富的革命遗迹和宝贵的红色资源，成为藏族聚居区农牧群众国家认同和民族认同的基础。阿坝州创办了长征干部学院，把"吃红军饭、穿红军衣、走红军路、尝红军苦、唱红军歌、扬红军魂"贯彻始终，把"爬雪山、过草地"作为特色教学，成为党员干部理想信念教育的重要平台和锻造优秀干部的红色熔炉。

（四）四川藏族聚居区乡村生态振兴的先行实践

近年来，藏族聚居区各地践行绿色发展理念，加强生态文明建设，提升"绿水青山"颜值，增长"金山银山"价值，让藏族聚居区乡村既有"面子"又有"里子"。

一是在推进藏族聚居区发展方式转变中突出生态效益。各地着力构建以生态旅游、生态农业、现代服务业为主的生态产业体系，认真落实森林生态效益补偿、退耕还林补偿、草原生态保护补助等政策，加快治理干旱河谷、沙化草原等突出生态问题，吸纳农牧群众参与生态建设并实现近期有劳务收入、中期有管护收入、长期有资产收益。

二是在推进藏族聚居区生态文明建设中强化政府职能。各地严格落实生态环保"党政同责"和"一岗双责"，在环保经费、设施设备等方面给予最大保障。各地着力构建县、乡、村三级网格化环境监管体系，大力开展土地、草场、湿地等生产要素防污染行动，严厉打击各类环境违法案件。

三是在推进藏族聚居区生态产业发展中实现经济效益。各地积极转变资源消耗型发展方式，不断提高绿色GDP占比。各地分步推进"民俗文化体验+生态旅游+产业发展""文化聚集+康养度假+生活驿站"等试点，统筹考虑生态农业、特色旅游、乡土文化等产业布局，深度融合生态、文态、业态，努力打造微景观、微田园、微环境，不断丰富藏族聚居区全域旅游优势元素。

（五）四川藏族聚居区乡村组织振兴的先行实践

四川藏族聚居区不断加强基层特色党建，充分发挥基层党组织的战斗堡垒作用，推动脱贫攻坚、乡村振兴和社会稳定等取得显著的阶段性成效。

一是着力加强四川藏族聚居区基层特色党建。各地充分发挥基层党组织"引领推动"和党员干部"示范带动"两个作用，努力把组织资源转化为脱贫攻坚优势。例如，凉山州木里县近年来大力实施基层党建"磐石工程"，把县委"办公桌"向藏族聚居区腹心地带推进了100多千米，取得了"小区域大党建"效果，使木里县成为全国全省最稳定的藏族聚居区。

二是深入推进藏族聚居区基层软乡弱村整顿。各地围绕"领导班子好、党员队伍好、活动阵地好、工作机制好、工作业绩好、群众反映好"等目标，持续整顿"后进"、达标提升"一般"、创星激励"先进"。各地不断深化作风效能建设，严格按照上级标准确定"软乡弱村"，成立以县级领导定点指导、乡党委书记为第一责任人、村党支部书记为直接责任人的领导组织，推动软弱涣散党组织转化提升。

三是不断加强村级党员干部教育培养。各地注重从致富带头人、优秀青年农牧民、复原退伍军人等人群中发现优秀人才，在县、乡、村逐级建立后备干部人才库。各地加大基层党员干部培训力度，基本实现村"两委"干部培训全覆盖。例如，阿坝州小金县深入实施"千名好书记培养引领计划""千村后备干部培育工程"，全面推行基层党组织党务干部专职化、专业化、梯次化"三化"建设。

二、四川藏族聚居区乡村振兴的突出问题

四川藏族聚居区乡村振兴的先行实践成效显著，有力推进了藏族聚居区的跨越发展和长治久安。但对标乡村振兴战略新要求，四川藏族聚居区还存在诸多亟待解决的突出问题。

（一）四川藏族聚居区乡村产业振兴的突出问题

四川藏族聚居区生态脆弱、交通不便、信息不畅，农牧群众文化偏低、技能不足、观念落后，产业发展所需的硬件、软件仍然存在诸多不足。

一是藏族聚居区地理条件和生态功能制约了产业发展。绝大部分藏族聚居区属于限制开发区域，往往地势高寒、地质复杂、植被稀少，无法承载大规模的产业发展。藏族聚居区耕地比例小且分布零散，工业发展和城镇建设进程中的人地矛盾日渐突出。藏族聚居区曾经一度以牺牲环境为代价，推进资源开发型产业发展，铺摊子、上规模的粗放型发展方式让生态环境更加脆弱。

二是农牧民的整体素质不高不利于产业发展。农牧群众热衷于追求短期经济效益，只看到能够获得眼前利益的"一锤子买卖"，忽略了能够带来长期效益的"绣花功夫"。农牧群众对现代科学技术接受难、与现代社会融合差，在市场竞争中普遍存在产品包装意识不够、品牌建设能力不够、产品促销力度不够、市场预测能力不够等问题。

三是产业发展服务能力不足牵绊了产业发展。藏族聚居区没有形成产前、产中、产后一体的产业系统，更没有形成产供销、农工商、农科教相结合的经营体制。藏族聚居区普遍存在农技设施建设滞后、农技人员分布不均、农技推广渠道单一等问题，乡镇级农技推广机构合并后甚至出现了"线断、人散、网破"的尴尬局面。尽管国家加大了对藏族聚居区的金融支持力度，但仍然存在金融机构体系不健全、金融基础设施建设滞后、金融产品不足等问题。

（二）四川藏族聚居区乡村人才振兴的突出问题

乡村振兴，人才是基石。四川藏族聚居区乡村人才需求和乡村人才供应之间的矛盾突出，已经成为制约乡村振兴的短板。

一是"无农人"导致乡村振兴"巧妇难为无米之炊"。藏族聚居区青壮年"离乡、离家、离土"问题突出，"无人种地"现象普遍，"'70后'不愿种地、

'80后'不会种地、'90后'没想过种地"。各地普遍缺乏经营管理和产业运营人才,本地能人希望"跳出农门",外来能人又被担心会"掘一桶金就跑路",投身乡村产业发展的先行者失败的教训多、成功的经验少。

二是"无能人"导致乡村振兴"有组织而无战斗力"。藏族聚居区乡、村两委干部年龄偏大,普遍存在"有组织无人,有人无战斗力"的问题。第一书记和驻村干部能力突出,但仍然被农牧群众视为"外地人"。体制外人才用人通道尚不通畅,通过智力、能力、劳动等要素受益的政策体系尚未建立,因此体制外人才工作激情不高。

(三)四川藏族聚居区乡村文化振兴的突出问题

近年来,四川藏族聚居区覆盖城乡、惠及农牧群众的公共文化服务体系已整体成型,但是基层文化工作在整体规划、体系运行、扶贫实效等方面还存在一些亟待解决的问题。

一是基层文化工作的拉力与动力的失衡加剧。藏族聚居区"看得见的贫困"——物质与经济贫困正在加速改观,但在"扶志"与"扶智"上却未达到预期效果。对照四川省委提出的"四好"目标,"住上好房子、过上好日子"已经基本实现,但"养成好习惯、形成好风气"还有较大差距。区域社会的文化内核尚未发生根本改变,扶贫的外在拉力难以转化为脱贫的内生动力。

二是基层文化工作的投入与产出落差超常。公共文化基础设施的建设与管理不配套,基层文化工作重建设轻管理、重硬件轻软件、重供给轻需求、重专项轻统筹,超过80%的乡镇综合文化站被挪为他用,超过80%的农民夜校长期闲置。公共文化服务产品的供给与需求不对称,农家书屋中农牧业科技、生活常识等实用性书籍少,而文学、历史等消遣性书籍多。

三是基层文化工作的方式与目的的矛盾深化。不少地方热衷从文化产业、文化旅游等方面"开发"民族文化,存在有"大钱"办节庆而"无钱"投入文化惠民项目等现象。到底是以"绣花功夫"扶文化之贫,还是以"绣花样式"做文化扶贫,值得进一步思考。部分基层工作者不能辩证把握民族文化与现代文化的关系,甚至曾将宗教文化简单视为旅游资源进行开发。

(四)四川藏族聚居区乡村生态振兴的突出问题

过去,藏族聚居区以牺牲"青山绿水"为代价,为支持国家经济建设做出了重大贡献。现在,藏族聚居区守着"金山银山"过着穷日子,脱贫攻坚和生态建设之间的矛盾十分突出。

一是减贫脱贫短期攻坚与生态建设长期发展之间存在矛盾。藏族聚居区贫困人口数量和贫困发生率仍然高于全国、全省同期水平,各地都在"绞尽脑汁"寻找立竿见影的减贫脱贫途径。生态建设和生态扶贫更重长远目标而非短期效应,生态治理、生态产业、生态旅游投入高、见效慢,增加了地方政府的财政负

担和国家的脱贫成本，导致藏族聚居区农牧群众参与生态建设和生态扶贫的积极性不高。

二是金山银山经济效益与青山绿水生态环境之间存在矛盾。农牧群众对资源的依赖性较强，但资源过度开发会导致生态恶化，"挖虫草、捡松茸、拿补贴来得快"的思想不利于内生动力培育。例如，甘孜州理塘县2018年成立了39个虫草工作组，1 500余名干部将办公地点搬到虫草采挖区。虫草资源无序过度采挖已经对藏族聚居区生态环境、社会稳定和持续发展造成危害。

三是生态屏障主体功能与生态保护补偿政策之间存在矛盾。藏族聚居区冰川融化、湿地萎缩、草原沙化现象严重，已经对国家生态安全直接构成威胁。藏族聚居区的生态建设转移补助资金与实际需求仍有较大差距，中央财政拨付不足、地方财政支持有限、社会资本难以融入是藏族聚居区生态建设的最大问题。藏族聚居区还面临生态保护补偿政策不均衡的突出矛盾。省外青海的生态补偿标准高于四川，省内甘孜州的生态补偿标准高于阿坝州。

（五）四川藏族聚居区乡村组织振兴的突出问题

藏族聚居区基层组织的脱贫攻坚能力不断提升，有力推进了经济发展和社会稳定。然而，面对乡村振兴战略如何落地生根的问题，部分基层组织缺乏具体思路，在规划设计、组织引领和队伍建设等方面存在一些亟须解决的问题。

一是基层组织规划设计乡村振兴路径的能力不够。部分基层组织对中央和省州的乡村振兴战略十分熟悉，但对本地乡村振兴的具体路径缺乏思考。部分基层组织忽略了本地的财政收入、自然资源、基础设施等客观条件，不顾实际情况盲目制订乡村振兴规划。部分基层组织面临自然环境恶劣、村庄空心严重、社会问题复杂等困难，要么信心不足、牢骚满腹，要么急功近利、不讲规律。

二是基层组织组织引领乡村振兴工作的能力不够。藏族聚居区基层组织对乡村振兴资源资金的统筹整合能力不足，导致乡村振兴中存在"条块化、碎片化"的资金管理难题和"下毛毛雨、撒胡椒面"的分配难题。部分基层组织存在软弱涣散现象，难以在乡村振兴中发挥引领作用。部分基层组织对中央的乡村振兴战略、国家的脱贫攻坚政策、藏族聚居区的脱贫致富典型等宣传不够，导致农牧群众参与乡村振兴的积极性不够。

三是基层队伍推进和落实乡村振兴的战斗力不够。本地、本民族考生在考试选拔中处于劣势，无法进入公务员或事业编制序列。"进不去"造成基层队伍严重贫血；基层队伍在学科专业、人员结构、工作能力方面存在诸多不足，"用不上"造成基层工作落实不力；藏族聚居区从业环境恶劣、工作任务繁重、文化差异较大，辞职、离职、外调人数不断增加，"留不住"造成基层队伍人心不稳。

三、四川藏族聚居区乡村振兴的实施路径

围绕党的十九大提出的乡村振兴战略目标,将中央和省州顶层设计与四川藏族聚居区基层实际进行有效对接,梳理藏族聚居区乡村振兴存在的制约因素和瓶颈问题,找准乡村振兴战略在藏族聚居区落地生根的着力点,做好"五篇文章",是藏族聚居区实施乡村振兴战略的关键。

(一)四川藏族聚居区乡村产业振兴的实施路径

2019年以来,四川省委省政府就藏族聚居区发展提出了一些新的战略谋划和部署,为四川藏族聚居区的产业发展指明了方向。

一是立足四川藏族聚居区的生态地位优化产业结构。要重视藏族聚居区在维系全国生态安全和生态平衡中的特殊作用,在产业提档升级过程中坚守生态保护红线,宜农则农、宜粮则粮、宜牧则牧、宜草则草、宜林则林。要根据自然条件、区位优势和资源禀赋等确定产业发展方向,促进一、二、三产业之间及产业内部协调联动发展。

二是立足四川藏族聚居区的优势资源构建产业体系。要深入挖掘藏族聚居区的资源禀赋,努力构建绿色防控体系,充分利用充足的阳光、清新的空气、纯净的水源、干净的土地。要加强品牌建设和地理标志保护,推进"三品一标"等农牧农产品的认证和名优产品的申报工作,不断做大做响"川藏高原""净土阿坝""壤巴拉"等区域公共品牌。

三是立足四川藏族聚居区的区域实际培育产业主体。要强化政府的主导作用和农牧群众的主体作用,大力培育职业农民、产业大户、专业合作社等多元经营主体。要发挥政策奖补、金融支持、农业保险的杠杆作用,引导生产要素向产业链条聚集,提升农牧群众和农牧产品的市场竞争能力。要发挥产业主体对脱贫攻坚的引领作用,支持新型农业经营主体和龙头企业实施科技产业扶贫项目。

(二)四川藏族聚居区乡村人才振兴的实施路径

四川藏族聚居区要不断健全乡村振兴人才队伍,创新乡村振兴人才机制,提升乡村振兴人才素质。

一是健全乡村振兴人才队伍。藏族聚居区要努力建设乡村振兴"五支队伍",为乡村振兴提供人才保障和智力支持。①藏族聚居区农村工作队伍。借鉴精准扶贫"第一书记"选派模式,通过挂职、派驻等向藏族聚居区乡村选派"乡村振兴专职书记"。②新型职业农民队伍。构建新型职业农民培育体系,加强农业信息化、农业专业技术、农村生产管理等培训。③农业科技人员队伍。挖掘高等农业院校和农业科研单位的资源优势,加大对现有乡村技术骨干的培养力度。④经营管理人才队伍。疏通人才市场化流动渠道,加大向市场购买人才服务

的力度。⑤新乡贤队伍。实施"乡贤建业工程",鼓励退休领导干部、知识分子群体、工商界成功人士参与藏族聚居区乡村振兴。

二是创新乡村振兴人才机制。建立藏族聚居区与高校的联系机制,制定高校引才特殊支持政策,通过"招考+直签"等形式招揽人才。常态化组织农牧业科技人员进村、入户、到田,为农牧群众的生产生活提供必要的技术指导。在干部考核晋升中增加农村工作内容,要求县、乡(镇)一把手应该具备农业工作分管经历。构建藏族聚居区乡村振兴专家库,邀请各类农业技术、经营管理人才不定期下乡开展现场教学。

三是重视乡村振兴人才发展。搞好人才选拔,坚持从工作落实、乡语口碑中识别干部,坚持品行优先、实绩优先、一线优先的用人标准,坚持凭德才用干部、以实绩论英雄的用人导向;拓宽培训渠道,通过农广校、远程教育站点等做到县乡阵地轮训一批,通过轮岗交流、下派任职等做到基层岗位锻炼一批,通过"请进来教""走出去学""沉下去训"等做到院校高地提升一批,通过现场观学、人才讲学、项目践学等做到示范基地培育一批;改善工作环境,设置"一站式"服务窗口,为乡村振兴人才提供政策咨询、融资对接、业务办理等服务。

(三)四川藏族聚居区乡村文化振兴的实施路径

当前藏族聚居区基层文化工作运行实践之"软"与乡村振兴任务之"坚"不相匹配,亟须在加强顶层统筹、培育内生动力、提升工作效能等方面综合施策。

一是切实加强"建、管、用"一体化的顶层统筹。将文化工作纳入乡村振兴的大框架进行系统设计,赋予藏族聚居区基层更多的决策自主权。要在一定层级建立更具统筹力的文化工作整合协调机制,保证乡镇和村有专职人员管理文化服务平台,解决决策机制倒挂、投入渠道碎片化、"建、管、用"分离等问题,避免文化工作在基层出现断层,在乡镇和村一级失去抓手。

二是大力培育农牧群众参与文化发展的内生动力。要改变政府唱"独角戏"的运行方式,让"送文化下乡"通过"服务购买"转化为"种文化在乡"。要坚持"党政主导,社会主办,村民主体"原则,鼓励多元社会力量参与文化工作,弥补基层文化队伍人员和能力的不足,激发文化志愿者、文化管家、文化自组织的主体性和创造性。

三是全面提升四川藏族聚居区基层文化工作的精准程度。要兼顾人口密度低、服务半径大、文化差异大等区域特殊性,加大公共文化设施和服务的投入力度,缩小区域内、区域间的差距。要让基层文化工作更精准、更亲和地融入农牧群众的日常生活,使立体化的内容建设与时代化的渠道建设形成合力,推动藏族聚居区在完成脱贫攻坚任务的同时实现乡村振兴。

（四）四川藏族聚居区乡村生态振兴的实施路径

四川藏族聚居区要认真贯彻落实习近平总书记对四川工作系列重要指示和四川省委十一届三次全会精神，守住生态红线、增强"造血"能力，探索适合藏族聚居区自身实际的乡村生态振兴路径。

一是增加藏族聚居区生态振兴的政府投入。要强化藏族聚居区州、县、乡、村各级生态振兴抓手，明确生态振兴的责任主体、工作目标、时间进度等。要加大藏族聚居区退耕还林、退牧还草、湿地保护等重大生态工程的投入力度，让项目和资金向贫困地区与贫困群众倾斜。要调整生态补偿政策和生态补偿标准，缩小同类地区生态补偿政策的差异，以保护和激发各级政府和农牧群众参与生态建设的积极性。

二是加大藏族聚居区生态扶贫的保障力度。要制定《四川藏族聚居区生态扶贫工作方案》，坚持扶贫开发与生态保护并重、脱贫致富与可持续发展并进。要加强生态扶贫智力引援，加大对生态产业经营、生态问题治理、生态扶贫实施等方面的指导和培训。要吸纳贫困群众积极参与政府重大生态工程建设，让其获得劳务报酬收入；增加森林、草原、湿地等生态管护员工作岗位，让其获得工资报酬收入；发展生态旅游、特色农牧业等生态产业，获得经营性收入和财产性收入。

三是创新藏族聚居区生态产业的发展路径。要立足生态环境质量和区域特色资源制订生态产业规划，做好"生态+产业"文章，重点发展绿色食品、生态旅游、康养保健等产业，推动"品质革命"和品牌创建，把得天独厚的生态资源转化成实实在在的生产力。要构建生态环境综合治理体系，健全区域生态环境污染防治联动机制，探索适合本区域的生态修复、生态农业、生态旅游、生态工业等模式。

（五）四川藏族聚居区乡村组织振兴的实施路径

藏族聚居区基层组织是乡村振兴的"指挥员"，也是带领农牧脱贫奔康的"尖刀班"，必须在思想意识、队伍建设、能力提升等方面苦下功夫，切实担负起脱贫攻坚攻城拔寨和乡村振兴组织引领的重任。

一是通过队伍建设提升藏族聚居区基层组织的战斗能力。要广泛采取县级领导讲党课、邀请专家辅导、支部"微党课"等形式，对州、县、乡、村、组全覆盖开展宣讲学习。要完善基层组织建设项目制、书记抓基层党建纪实制、党建工作动态跟踪督查制等制度，继续深化"软乡弱村"整顿，加快构建"一核三治"现代乡村治理新格局。

二是通过移风易俗提升藏族聚居区农牧群众的自治能力。要对农牧群众居住环境进行督导检查，促进农牧群众养成人人讲卫生的好习惯。要充分发挥藏族聚居区学校、农家书屋和农民夜校的作用，组织开展各类文体活动，让农牧群众在参与中愉悦身心、转变观念。要加强社会综合治理，开展移风易俗教育，构建村级自治网络，提升基层自治能力。

三是通过先行示范提升藏族聚居区基层组织的引领能力。要了解农牧群众的需求，在乡村振兴中当好先锋模范、树立先进典型、培育"领头雁"。要利用基层组织的组织优势，充分发挥农牧群众的主体作用，大力培育农牧群众的内生动力。要选优配强基层组织领导班子，将乡村振兴实绩作为干部提拔使用的重要标尺，推动干部政策向乡村振兴一线倾斜。

贫困山区乡村振兴发展路径研究

——以巴中市为例

蒲俊　朱欣　朱佑洲　李伸

实施乡村振兴战略，是党的十九大做出的重大决策部署，是决胜全面建成小康社会、全面建设社会主义现代化强国的重大历史任务，是新时代"三农"工作的总抓手。巴中作为革命老区、贫困地区、秦巴山区"三区"叠加的特殊地区，发展不平衡、不充分问题尤其突出。大力实施乡村振兴战略，必须以脱贫攻坚为统揽，厚植生态优势，坚持绿色发展，推动山区农业农村现代化。

一、巴中乡村发展现状

巴中位于四川东北部，辖3县2区，187个乡镇，11个街道办事处，2 367个村委会，273个居委会，辖区面积1.23万平方千米；户籍人口376.16万人，其中，乡村人口276.74万人，占总人口的73.6%。近年来，巴中市始终把"三农"工作摆到重中之重的位置，认真贯彻落实各项强农惠农富农政策，紧紧围绕"建设川陕革命老区振兴发展示范区，走出秦巴山区脱贫攻坚绿色发展新路子"的总体思路，着力推进农业供给侧结构性改革，农村社会经济稳步发展，乡村面貌焕然一新，民生福祉显著提升，为乡村振兴发展奠定了坚实基础。

（一）优化结构，乡村经济稳中向好

一是粮食综合生产能力显著提升。按照"稳粮增收调结构"的要求，以"产品生态化"为取向，立足特色品质，发挥品种优势，调减小麦、红薯、籽粒玉米种植面积，大力发展优质粮油。2017年，巴中市粮食总产量175.57万吨，达到历史较高水平。回望历史，1993年巴中成立地区时，粮食总产量为117.17万吨；2000年，巴中撤地设市，粮食产量突破160万吨；2015年，粮食产量突破170万吨大关；近几年，粮食生产实现稳定增长，粮食综合生产能力跃上新台阶。

二是特色产业加快发展。立足生态优势，以建设全国知名绿色有机农产品供应基地为目标，重点发展"核桃、茶叶、巴药、生态养殖"四大农业特色产业。集中连片发展特色产业282万亩，建成生态养殖示范区45个，全市100个连片扶贫区域全覆盖，综合产值均达100亿元，基本形成规模化发展。大力实施"区域品牌+企业品牌+产品品牌"战略，强力推进品牌创建，以"绿色农业""生态农业"为优势、打造公用品牌为路径推动群众产业转型升级。巴中市政府出台《关于进一步加强"巴食巴适"农产品区域公用品牌建设的意见》，制定了通江银耳、巴中云顶茶、猪、牛、羊、禽等23个生产技术规程，认定"三品一标"农产品414个。"巴食巴适""巴中云顶"等区域公用品牌囊括地域绿色生态近20个系列300多项品种，驰名全国、远销海外。通江银耳、巴山土鸡、南江黄羊、空山黄牛等特色品牌个性凸显，"天岗银芽"、通江银耳分别获得国际博览会金奖、"天府七珍"首位，罗村茶、云顶茗兰获四川省著名商标，通江银耳、南江黄羊荣获中国驰名商标，全国农业品牌价值评估分别达35亿元、32亿元。青峪猪系列产品连续六年通过国内有机认证，连续4年通过欧盟有机认证，2017年成功登陆"新三板"，产品所在企业成为巴中首家上市企业。

三是新产业新业态蓬勃发展。乡村旅游快速发展。实施"旅游+农业""生态+农业""互联网+农业"行动，促进森林康养与巴山新居、生态旅游、脱贫攻坚、有机食品医疗养老等产业深度融合。建立"1+6"产业规划体系，打造巴中森林康养"三区四片一带多中心"空间格局，制定"5+10+100"旅游扶贫发展目标。建成光雾山、王坪红军烈士陵园等4A级旅游景区19个，建立国省森林康养基地13个，乡村旅游扶贫示范（区）村合作社等100个，2018年一季度实现乡村旅游收入18.86亿元。农村电商加快推进。出台加快电子商务发展意见和规划，制定《电商扶贫专项方案》，大力实施全企入网、全面触网、电商进村"三大工程"，建立仓储与冷链物流基地和区域物流分拨中心，构建以"两心、三点、四带"为基础的冷链物流发展布局，形成快速高效电子商务服务链。2018年，建立农村电商服务站（点）306个，其中乡镇服务站36个、农村服务点270个，发展特色网店1 541家，培育电商企业430家。2017年，实现电子商务交易额200亿元，辐射带动50%以上贫困户通过电商销售当地特色产品，人均增收500元以上。

（二）改革创新，农村活力不断释放

巴中市政府出台了农村产权"八权一股"[①] 改革方案，率先整市推进农村农业综合改革，整合增减挂钩、农用地整理、地灾避险搬迁三类国土资源项目，建立健全资源补偿机制，探索农村集体资产股权量化、特色产权融资等模式，推动

---

① 农村集体土地所有权、农村集体建设用地使用权、农村房屋所有权、农村土地承包经营权、农村林权、农业特色产业所有权、农业标准化生产基地物权、农村小型水利工程所有权和农村集体资产股权，简称"八权一股"。

土地规模经营，激发农村发展新动能。

农村土地承包确权颁证基本完成。颁发农村土地承包经营权证 75.25 万本，占应颁证数 94%。农村产权制度改革加快推进。农村清产核资基本完成，完成 60 个乡镇的农村集体资产股份制改革工作，颁发股权证书 3.2 万本。通江县被确定为 2017 年度全国农村集体产权制度改革试点单位。两权抵押取得实效。颁发特色产业所有权证 160 本、农业标准化基地用益物权证 47 本，通过权证融资贷款 8 亿元左右。流转农村土地总面积达 93.56 万亩。综合改革试点加快推进。巴州区全国农村综合改革试点、农村土地承包经营权抵押贷款试点深入推进，共办理农村土地流转经营权证 253 本，向银行申请抵押贷款达 48 家、授信 1.95 亿元，发放贷款 7 000 万元。新型主体提档升级。积极推广"龙头企业+专业合作社+家庭农场"的发展模式，培育农民合作社 5 250 个；其中国家级示范社 7 个，省级示范社 102 个，市级示范社 134 个。拥有家庭农场 1 190 家，其中省级 32 家。培育新型职业农民 7 710 人，各类新型主体带动能力明显增强。

（三）以民为本，民生福祉不断增强

深挖农业内部增收潜力，拓宽农民就业增收渠道，农民收入稳定增加，农村生产生活条件显著改善。

第一，农民收入较快增长。2017 年，全市城镇居民人均可支配收入 28 286 元，是 1993 年 1 695 元的 16.6 倍；农村居民人均可支配收入 10 946 元，是 1993 年 499 元的 21.9 倍。农村居民恩格尔系数从 1993 年的 70.62% 下降到 2017 年的 46.7%，农民生活水平不断提高。

第二，人居环境明显提升。坚持把改善城乡居民居住条件作为人居环境治理的工作重点，大力推进农村危旧房改造，同步实施公共服务配套设施建设，实现改造一片、提升一片、带动一片。通过巴山新居工程、易地扶贫搬迁、城乡建设用地增减挂钩、地质灾害避险搬迁等工作，遵循"拆建改保"原则，实施农村危旧（土坯）房改造 29.2 万户，建设幸福美丽新村 604 个，创建省级"四好村" 95 个、市级"四好村" 174 个。

第三，农民生产生活条件持续改善。推进农村公路"加密、联网、升级"，通车总里程 16 030 千米，其中县道 1 524.2 千米、乡道 2 303.5 千米、村道 12 202 千米，实现了 100% 的乡（镇）、27.5% 的村民小组通硬化路，100% 的乡（镇）和 80% 的建制村通客车。全力推进以红鱼洞、二郎庙、双桥、天星桥、黄石盘等大中型水库为重点的骨干水源工程建设，整治山坪塘，新建蓄水池，加强供排水渠系工程建设。2017 年年末，农田有效灌溉面积达 9.46 万公顷（1 公顷 = 10 000 平方米，下同），建成农村集中供水工程 1 443 处，分散供水工程 7 229 处，自来水普及率达到 73.5%。

二、实施乡村振兴战略的现实困境

一是产业发展支撑不力。在巴中山地占 90%,山高沟深平地少,耕地零散产业弱。近年来,各区县大力推进茶叶、核桃、中药材、生态养殖等特色种养殖和乡村旅游等产业发展,但农村产业整体上仍处于小、散、杂的状态。据统计,茶叶、中药材、核桃累计种植面积分别为 25 万亩、31.8 万亩、43.5 万亩。2017年,茶叶产量 0.65 万吨,中草药材产量 3.51 万吨,出栏生猪 336.88 万头、牛22.42 万头、羊 83.32 万只。这些数据说明,传统农产品有量无牌、特色农产品有牌无量的情况突出。农业产业仍以大田农业为主,产业的发展对农民增收致富的作用甚微。规模经营难、产业链条短、科技含量低、风险防控能力弱、组织化程度不高、利益联结机制不健全等突出问题,成为制约乡村产业发展的瓶颈。

二是基础设施建设滞后。交通方面,巴中是四川全省为数不多的川东北唯一不通快速铁路的市,其高速公路里程仅占全省总里程的 4.3%,通江县是全省唯一不通高速公路的内地县。巴中市农村公路通达程度较低、连通度较差。第一,县乡道技术等级低、承载能力弱。在县乡道公路中,四级公路占比高达 80% 和95%。有 4.5 米宽以下农村公路 4 040 千米,破损农村公路 1 770 千米。公路作为连接县、乡、村的重要通道,亟待提升改造。第二,村组路覆盖范围小,综合效益低。全市仍有 60 个村不通水泥路,现有的村道路绝大多数只通到村委会驻地或村小学,没有延伸到村民小组。村镇之间、村村之间存在大量的"断头路",群众出行的"最后一公里"问题突出。目前,全市有 6 500 千米村道路需要联网,20 000 千米村内通组路亟待打通。第三,水利方面,工程性缺水问题突出,有效灌溉面积仅占 46%,接近 70 万农村人口存在饮水安全问题,农村生产生活用水短板亟待破解。第四,农村供电保障能力不足,部分原小水电供区未完成农网改造。落后的基础设施是乡村振兴的重要障碍。

三是乡村人才严重匮乏。随着城镇化进程的加快,农村大量青壮年劳动力进城务工和安家落户,导致农村人口老龄化、村庄"空心化""三留守"等问题突出。据统计,2013—2017 年,巴中市各年转移输出的农村劳动力分别为 110 万人、120.7 万人、124.68 万人、119 万人和 113.9 万人,导致乡村人力资源流失,种田能手和青壮年劳动力短缺,管理人才、经营人才、专业技术人才严重匮乏,部分村组干部培养对象难找。第三次全国农业普查结果显示,2016 年,巴中市有农业生产经营人员 107.92 万人,其中,女性有 54.87 万人。从年龄结构上看,35 岁及以下的有 13.39 万人,36~54 岁的有 47.24 万人,55 岁以上的有 47.29万人。从受教育的程度看,具有大专以上文化的人数占 1%,高中或中专文化的人数占上 5.7%,初中文化的人数占 37.3%,小学文化的人数占 48.7%,还有

7.3%的人未上过学。农业从业人员的年龄结构老化，科学文化素质较低，科技成果推广应用能力不足，已不能满足农业农村现代化的需要，成为推进农业农村现代化亟待解决的难题。

三、推动贫困山区乡村振兴发展的建议

（一）突出本地特色，推动产业振兴

产业兴旺是乡村振兴的重点，直接影响着乡村经济发展、文化建设、生态文明等各个方面。推动乡村产业振兴，要坚持质量兴农、绿色兴农，紧紧围绕发展山区现代农业，充分发挥绿色资源优势，推进农村一、二、三产业融合发展。

一是坚持质量兴农，做强特色农业。立足巴中特色农产品绿色、生态、富硒、有机的品质优势，坚持以市场需求为导向，深入推进农业供给侧结构性改革，大力实施茶叶、核桃、中药材、生态养殖四大农业产业行动计划，着力构建"4+1"农业产业体系（突破发展茶叶、核桃、中药材、生态养殖四大特色农业产业，各区县自主确定一个优势农业产业）。第一，提高规模化水平。坚持"主体带动、园区示范、基地连片"的原则，以建设四川省茶叶产业重点县、现代农业林业畜牧业重点县为依托，以"优品种、建园区、扩基地、补断带"为抓手，切实保护种质资源，开发利用优势品种，努力建成秦巴山区绿色农产品生产基地和生物医药基地。力争到2020年种植茶叶、核桃、地道中药各100万亩，年出栏南江黄羊80万只、青峪猪30万头、巴山土鸡1 400万只，实现四大特色农业产业综合产值350亿元。第二，提升标准化水平。建立完善特色农业的标准体系、规划体系、检疫检测体系等指标体系，推进特色农产品标准化生产进程，构建规范的农产品生产、加工、销售体系，提高农产品质量和食品安全水平。第三，提高品牌化水平。实施"区域品牌+企业品牌+产品品牌"联动战略，鼓励具有地域特色和文化传统的产品申报注册商标、名牌产品和地理标志，加快"三品一标"创建，着力打造"巴食巴适""巴中云顶"等区域品牌；以茶叶、核桃、中药材、生态养殖四大特色农业产业为重点，积极开展农产品推介活动，努力提高南江黄羊、通江银耳、平昌青花、恩阳芦笋等特色农产品知名度和市场占有率，把各具特色的地域资源优势转化为市场竞争优势，从而促进农业区域结构、产业结构、品种结构全面优化。第四，提升市场化水平。加快建设一批农产品专业市场，积极打造巴中智慧农业综合服务平台，着力构建线上线下一体化流通服务体系，实现"买秦巴、卖天下"。

二是延长产业链条，注重融合发展。实现山区农业提质增效，不仅要发展种养殖业，还要发展加工、储存、运输等行业，推动产业链由低端向高端的转化。大力培育、引进农产品精深加工龙头企业，加快建设农产品加工园区，积极探索

"科研+企业+基地（农户）"的发展模式，推进农产品科研、生产、加工等环节无缝对接，提高土地产出率、劳动生产率、科技贡献率。深入挖掘农业多种功能，大力发展乡村旅游、森林康养、农村电商等新产业、新业态，推进农村一、二、三产业融合发展。

（二）强化外引内育，破解人才瓶颈

乡村振兴，人才是关键。一是大力培养新型职业农民。农民是乡村振兴的主力军，充分调动农民建设美好家园、追求美好生活的热情，充分发挥农民的聪明才智和主观能动性，推动他们积极参与乡村振兴发展。充分利用各种农村培训资源和项目，采取多种形式，加强专业技术培训，就地培养更多爱农业、懂技术、善经营、会管理的新型职业农民，扶持培养一批农业职业经理人、经纪人、乡村工匠等，锻造一支乡土专业人才队伍，激发乡村振兴内在活力。二是大力培育新型农业经营主体。实施新型农业经营主体培育工程，加大对家庭农场、农民专业合作社、种养大户、农业产业化龙头企业等新型经营主体的政策扶持力度，促进其加快成长，更好发挥示范带头作用。三是营造良好环境，吸引人才向乡村流动。建立相关专业技术人员到乡村和企业挂职、兼职和离岗创新创业制度，发挥科技人才支撑作用。制定落实人才、财税等优惠政策，鼓励城市资本、社会资本投入农业农村，吸引各类人才返乡创业，激活农村创新活力。实施"巴山优才计划"，建立"引得来、留得住"的长效机制，引导和鼓励高校毕业生到基层工作，为乡村振兴注入新鲜血液。四是打造"一懂两爱"的"三农"干部队伍。充实乡村干部队伍，切实把到农村一线工作锻炼作为培育干部的重要途径，着力打造一支懂农业、爱农村、爱农民的"三农"工作队伍。切实减轻基层压力和负担，让基层"三农"工作队伍集中精力服务"三农"。

（三）配套基础设施，夯实振兴条件

按照"基础设施跨越走在前列"的要求，把全面加强农村基础设施建设作为"三农"工作的重中之重，从政策、投入上强力支持，加快改善农村生产生活条件。

一是构建便捷交通体系。要想富、先修路。全面实施第三轮交通大会战，加快补齐航空高铁短板，完善高速公路路网，构建"六纵六横三环一航"①综合交通体系。突出"四好农村路"建设，切实解决行路难问题。要坚持全面协调，着眼于区域经济整体发展，科学规划县乡道路、建制村联网路、村内通组路、生

---

① "六纵"，指汉中经巴中至南充快速铁路、G85银川至巴中至昆明高速公路、S2巴中至成都高速公路、镇巴至巴中至重庆高速公路、G244乌海至巴中至江津普通国道、G245巴中至金平普通国道巴中段。"六横"，指广元至巴中至达州铁路、G5012恩施至巴中至广元高速公路、绵阳至巴中至万源高速公路、米仓大道、G347南京至巴中至德令哈普通国道、G542广元至巴中至万州普通国道巴中段。"三环"，指环绕巴城高速环线、快速环线和连接区县环线。"一航"，指巴中恩阳机场。

产道路和入户道路，控制建设成本，提升综合效益。要建立多元投入机制，积极争取国家和省对贫困地区农村道路建设的支持政策，加大财政投入力度；制定优惠政策，鼓励引导社会资金投向农村基础设施，确保农村公路经费投入。要坚持建设、管理、养护、运营相结合，推动农村公路高质量发展，为群众提供便捷的出行服务。

二是加强水利工程建设。尽快完成二郎庙、双桥、天星桥三座水库蓄水验收工作，扎实推进红鱼洞、黄石盘、湾潭河等大中型水库建设，加快江家口、青峪口水库等项目前期工作；大力实施病险水库除险加固；积极推进农村安全饮水工程建设，着力破解村民"饮水难"饮水不安全、不健康和不稳定等突出问题，切实解决农村居民生产生活用水问题。

三是完善能源信息网络。加大投入，加快农村电网改造升级。针对农村供电设施过载和"低电压""卡脖子"等问题，立足长远，统筹谋划新一轮电网发展规划，着力实施改造升级，切实解决全市乡村电网供电能力不足和供电不稳定的问题，让"拦路虎"成为乡村振兴发展的"加油站"。以数字网络、智慧巴中建设为支撑，加强4G基站建设，升级"宽带乡村"，统筹抓好通信网络建设，推进电信普遍服务项目建设，扩大移动网络覆盖范围，依法保护通信设施。让农民和企业足不出户就可了解最新资讯，学习先进经验，开展产品销售，实现发家致富。

四是打造生态宜居环境。全面实施《巴中市"农村土坯房改造行动"实施方案》，综合运用易地扶贫搬迁、农村危旧（土坯）房改造、城乡建设用地增减挂钩、地质灾害避险搬迁等项目政策，深入实施巴山新居工程，加大农村危旧房改造力度，让村民住上好房子。扎实推进农村人居环境整治三年行动计划，深入实施农村厕所、垃圾、污水专项整治。大力推进农村"厕所革命"，加强粪污治理。建立有制度、有标准、有队伍、有经费、有督查的村庄人居环境管护长效机制，鼓励专业化、市场化建设和运行管护。引导鼓励农民自我教育、自我管理，提高农村文明健康、文明卫生意识，推动农村群众生活方式的转变。

（四）决胜脱贫攻坚，筑牢振兴基石

摆脱贫困，是乡村振兴的前提。作为贫困地区，乡村振兴首先要解决好脱贫问题。必须坚持把脱贫攻坚作为最大的政治任务，始终把提高脱贫质量放在首位，既不降低扶贫标准，也不吊高胃口，立足保基本、补短板、增活力，持续打赢脱贫攻坚战，确保如期与全国、全省同步实现全面小康。

一是突出重点。持续实施100片集中连片扶贫开发规划，对标县摘帽、村退出、户脱贫指标，全面落实22个扶贫专项方案。围绕不愁吃不愁穿，大力发展特色种养殖、乡村旅游、农村电商，帮助贫困户发展稳定增收产业；加强就业能力培训，通过企业定向招工、劳务输出等渠道促进转移就业，通过开发公益性岗位等方式促进贫困家庭劳动力就地就业；完善特殊困难群体救助帮扶体系，做好最低生活保障动态化精准管理，全面落实低保兜底政策，实现应兜全兜。在巩固巴州区、恩阳区脱贫摘帽成效的基础上，实现 2018 年南江县"摘帽"，2019 年通江县和平昌县"摘帽"，2020 年贫困户全部脱贫，高质量实现"两不愁、三保障"，努力建成全国精准脱贫示范区。

二是精准帮扶。坚持脱贫攻坚与乡村振兴有机结合、扶贫项目与脱贫需求精准对接。扎实开展"七大攻坚行动"，着力解决脱贫制约性瓶颈。动员 7 万名党员干部沉下去、贴着帮，改进贫困村"五个一"和非贫困村"三个一"帮扶机制，加强干部业务培训，提升干部帮扶能力。落实脱贫攻坚奖惩措施和责任追究制度，集中开展扶贫领域腐败问题和作风专项整治，确保责任落实、政策落实、工作落实。

三是健全机制。完善扶贫资源供给机制，充分整合财政涉农资金，创新吸引市场投入、撬动金融投入、汇聚社会投入的办法，用好扶贫"四项基金"，切实保障脱贫需求。深化农村土地制度改革，完善承包地"三权"分置制度，进一步整合资金资源，盘活农村集体资产，提高农村各类资源要素的配置利用效率，多途径发展壮大集体经济。通过土地流转，让群众实现"资源变资产、资金变股金、农民变股东"，推进农业生产方式的变革。完善激励贫困群众自主脱贫机制，推广"道德银行"，开展"种养殖大户""创业示范户""致富能人""脱贫攻坚之星"评选和"四好村"创建活动，激励脱贫致富先进典型，坚持扶贫与扶志、扶智相结合，积极开展政策、法律、文化、技术等培训和感恩奋进教育，努力营造自立自强、争先脱贫的浓厚氛围。

少数民族聚集区域乡村振兴的路径调查研究

——以巴山大峡谷主体功能区建设为例

毕英涛 李建军

乡村振兴，产业是基础，人力资源是保障，乡风文明是关键。按照产业兴旺、生态宜居、乡风文明、治理有效、生活富裕的要求，达州市在生态宜居、环境优美、乡风淳朴的土家族聚集地区开展巴山大峡谷主体功能区建设，协同推进建设巴山大峡谷 AAAA 级风景区、开发民俗文化、发展现代农业产业等项目，重点突出，以点带面，有力推进了乡村振兴战略的实施。本课题在对巴山大峡谷主体功能区调研的基础上，总结了以巴山大峡谷主体功能区建设为载体的推动乡村振兴的主要做法，分析了巴山大峡谷主体功能区建设对推进乡村生产生活环境改善、产业发展、乡风文明的作用，以及依托巴山大峡谷推动乡村振兴需要解决的环境保护、利益分配、民族文化保护、乡土情怀延续、发展能力提升等问题，并在此基础上，提出了推进少数民族聚集区域乡村振兴的建议思考。

一、依托巴山大峡谷主体功能区建设推动乡村振兴的主要做法

（一）重视发挥党建在脱贫攻坚中的引领和激励作用

一是创新党建扶贫模式。建立村党支部。通过民主选举选出政治素质高、群众基础好、带动能力强的村党支部书记，配齐村党组织班子成员，使村党支部能够充分发挥党组织的组织引领作用。对 211 名贫困村进行星级评定，对三星级以下的党支部采取"强村帮弱村、富村带穷村"的方式建立联合党支部，并选派 1 名"第一书记"、建立 1 支驻村帮扶队。建立驻村工作"任务清单制"，并加强后备人才选拔培养，把致富能力特别强、热心公益事业的农村优秀人才选聘为支书助理。在此基础上，在产业链上建立若干党支部，形成"产业+合作社+党支部"模式，引导种养殖户成立专业合作社等新型农业经营主体，实现"抱团式"发展。

二是创新农民激励方法。对农民开展"十星级农户"评选活动，以此激励

农民奋发向上。按照社会主义核心价值观的要求，结合脱贫攻坚的任务安排，开展"十星级农户"评选，重点将爱党爱国、勤劳致富、自食其力、遵纪守法、诚实守信作为星级评定的内容，引导各类人群自我教育、自我管理、自我服务。积极宣传"十星级农户"创评标准、程序和要求；将评选办法、创建标准、评选流程、激励机制告知村民，同时积极引导村民结合"十星"标准定家规、立家风、传家训，开办"道德讲堂"，加强典型示范，并通过物质、精神等综合手段对十星级、九星级、八星级和七星级农户进行激励，激发了村民在日常生产生活中保持向上、向善的积极性。

三是提高农民素质水平。村党支部充分发挥组织优势和引领作用，在脱贫攻坚中不断提高农民素质。通过积极举办茶产业标准化发展大会、宣汉脆李标准化提升发展大会等大型培训会，对农民开展标准化培训，帮助其树立产品标准意识，确保通过实施标准提高产品品质。优化农村发展环境，引进、吸收一批技能型农民，通过带动贫困农户提高农民整体技能水平。通过谈心谈话，转变农民固有思维，营造干事创业的环境和氛围，帮助贫困农户建立自力更生意识。利用党建远程网络，结合农民夜校，开展产业知识、法律普及、农村政策等培训，培育一批素质型农民。

（二）重视统筹巴山大峡谷主体功能区建设和精准扶贫

为实现旅游发展、精准扶贫和乡村振兴，达州市在百里峡风景区的基础上，启动了巴山大峡谷风景旅游名胜区打造项目。根据规划，三墩、漆树、渡口、龙泉等乡镇成了巴山大峡谷重点开发的区域。这些乡镇是达州土家族的主要聚居区，拥有丰富的自然资源，如云雾寨、鸡窝石、三斗峡、普光寺、黄石白鹤林等景点，以及百兽聚会、仙女岩、观音洞、南天门、二龙飞瀑、老黄山、犀牛望、土家悬棺、罗盘云海、桃溪仙境等景观。此外，这些乡镇还拥有诸如熊、獐、鹿、麂羚羊、毛狗、飞虎、狗獾、珍珠鸡、娃娃鱼、雅鱼等野生动物近 40 种，高等植物 3 000 多种，以及老黄山、方丈泉等著名的人文资源。

在将土家族主要聚居区作为巴山大峡谷重点开发区域时，实行详细规划、统筹发展的策略，科学设置主体功能区的定位，以功能区建设和运营带动乡村旅游产业发展，实现精准脱贫，打赢脱贫攻坚战。巴山大峡谷旅游扶贫综合开发项目设计的主要核心功能为观光、度假、体验、运动，确立亿年、千年、百年、当下四个具有民族文化历史和时代特色的主题，主要围绕溪口湖生态观光区、巴人谷民俗休闲区、罗盘顶养生养心区、桃溪谷体验度假区进行开发打造。于 2016—2018 年建成巴山大峡谷快速通道，建设好罗盘顶养生养心区、桃溪谷体验度假区、渡口"风情小镇"，并在 2018 年 10 月开展实际运营。项目计划于 2020 年完工，届时将完成巴人谷民俗休闲区、溪口湖生态观光区，打造仙女岩、鸡唱坪等重要景点，项目全部建成运营后可实现年接待游客 200 万人次以上，旅游综合收入突破 30 亿元，增加就业 1.2 万人，实现区域 9 万贫困人口整体脱贫，并推动乡村振兴战略的实施。

（三）重视统筹巴山大峡谷项目主体功能区开发过程中的几个关系

宣汉县在建设巴山大峡谷主体功能区时，认真思考、积极谋划，将工作重点放在了统筹产业发展、农民增收、环境保护、乡风文明等几个方面。

一是推进产业融合，增加农民收益。建立美丽乡村标准体系。创新发展模式。借助"1+2+4+N"模式，宣汉县以标准化为抓手，以产村旅融合发展为突破口，以提高村民幸福指数为目标，建立乡村旅游、产村融合、精准扶贫、农村公共运行维护四个具有宣汉特色的标准体系。大力发展种养植业。借助地理区位优势，大力发展巴山黑鸡、巴山黑羊、巴山黑猪、宣汉黄牛，充分发挥养牛、养猪、养羊、养鸡专业合作社和三墩养殖互助协会的作用，种植厚朴、木瓜、党参、丹参、栀子、百合等 12 个品种的中药材。开发巴山民俗文化。支持"乡愁园""乡情馆"建设，扶持民族工艺品开发企业，壮大民族文化产业；实现村村有示范带，社社有示范片，户户有示范点。这样通过大力推动产业融合，提高产品和服务质量，提升其附加值，达到农民增收目的。

二是拓宽增收渠道，促进乡村旅游发展。宣汉县依托巴山大峡谷大力发展乡村旅游。通过打造核心景区、提升种养植规模、开展民俗文化表演等途径推出景观游览、种养殖体验、民俗文化欣赏等项目，吸引市民游览、观光，住农家屋、吃农家菜、看民俗表演，真正形成了集吃、住、游、购、娱于一体的全方位休闲旅游模式。区别于过去单纯的种养植模式，新的模式将乡村景观资源转变成经济投入，农民收入大幅增加，反过来又促进了乡村旅游的发展。

三是重视环境保护，确保可持续发展。划定保护区，将景区周边村同时纳入保护范围。严禁景区林木滥砍滥伐，加大景区森林资源管护力度。制定实施细则，确定景区保护的具体内容。禁止破坏林地、景观、植被和地形地貌活动，禁止电鱼、毒鱼、炸鱼和捕猎、经营、贩卖、收购、运输国家保护动物等活动；严禁买卖、租赁、转让土地、山林及房屋活动。加大宣传力度，建立景区保护措施。采取张贴资源保护通告、发放宣传资料、召开村民大会等方式进行宣传。建立以主要负责人为领导的巡查组，组织林业、国土、城建以及村社专人巡查，并建立巡查台账，就存在的问题及时向上级报告。加强环境影响评估。对巴山大峡谷辖区的百里峡省级自然保护区、百里峡风景名胜区、大巴山国家地质公园进行了三次环境影响评估。对黄连村、轿顶包、大寨子、龙潭坝等核心区域，禁止一切形式的旅游开发和交通设施建设。通过加大环境保护力度，尽可能保护自然资源，实现可持续发展，确保乡村发展后继有力。

四是加强文化传承，推动乡村振兴。积极保护和传承土家文化，通过开展"穿巴人服、唱巴山歌、跳巴人舞"等活动，加大力度做好巴人文化和土家文化的挖掘、整理、保护、传承和发展工作。坚持传统与现代的融合，培训、培养土家文艺表演队，积极开展各种民间民俗活动，提炼一批优秀土家节目进行演出。加强文化的传承，实施土家民族风情园、川东土家族薅草锣鼓传习所、土家余门拳传习所等项目建设，出版县级非物质文化遗产名录《土家族孝歌》，举办薅草锣鼓赛歌会。通过文化传承提高村民对民族文化的认同感和自豪感，促进乡村振兴战略实施。

二、巴山大峡谷主体功能区建设开发过程中需要解决的问题

（一）需解决好主体角色定位不明确的问题

引入市场机制是当前各地的惯常做法。巴山大峡谷主体功能区的建设也不例外。在建设过程中，采用了"政府+企业+农民"的乡村旅游发展模式。这就要求巴山大峡谷主体功能区在建设中必须注重政府、市场、企业和农民的关系。但在旅游业发展和产业政策制定上，发展政策由政府和企业的少数股东代表制定，一般群众、贫困人口没有机会参与；虽然有些地区在政策制定中提倡社区参与式，但由于社区人口对整个旅游发展的方向不知道，仍无法参与政策的制定。受投资回报率等因素的影响，企业在开始时无法很好地关注群众的利益和生态环境的保护，只是在各种利益"博弈"时选择了折中的处理方案。政府、市场、企业、农民的角色定位不明确导致了主体功能区建设过程中矛盾时有发生。

（二）需解决好产业发展和资源保护的问题

巴山大峡谷主体功能区具有观光、度假、体验、运动等功能，主要围绕溪口湖生态观光区、巴人谷民俗休闲区、罗盘顶养生养心区、桃溪谷体验度假区进行开发打造。项目全部建成后，每年可接待游客 200 万人次以上。如此大面积、多功能的综合性景区，仅依靠其原始的设施是无法实现这样的接待规模的。因此，必然要对景区进行改造，使其满足景区功能需求和产业发展需要。这种改造是全方位的，既需要对地形地貌重新设计，以至于改变了自然资源的原始风貌；又需要引入现代文化作为民族文化的补充，导致文化资源的独特性被打破。因此这种改造对环境和民族文化来说是破坏性的。景区改造打破生态系统平衡是显性的、肉眼可见的。同时，这种破坏也是不可逆转的。因为生态系统一旦被破坏，要想再恢复几乎是不可能的。而景区改造和运营会对民族文化造成冲击，甚至致其消失。这种变化是隐性的，不易被察觉。同样，这种改变也是不可逆转的。尽管乡村振兴战略需要乡村产业发展，但产业发展却会使环境和民族文化遭到破坏。

（三）需解决好经济发展和情怀延续的问题

一方面，乡村经济发展需要注入乡风民俗和乡土情怀。乡村旅游是当前乡村经济发展的重要途径。乡村旅游固然需要秀美的风光、优美的环境，但还更需要

乡风民俗和乡土情怀的融入与延续。可以说乡村民俗、乡土情怀才是乡村旅游乃至乡村发展的内核。只有深入挖掘乡风民俗、延续乡土情怀才能持续发展乡村旅游，深入实施产业融合，实现乡村经济发展。另一方面，乡村经济发展又导致乡风民俗和乡土情怀的传承受阻。现代经济发展促进现代文明发展。因此，乡村经济发展必然带来全新的生产生活方式。与此同时，乡村自身发展也对现代文明有需求。从本质上说，乡村振兴战略就是现代文明的体现，反映了乡村在现代社会中的发展诉求。所以，现代文明不可避免地在乡村产生，这对乡风民俗和乡土情怀的延续造成了阻碍。长此以往，有些民俗文化甚至会消失，也将造成乡土情怀难以为继，使得乡村经济发展的文化内核得到冲击。最终，使得依托文化内核的乡村经济发展方式不可持续。

（四）需解决好经济发展和能力提升的问题

在巴山大峡谷的建设开发过程中，经济发展与农民发展能力提升并不一致。存在着通过行政手段在短时间内解决贫困户脱贫问题、以打造政绩工程代替旅游扶贫的现象，对本该重视的可持续的旅游精准扶贫模式考虑较少。市场主体有趋利的本性，为了使投资收益最大化，在旅游开发中常会出现破坏生态环境，漠视贫困人口生命、健康、生存等利益的现象。在巴山大峡谷主体功能区的建设中，一些乡镇、村社对贫困人口个体收益情况、贫困村产业发展特色、旅游扶贫项目、主体功能区未来定位等方面考虑得太少，个别贫困村出现了一方面旅游业发展迅速，另一方面贫困人口的生活依然贫困的"不对称"现象；旅游业发展没有惠及真正的贫困户，严重降低了旅游扶贫的预期效果。

三、关于少数民族聚集区域乡村振兴的路径思考

（一）强化民族地区乡村党的建设

一是强化组织建设。乡村党组织是党在农村的执政根基，也是领导核心。要不断强化乡村党组织建设，使其成为乡村振兴、脱贫攻坚、产业融合、环境保护等当前政策和决策部署落实的排头兵。灵活多变创新乡村党组织形式。组织富裕村和贫困村建立联合党支部，实现党组织在脱贫攻坚中的引领作用。在联合党支部的统一领导下，依托专业合作社建立若干党支部，形成"产业+合作社+党支部"的新模式。二是提高整体功能。乡村党组织要不断增强政治引领功能，提高促进乡村发展的能力，提升服务群众的能力。充分发挥组织动员优势，引领乡村振兴战略实施。提高党员教育管理能力，不断增强组织凝聚力、战斗力和创造力。三是选优配强负责人。党组织负责人是组织建设和功能发挥的关键。要拓宽乡村党组织负责人用人范围，选择党性强、能力强、服务意识强、组织能力强并且有一定文化水平、一定技能的人担任党组织负责人。加强对乡村党组织负责人

的培养，使其成为既能干党建又能推动发展的"多面手"。加强后备干部的培养，尤其要将大学生村官纳入后备力量，通过"传帮带"和工作实践使其尽快成长为乡村党组织的骨干力量。五是加大监督力度。加强对乡村党组织负责人的管理，广泛开展群众监督，用好制度监督。实施"任务清单制"，对村民公布任务清单，倒逼乡村党组织按时、按质完成党建和扶贫任务。六是体现骨干作用。乡村党员要充分发挥先锋模范带头作用，成为骨干力量。认真学习习近平新时代中国特色社会主义思想，带头贯彻与落实党和国家的政策与部署，助力乡村发展，提高党性修养，宣扬优秀民风民俗。

（二）多措并举强调农民主体地位

农民是乡村振兴的主要力量，是乡村美好家园的建设者。因此乡村振兴的各项工作要紧紧围绕农民这一主体。要尊重农民的意愿，提升农民的参与水平。要依法保障村民在村务管理中的知情权、决策权、参与权、监督权。要强化民族地区乡村党的建设，选优配强民族地区乡村党组织负责人。鼓励和引导城乡工商资本下乡、人才下乡、农民工返乡。企业推进集体产权制度改革，建立职业农民制度，培育新型职业农民。推动农村生产方式的改革，以创新集体的资源、资产、资金管理为突破口，大力培育新型农业经营主体和职业农民，发展多层次、全方位、立体式的农村适度规模经营。培育农村专合组织。发挥集体资产的规模效应，重点培育和扶持一批机制完善、管理规范、利益共享、风险共担、实体化运作的农民专业合作社，壮大集体经济，促进农民增收。

（三）保障农民正当合法权益

建立并完善制度。建立并完善村务公开、民主决策、民主参与、民主监督等制度，切实保障村民在村务管理中的知情权、决策权、参与权、监督权，确保在乡村发展中用制度规范村务管理。加强组织领导。乡村党组织要积极作为，实现乡村事务管理规范化、专业化。要广泛动员，带动群众参与，确保群众享有应有的权利。严格考核制度。要把保障村民权益纳入对乡村党组织的考核考评，制定完善的考核评价办法。强化监督作用。拓宽监督渠道，创新监督方式，建立督查通报制度。定期督查和通报，发现问题要及时纠正。定期回访，督促整改落到实处。

（四）扶持民族地区主导产业

一是推动民族地区产业发展。改变民族地区产业发展模式和农业销售模式，增强产业发展内生动力。建立"民营企业+党支部+合作社+贫困户"的产业发展模式，吸收贫困户以土地等资源入股；建立就业扶贫管理台账和就业需求台账，成立共享劳动力的租赁公司，实现与贫困户信息库无缝对接，解决农村劳动力季节性不足和区域性不平衡的问题。加快现代农业体系的"三品一标"（无公害、绿色、有机，农产品地理标志）示范基地建设，推进"国家地理标志"产品的申报认证；发展以采摘、"认养"和"私人订制"等为主要模式的城市近郊农业；推进"网络+实体"的农业销售模式。出台激励办法，设立乡村振兴先进奖，对获奖的县、乡、村给予新增建设用地指标的奖励，以奖代补，并支持人才培训。

二是利用优势发展主导产业。用好民族地区自然和政策资源，坚持错位发展、互补发展、共享发展的理念，培育主导产业。念好"优"字经、绿字经、特字经、强字经、新字经、实字经，推动低端、中端、高端产品的协同发展。以康养产业为例。建立符合市场需求的集特色医疗服务业、健康管理服务业、养老服务业、养生度假旅游业为一体的康养服务体系。加快新型农业经营主体的培育和发展，整合农村优势的康养资源，打造一批家庭休闲养生农场、养生屋舍。建设一批以温泉、理疗为主题的高档酒店，推进康养产业的高端化。鼓励民营企业通过提供"签约式"的管理和技术指导，发展有竞争力的现代服务业，建立农业产业发展联合体，实现农村产业的链式发展，从"村村点火、户户冒烟"向"一企一品、一乡一业"转变，为乡村振兴提供有力的产业支撑。

三是以主导产业推动精准扶贫。发挥民族地区主导产业优势，提高贫困人口收益。仍以康养产业为例。将康养产业与精准扶贫相联系，发挥康养产业的带动作用。加快贫困村基础设施的标准化建设，制定贫困人口参与的制度政策，鼓励贫困村整合农民的土地、林场、房屋并参与康养产业的发展，拓宽居民参与康养产业发展的途径，提升贫困人口获益水平。在招商引资的过程中，提升投资企业与康养产业发展的相关性，实行生态"一票否决制"，在保护生态的基础上为贫困人口提供更多的稳定就业机会，建立能为贫困人口提供可持续生计的"生态补偿机制"。

（五）加大文化传承保护力度

一是统筹规划引导。少数民族文化是不可多得的文化资源。对于文化传承，政府应加强统筹规划引导。将其列为重点工程，实施专项规划，科学统筹、稳步实施，积极引导，确保少数民族文化得以顺利传承。二是加大扶持力度。对于民俗文化的挖掘、整理、保护、传承和发展工作，给予相应的政策和资金扶持。创新扶持方式。对少数民族语言读物、节目给予扶持，制订发行计划。利用好新科技、新技术，使少数民族文化以新的方式得以传承。三是实现过程管理规范化。以项目的形式实施少数民族文化的保护、整理、挖掘和创作，建立项目实施进度计划和台账，严格验收程序，强调对管理的专业化和规范化要求。四是引入市场机制。将文化传承和乡村发展融合，通过开发民俗文化为乡村旅游注入文化内核，提升其内涵。利用合理的市场需求推动少数民族文化传承向精、细、深方向发展。五是加强传承人才培养。建立少数民族技艺传承人培养计划，认真落实。给予传承人一定的资金补贴，促进文化传承持续实施。鼓励机构参与传承人才培养，在税收和金融方面给予政策支持。

（六）科学制定环境保护策略

适当提高环保标准，坚守环保红线，严格维护少数民族聚集区域自然资源及生态系统。制定环保实施细则，禁止任何破坏自然资源和生态平衡的行为。加大管护力度，加强植树绿化、地质勘探、病虫害检测防治、森林防火监测等措施实施。加大宣传力度，多渠道、多方式宣传，增强村民环保意识。倡导绿色生产生活方式，鼓励村民改变传统生产经营模式。加强环保巡查，组织相关部门定期巡查，建立巡查台账，跟踪问题解决过程，定期回访。建立环保举报制度，拓宽举报渠道，广泛发动群众参与。定期开展环境影响评估，对环境影响确实较大的项目和活动，应果断通知其整改甚至关停。全盘统筹，严禁私自开发，对不能开发的区域要绝对禁止开发。只有加大环境保护力度，才能保护现有资源，实现可持续发展。

（七）全方位多方式强化农民教育

建好用好农民夜校。通过农民夜校实施理论宣讲和政策解读，传播乡村振兴、农业发展、产业科技等知识，开展感恩教育、道德讲堂、乡风民俗宣讲、法律法规普及等，不断提高农民素质。创新教育形式。通过讲授、参观、考察、体验，以党组织引领村（社区）、以党员带动群众，实现多渠道、多方式、全方位教育。引导农民树立良好心态。创新工作方式，积极引导农民树立理性平和、开放包容的良好社会心态，促进乡村软实力的形成，提升乡村凝聚力和吸引力。加快乡村文明工程落地生根。推动图书室、文化室、电子阅览室、会议室等配备齐全，健身器材、运动场所等保存完好。开展"星级农户"评定活动，积极宣传评定标准和评定程序，发动农民广泛参与，引导农民实现精神面貌的自我提升。